云南省现代农业产业技术体系建设成果

云南马铃薯产业竞争力研究

张德亮　杨艳丽　主编

科学出版社

北　京

内 容 简 介

  本书是云南省现代农业马铃薯产业技术体系建设成果之一。本书运用产业竞争力理论与评价方法，首先从供给和需求的宏观视角对云南马铃薯产业竞争力进行分析，然后采用相关方法从多层面、多维度对云南马铃薯产业的竞争力进行全方位分析评价，既从全国范围比较了云南马铃薯产业的竞争力，又从云南范围分析评价了各地州的情况，还专门对云南冬马铃薯的竞争力进行了分析，为准确认识和把握云南马铃薯产业竞争力状况提供了客观依据。

  本书既有理论解析，又有数据实证，可供各级政府相关职能部门的从业人员、涉农院校相关专业的师生学习参考。

图书在版编目（CIP）数据

  云南马铃薯产业竞争力研究 / 张德亮，杨艳丽主编. —北京：科学出版社，2019.1

  云南省现代农业产业技术体系建设成果

  ISBN 978-7-03-059280-4

  Ⅰ. ①云…　Ⅱ. ①张…　②杨…　Ⅲ. ①马铃薯–产业发展–竞争力–研究–云南　Ⅳ. ①F326.11

  中国版本图书馆 CIP 数据核字（2018）第 250686 号

责任编辑：刘　畅 / 责任校对：严　娜
责任印制：吴兆东 / 封面设计：迷底书装

科 学 出 版 社 出版

北京东黄城根北街 16 号
邮政编码：100717
http://www.sciencep.com

北京中石油彩色印刷有限责任公司 印刷
科学出版社发行　各地新华书店经销

*

2019 年 1 月第 一 版　开本：787×1092　1/16
2019 年 1 月第二次印刷　印张：13 1/2
字数：320 000

定价：98.00 元
（如有印装质量问题，我社负责调换）

《云南马铃薯产业竞争力研究》
编写委员会

主　　　编　张德亮　杨艳丽

副 主 编　龙　蔚　金　璟

编 写 人 员　（按姓氏汉语拼音排序）

白建明　暴云英　陈际才　陈建林　董家红

丰加文　郭颖梅　和平根　金　璟　刘　霞

龙　蔚　闵　康　王　进　王孟宇　文贵元

徐发海　杨琼芬　杨艳丽　杨永梅　杨正富

易祥华　张德亮　张宽华　张新永　赵　彪

前　言

深化供给侧结构性改革，要求各行各业都必须制订出具体的行动方案并贯彻落实。云南是中国马铃薯优势特色产区，因其具有海拔差异较大和生态垂直变化的立体农业特点，马铃薯在此可以多季栽培，周年生产。马铃薯产业在解决云南粮食安全问题、推动农村农业经济发展、农民增收致富等方面发挥了十分重要的作用。在供给侧结构性改革的大背景下，云南马铃薯产业如何定位和转型，如何把资源优势转化为经济优势，提升云南马铃薯产业在全国乃至世界的竞争力，是值得深入思考和研究的课题。

云南省现代农业马铃薯产业技术体系建设自2009年启动以来，团队成员牢记使命，勇于担当，以推动云南马铃薯产业发展为己任，既深入田间地头解决实际生产上存在的技术问题，又从产业提升的高度思考和研究产业发展方向，提出了许多有价值的产业发展思路和建议。当今世界，竞争激烈，一个地方某个产业的发展情况取决于其市场竞争力的大小。云南马铃薯虽然有一定的自然条件优势，但如果市场定位不准，短板约束不解决，产业发展之路就会步入困境。

本书是云南省现代农业马铃薯产业技术体系建设成果之一，是产业经济研究室在各试验站提供的大量数据的基础上，深入分析研究的成果。

全书由张德亮、杨艳丽负责组织编写。第一章由云南农业大学经济管理学院郭颖梅副教授、暴云英讲师主笔；第二章由云南农业大学植物保护学院杨艳丽教授、刘霞博士主笔，云南农业大学张新永博士、云南省农业科学院白建明研究员、杨琼芬研究员、董家红研究员参加编写；第三至五章由云南农业大学经济管理学院张德亮教授、龙蔚讲师主笔，曲靖市农业科学院陈建林研究员、宣威市农业技术推广中心徐发海高级农艺师、曲靖市马龙区农业技术推广中心丰加文高级农艺师、寻甸回族彝族自治县农业局农业技术推广工作站杨正富研究员、昭通市昭阳区农业技术推广中心王进高级农艺师、鲁甸县农业技术推广中心易祥华高级农艺师参加编写；第六章、第七章由云南农业大学经济管理学院金璟副教授主笔，迪庆藏族自治州农业科学研究所闵康研究员、大理白族自治州农业科学推广研究院赵彪研究员、丽江市农业科学研究所和平根高级农艺师、剑川县农业技术推广站张宽华农艺师参加编写；第八章由张德亮教授、龙蔚讲师主笔，云南农业职业技术学院王孟宇教授、德宏傣族景颇族自治州农业技术推广中心陈际才研究员、开远市农业技术推广中心文贵元高级农艺师、临沧市农业技术推广站杨永梅农艺师参加编写。云南农业大学经济管理学院研究生郭锐、李淑萍、吕志辉、梁晶晶、柯进恺、王之凡等同学做了大量数据调查、收集、整理、分析工作；云南省农业厅相关领导对本书的编写提出了建设性意见。在此，一并表示衷心的感谢。

特别需要说明的是，本书的分析数据大多来自于团队成员通过问卷调查、实地走访收集的第一手资料，难免存在偏差，尤其是云南省各地州的样本数据，数据采集的疏漏可能导致分析结果与地方实际有偏误，对云南省各地州马铃薯产业竞争力的评判和排名，仅仅是从学术研究的角度得出的结果，不是考核排序。由于编者研究水平有限，书中难免存在不足之处，望同行专家和读者批评指正。

张德亮　杨艳丽

2018 年 6 月于昆明

目　录

第一章 产业竞争力理论及评价方法

产业竞争力理论最初由美国哈佛商学院著名学者迈克尔·波特教授在《国家竞争优势》一书中提出。20世纪90年代初期，随着中国社会经济的快速发展，国内众多学者开始了关于产业竞争力的全面研究。时至今日，产业竞争力方面的研究文献极其丰富。通过对大量的文献进行梳理，发现这些研究主要集中于产业竞争力的相关理论及评价方法，更多的应用研究侧重于具体某一产业的实证分析。

第一节 产业竞争力的内涵

一、竞争力

我国学者对竞争力内涵的研究起步于20世纪90年代，《贸易政策术语词典》将竞争力定义为：某一企业、某一部门或者整个国家在经济效率上不被其他企业、部门或者国家所击败的能力。随着对竞争力内涵研究的不断深入，我国学者从不同角度出发来研究竞争力的内涵。例如，狄昂照和吴明录（1992）从国际贸易的角度分析，认为竞争力是在贸易自由的前提下，一国某特定产业的商品所具有的开拓市场、占据市场并以此获得利润的能力。金碚（1997）从中国工业国际竞争力角度分析，认为国际竞争力的核心就是比较生产力，国际竞争的实质就是生产力的竞争。这里所说的国际竞争力，实际上就是产业的国际竞争力。中国人民大学竞争力与评价研究中心（2001）从国际竞争力角度分析，认为国际竞争力是在追求持续、最大程度地提高人民生活质量的目标下，通过竞争形成和促进一国的整体发展能力。胡大立（2001）从企业竞争力角度分析，认为国际竞争力是指在自由贸易的前提下，一国以相对于他国更高的生产力向国际市场提供符合市场需求的商品的能力。

二、产业竞争力

从上述关于竞争力内涵的研究可以看出，竞争力的主体多样，可以是一个国家、一个产业或一个企业，即竞争力的研究可以从宏观、中观及微观三个角度来进行。产业竞争力的研究属于竞争力的中观层面。对于中观层面的产业竞争力的研究始于20世纪八九十年代，由美国哈佛商学院迈克尔·波特教授开始。我国学者金碚认为，在我国不能完全照搬应用波特范式，毕竟处于不同的国家和经济发展阶段。研究对象可以先从工业产品开始。金碚（1994）从国产工业产品的市场占有率和盈利状况及其直接和间接决定因素的分析入手，逐步建立起适合我国产业发展具体情况并易于进行更深入国际比较研究的经济分析范式，构建了工业产品国际竞争力分析框架。其认为，可以从结果和原因两个方面来分析国家工业产品的国际竞争力强弱。例如，市场份额这类指标是能够反映竞争结果的现实指标，而产品价格这类指标是能够反映竞争原因的潜力指标。金碚研究员从事了大量的产业竞争力研究，其以经济学为基础，从两方面进行研究：一是从现象出发进行竞争力理论研究；二是研究竞争力的有效性和局限性。

同时，还有一些学者也对产业竞争力进行了研究。例如，裴长洪（1998）一方面用显示性指标来说明国际竞争力的结果，另一方面用分析性指标来解释一国某个行业为什么具有竞争力。

三、农业产业竞争力

农业产业竞争力是从农业角度出发，包含了与之相关的要素、关系和行为等的一个综合系统，故对农业产业竞争力的研究应从多纬度、多视角着眼，从系统的角度对其进行综合考察（韩宏华和熊德平，2004）。我国众多学者从多角度对农业产业竞争力内涵进行研究。例如，从农产品的内在竞争力角度出发，唐仁健（2001）认为应运用现代生产要素（包括资本、技术、管理、信息及全要素生产率）增强农产品的内在竞争力。从比较优势的角度出发，陈卫平（2003）认为农业的国际竞争力的本质就是农业的比较生产率，农产品市场竞争力是其表现形式，其运用波特的钻石模型①对农业国际竞争力进行分析。从农业产业竞争力构成的角度出发，柯柄生（2003）认为农业产业竞争力的构成包括价格竞争力、质量竞争力和信誉竞争力，对农业产业竞争力的定义并没有超出农业商品竞争力的范围。从市场竞争力的角度出发，苏航（2005）认为农业产业竞争力是一种农业的市场竞争能力，是一种区别于农产品竞争力的综合生产能力，它由市场适应能力、盈利能力、抗风险能力、可扩张能力和可持续能力 5 种能力构成。

第二节　产业竞争力的来源

随着对产业竞争力研究的深入，国内大量学者将研究投向了产业竞争力的来源方面（朱春奎，2003；刘娅琼，2007）。不同学者对竞争力来源提出了不同解释。例如，冯英娟等（2007）从生产要素、需求状况、相关产业及竞争状况 4 个角度阐释了产业竞争力的来源。李凤霞等（2010）从钻石模型的角度分析了产业竞争力的来源。更多的国内学者则是从经济学角度出发，将产业竞争力的来源划分成企业层面及产业层面（孟丽丽等，2008）。

一、产业层面的竞争力来源

产业层面的产业竞争力来源主要包括产业结构、企业及产业集群、科技创新及政策环境 4 个因素。

1. 产业结构

良好的产业结构是经济增长和经济可持续发展的必要条件，产业结构状况对产业竞争力水平具有十分重要的意义。一些国内学者以福建省为研究对象，运用偏离-份额分

---

① 钻石模型的 4 类关键因素为：要素条件，需求状况，相关与支持产业，企业战略、组织结构与竞争状况。后来拓展到 6 类，增加了机会和政府两类因素。

析方法,选取不同年份的相关数据,使用不同指标对农业产业结构进行产业竞争力分析,并提出福建省产业竞争力的对策建议(殷小林等,2009;许标文等,2010)。还有学者以我国西部地区退耕前后的农业产业结构为研究对象,分析我国西部地区退耕前后的农业产业结构的变化,认为与退耕前相比,退耕后我国西部地区农业产业结构中朝阳产业增多,农、林、牧、渔各产业的竞争力均有所增强,但竞争力贡献率尚不够高,有待调整(黄文清等,2010)。

2. 企业及产业集群

企业这样的微观经济要素对产业竞争力的发展有着重要作用,是产业竞争力来源的重要组成部分。国内对于企业竞争力的研究始于 20 世纪 80 年代末 90 年代初,受到国外竞争力理论学派的诸多影响。国内学者对企业竞争力的研究经历了以下三个阶段。

第一阶段:20 世纪 80 年代末到 90 年代中期,主要受迈克尔·波特的结构学派影响,以产业分析为主,分析企业所在的产业环境和五大竞争力量,并寻找合适的、与产业环境相匹配的竞争战略。

第二阶段:20 世纪 90 年代中后期至 21 世纪初,受哈默、普拉哈拉德“核心竞争力”理论的影响,开始着重研究企业内部特有的、能为消费者带来特殊效用的、使企业在某一市场上长期具有竞争优势的、获得稳定超额利润的内在能力资源。例如,康容平和柯根斌(1999)提出企业核心竞争力具有三种局限性,即企业规模、市场背景及行业。滕光进和叶焕庭(2000)从企业竞争力的作用强弱出发,建立了包括核心竞争力、补充竞争力、一般竞争力在内的企业竞争力能力体系。

第三阶段:始于 21 世纪初,国内一部分学者受资源学派的影响,以企业内部资源为研究对象,对企业资源特别是关键资源的有效配置进行研究。国内学者对其研究经历了从单纯地揭示引起企业竞争地位发生变化的内在原因(王迎军,1998),到将企业竞争能力划分成生存能力、成长能力和发展能力三方面(任剑新,2003),再到突破资源、能力、产业分析的限制,从动态的角度建立了基于动态能力观的企业竞争力研究体系(王核成和吴雪敏,2005)。

同时,产业集群是产业竞争力中最为重要的行为主体之一,产业集群的发展对提高产业竞争力具有重要的推动作用。故而众多学者对影响产业集群的竞争力因素进行研究。例如,兰文巧(2012)从产业网络组织形式的角度出发,选取辽宁省多类产业集群进行对比分析,认为紧密型的产业网络组织较松散型的产业网络组织具有更强的产业集群竞争力。应从加强成员间联系及增强政府协调监督方面提升产业集群的竞争力。又如,从直接因素(要素条件、需求条件、企业及相关支持性产业)和间接因素(政府和社会文化)角度出发,莫小玉和曾光(2015)以湖北省潜江市小龙虾产业集群为例对农业产业集群竞争力进行分析。

3. 科技创新

科技创新是推动产业竞争力发展的重要因素之一,随着政府和企业对科技创新的愈发重视,愈来愈多的学者开始了以科技创新为研究视角的产业竞争力研究。

一部分学者从科技创新对产业竞争力的影响的角度进行研究。例如,周振兴等(2008)认为产业技术原始创新与成果转化能力是衡量农业产业竞争潜力的技术指标之一,并提出了紧密结合产业发展、制定相应激励政策、加强组织与机制创新等诸多提高产业竞争力的建议；罗林香（2011）从多方面分析了广西资源型产业竞争力，认为只有建立创新体系、形成创新驱动才能使广西在后续发展中拥有强大后劲。另一部分学者从资源型产业发展所面临的问题的角度进行研究。例如，梁毅劼等（2013）通过对广西特色农业资源型产业发展科技现状及面临问题的研究，不仅提出了广西特色农业资源型产业发展对科技创新的需求，还提出了促进广西特色农业资源型产业发展的对策建议。

4. 政策环境

政策环境会影响产业生产要素中人的行为，从而影响产业竞争力。故而产业竞争力政策研究也是研究产业竞争力的热点内容之一。从政策实施的作用角度看，政府出台的各项意见和决定能够明确建立健全农业支持保护体系，多渠道增加特色农业的投入，稳定完善农村土地管理制度，落实各类优惠扶持政策，加强组织领导和协调，创新奖惩激励机制等政策措施（谭晶纯和季征，2012；蔚刚强，2012；德宏州农业局，2015；云南网，2015）。

二、国家层面的竞争力来源

国家层面的竞争力来源主要是指国际竞争力，我国对于国际竞争力的研究层出不穷，产业国际竞争力的研究成为产业竞争力的主流研究领域之一。可将国际竞争力研究归纳为以下三个方面：第一，从国际农业产业集群及农产品国际竞争力发展现状的角度分析，提出了我国农产品国际竞争力存在的问题及解决途径，认为农业产业集群对农产品国际竞争力有增强的作用，并从政府层面提出提高农产品国际竞争力的相应对策建议（李欣，2008）。第二，从产业国际竞争力的整体态势角度分析，认为产业国际竞争力整体呈下滑趋势，提出了包括补齐短板、发挥优势、创新探索、建立标准、培育新型主体等提高农业产业竞争力的措施，以及建立激励机制、实施产品安全战略、保护弱质产业、建立常态培训机制等政策建议（赵海燕和何忠伟，2013；万宝瑞，2016）。第三，从产业国际竞争力影响因素角度出发，分析制约产业竞争力的影响因素。例如，产业竞争力的来源、实质、表现、结果（即产业环境、生产率、市场份额、产业利润率）4 个层次（陈立敏等，2009）；各类生产性服务贸易的技术复杂度（莫莎和周晓明，2015）；产业链延伸的两种模式：农产品深加工的产业链延伸模式和科技创新的农业产业链延伸模式（丁家云和周正平，2015）等因素，并提出相应的提升国际竞争力的对策建议。

第三节　产业竞争力的评价理论及方法研究

一、产业竞争力的评价理论

1. 比较优势理论

比较优势作为产业竞争力评价的理论基础之一，国内学者对其研究始于 20 世纪 70 年代末期，随着经济的发展，对比较优势的研究由较多的定性研究逐渐发展为较多的测定和分析研究。目前研究方向主要体现在两个方面：首先是比较优势理论，众多学者运用显示性比较优势指标对我国农业类各产业进行竞争力分析（陈武，1997；李崇光和郭犹焕，1999；金兴华，2003；袁新华，2008）。其次是动态比较优势理论，动态比较优势理论是自 20 世纪 90 年代以来, 以杨小凯为代表的众多经济学家对传统比较优势理论重新思考的结果。他们认为劳动分工是比较优势形成的根本原因 (杨小凯和张永生, 2001, 2002)。

2. 竞争优势理论

竞争优势理论包含了众多分支, 大致可以概括为马克思竞争理论、西方古典竞争理论及西方现代竞争力理论。目前学术界主要沿用的是西方现代竞争力理论。国家竞争力、产业竞争力及企业竞争力属于西方现代竞争力理论范畴, 波特提出的钻石体系理论是其中的典型代表。国内对于产业竞争力的研究也大量使用了波特的钻石模型, 从要素条件, 需求状况, 相关与支持产业, 企业战略、组织结构与竞争状况等方面对不同地区的各类产业进行竞争力分析 (张雪梅, 2007; 刘娟等, 2009; 刘超和程道平, 2010; 许烜和周磊, 2011; 高德秋, 2011)。

然而, 随着经济情势的快速发展, 国内众多学者已不再满足于使用单一理论对产业竞争力进行评价分析。越来越多的学者开始使用多种理论相结合的方法对产业竞争力进行评价 (刘国亮和薛欣欣, 2004; 詹玉萍, 2007)。

3. 要素禀赋理论

对比较优势理论进行发展和完善的学者是赫克歇尔和俄林, 20 世纪他们发展了比较优势理论, 进一步从生产要素的差别, 而不是生产技术上的差别来解释生产成本, 提出了要素禀赋理论。这一理论认为: 不同的商品需要不同的生产要素比例, 而不同国家拥有的生产要素比例是不同的。因此各国就应该生产那些能密集利用本国富裕生产要素的商品, 换取那些需要比较密集利用稀缺生产要素生产的进口商品。

20 世纪 70 年代末, 保罗·克鲁格曼用 "规模经济" 和 "不完全竞争" 来解释相似资源储备国家之间和同类工业产品之间的 "双向贸易" 或行业内贸易。这是一种新的贸易理论, 它认为: 贸易的好处是可以通过扩大市场增加生产, 从而降低成本、获得利润。随后日本经济学家小岛清提出协议性区域分工理论, 补充和完善了比较优势理论, 该理论证明: 即使在相对成本差距不存在或者要素禀赋相同的条件下, 分工仍然是一种必然趋势。另外, 由美国经济学家雷蒙德·弗农提出了产品周期理论, 认为生产要素不仅包括资本和劳动, 还包括自然资源、生产技术等, 进一步扩充了比较优势理论和要素禀赋理论的范畴。

4. 钻石模型理论

迈克尔·波特从 20 世纪 80 年代开始先后发表了《竞争战略》《竞争优势》及《国家竞争优势》三部著作, 被合称为 "竞争三部曲", 系统地提出了竞争优势理论, 并成为研究产业国际竞争力的重要理论基础。波特认为, 比较优势和竞争优势是有着重大区别的, 波特说: "比较优势理论是长期以来在国际竞争分析中处于主流和控制能力的一种理论, 而我认为竞争优势才应该是一国财富的源泉。比较优势理论一般认为一国的竞争力主要来源于劳动力、自然资源、金融资本等物质禀赋的投入, 而我认为这些投入要素在全球化快速发展的今天其作用日趋减少。……取而代之的是, 国家应该创造一个良好的经营环境和支持政策……"

在《国家竞争优势》中, 波特把他的国家竞争理论应用到国际竞争范畴内, 提出了钻石模型, 又称为钻石体系理论, 是对国家竞争力的规范解释, 是一种理解国家或地区全球竞争地位的全新方法。现在已经成为现代商业思维中不可缺少的一部分, 经过证实, 该理论得到了许多学者的一致认可, 同时也成为产业国际竞争力的一个重要理论基础。在该理论中波特认为：一国在某一行业取得全国性成功的关键在于 6 个基本要素，即要素条件，需求状况，相关与支持产业，企业战略、组织结构与竞争状况，机会，政府。其中前四项是关键因素，后两项是辅助因素，统称为外部环境（图 1-1）。

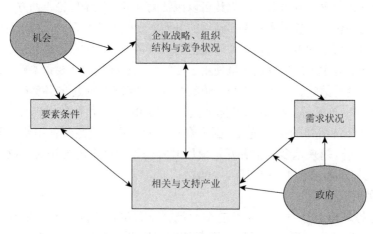

图 1-1　钻石模型示意图

（1）要素条件

要素条件是指人类生产过程所必须具备的一切物质条件，包含劳动资源、资本资源、人力资源、知识资源等几大类，分为基本要素和高等要素两大类。基本要素也叫初级要素，主要包括自然资源、气候、地理环境、非熟练和半熟练劳工、债务资本等；高等要素主要是指现代化电信网络、高科技人才、尖端学科的研究机构等。基本要素中的气候、地理环境、自然资源是"遗传"或天赋的，是既定的先天条件，而高等要素是通过长期投资和后天开发投资得到的。要素条件也可以分为通用要素和专门要素两类。其中通用要素包括可以为不同行业所共用的高速公路、资金和大学毕业生等；专门要素是指应用面很窄的专业人才、基础设施和专门知识。在保持企业竞争优势方面专门要素比通用要素更重要，而高等要素加专门要素则是一个国家和一个产业取得竞争胜利的有利条件。

（2）需求状况

需求状况是指本国市场对该项产业所提供产品或服务的需求情况。市场需求状况对提升产业经营主体——企业的竞争力至关重要，对任何一个产业竞争力的形成都有相当重要的影响。波特认为：这种影响不仅来自显而易见的规模经济，就对产业国际竞争力的形成而言，国内市场的素质比其规模更重要。首先，庞大的国内市场需求有利于该产业在国际上的竞争，过早发展的国内市场迫使该产业过早地建立起大量的生产能力并积累丰富的生产经验，无形中提升了本国的产业竞争力；其次，国内市场的过早饱和会推动该产业提早进行产品的创新和升级，把该行业由国内市场推向国际市场，让该产业的竞争优势在国际市场上继续发展壮大；最后，在该产业不断发展壮大的同时，要警惕庞大的市场使企业丧失对外扩张的意志。

（3）相关与支持产业

相关与支持产业是指这些产业的上下游产业及其相关产业的国际竞争力，通常情况下，有竞争力的本国产业，也会带动相关产业的竞争力。如果上游供应商有竞争力，则可以帮助下游企业掌握新方法、新机会和新技术的应用，与企业一起，致力于其加工和产品的发展，提高产品质量，增加下游的竞争优势；如果下游市场具有竞争力，则可以帮助上游企业降低市场风险；如果企业的上下游产业在竞争中处于下风，则会降低该企业的竞争力。但是无论如何，高度密切地与相关和支持产业合作对一个企业维持和增加其竞争力来说是必需的。

（4）企业战略、组织结构和竞争状况

企业战略、组织结构和竞争状况是指企业在国家范围内的基础、组织和管理形态，以及国内市场竞争对手的表现。在各个国家和产业中，企业的战略、结构及目标都是有很大差异的，掌握国家特色环境，使各种竞争优势恰当地匹配在企业中，使企业的管理模式和组织形态都符合本民族大环境，让产业获得竞争力。企业进步和创新的动力来源于激烈的国内竞争，国内大环境迫使企业利用改良管理制度，启用新技术等来降低成本，提高产品质量，研发新产品，从而进一步增强竞争优势。另外，国际竞争是国内竞争的延伸，饱和的国内市场把企业推向国际市场，参与国际竞争，国内市场的种种压力迫使企业加重了出口产品寻求成长的愿望，让企业在国际竞争中占据更大的优势。

（5）机会和政府

机会是指一些突发性因素；政府角色是指政府对其他要素的干涉。在钻石模型中，政府和机会是两个不确定因素，属于辅助因素。机会一般是指在基础性发明、技术、战争、政变、市场需求等一系列方面发生重大改变和突发事件，机会对产业竞争力的作用是不容忽视的，它可以开发新市场、调整产业结构，为整个产业提供创新发展的机会，但是机会是企业、整个产业乃至政府都无法控制的，对以上钻石模型中4个重要因素的影响都是单向的。政府可以通过制定政策对企业乃至整个产业的竞争环境产生重大影响，从而影响整个产业的竞争力。例如，可以对高级的专门要素的形成产生至关重要的作用；政府行为可以对整个经济体制产生影响；可以通过政策制定调整汇率、出台各种奖励鼓励政策促进国内产品出口；可以对企业的战略、目标产生直接的影响等，政府对钻石模型的4个重要因素的作用是相互的，同时政府行为的作用可能是积极的，也可能是消极的。

波特在提出竞争优势论的同时，根据产业国际竞争力在经济发展过程中表现出来的不同形式和特点，把产业国际竞争的过程大致分为4个依次递进的阶段。第一个阶段：要素驱动阶段，处于这一阶段的国家总是在那些依赖基本生产要素的产业领域内取得竞争优势，如自然资源、气候、非熟练及半熟练的劳工等。第二个阶段：投资驱动阶段，在第一阶段发展的基础上，激烈的国际竞争迫使企业加大投资力度，促使自己的生产资料向高级方向发展，建立健全基础设施等建设，使企业在这一阶段继续保持竞争优势。第三个阶段：创新驱动阶段，这一阶段不再完全依赖基本的生产要素在产业竞争中取得优势，国家在生产要素成本上的优势会越来越弱，从而促使其加大创新力度，利用国际新技术，抓住发展新机会，进行技术、制度等各方面创新，取得产品和服务质量的进步，从而在国家内部出现了具有新的竞争优势的产业群。第四个阶段：财富驱动阶段，该阶段是整个产业竞争阶段的最高阶段，在这一阶段，企业的最大特点就是求稳，但这也是导致整个产业国际竞争力衰弱的阶段，对生产要素的投资减少，不再积极地采用新技术等是这个阶段最突出的特点。

二、产业竞争力的评价方法

产业竞争力已经成为地区经济发展的重要因素,同时也迅速成为学术界研究的重点之一,相应的研究成果也日益丰富。随着影响产业竞争力的因素日益增多,以及竞争力评价指标的日趋细化,对产业竞争力的评价难度日益增大。国内学者对产业竞争力评价方法的研究,历经了由定性的描述性分析到定量的衡量分析的过程。现有的大量研究大致可分为两部分:一部分学者主要集中于对产业竞争力的优劣势分析,即定性分析;另一部分学者侧重于建立评价竞争力的模型,进行统计分析,即定量分析。

1. 定性分析方法

定性分析方法是较早用于产业竞争力研究的主要方法之一,国内学者对产业竞争力的定性分析主要从当地的产业发展现状出发,分析当地竞争力的优势和劣势。国内学者运用的典型的定性分析方法为 SWOT 分析方法,其他定性方法也被用于产业竞争力研究。

（1）SWOT 分析方法

SWOT 分析方法通过对经济主体的优势（strength）、劣势（weakness）、机遇（opportunity）、威胁（threat）的分析,清晰、全面、系统地判断了产业的发展现状,能够为提高产业竞争力提供思路。我国众多学者运用 SWOT 分析方法对产业竞争力进行分析。例如,周蕾和温淑萍（2010）运用 SWOT 分析方法,对宁夏农业特色优势产业进行竞争力分析;认为其优势包括资源环境、科技创新、民族特色等方面,劣势包括产品质量、产业基础、组织化程度等方面,机会包括信息化建设、政策支持等方面,威胁包括区域竞争加剧、服务体系有待完善等方面;并提出了提升宁夏农业特色优势产业竞争力的战略选择。崔钰钰和刘学录（2014）以榆中县为研究对象结合具体情况,对榆中县特色农业产业进行 SWOT 分析,提出协调区域布局与适度规模发展、重在技术和观念创新、实现产业化来突破自身瓶颈等对策建议。

（2）其他定性分析方法

除了 SWOT 分析方法,其他定性方法也被诸多国内学者用于分析产业竞争,主要从以下三个方面来分析。一是从经济环境的变化方面:龚勤林（2001）分析了我国加入WTO 后农业产业竞争力的现状和所面临的严峻挑战,提出了延伸产业链、发展特色农业、走农业规模经营道路这三条提升农业产业竞争力的对策建议。二是从不同的研究对象方面:张宏升和赵云平（2007）以呼和浩特市奶业产业为研究对象,从交易效率、生产效率、竞争效率、创新效率角度分析了农业产业集聚对提升竞争力的效应,认为竞争力效应的提高能够增强集聚区内农产品的竞争力;赵良伟（2009）以常山县为研究对象,介绍了金童食用菌专业合作社采用的金针菇保鲜冷库生产工艺及效果,认为使用新的农业机械虽然存在一些问题,但是企业具有很好的发展前景,如果促进技术引进和消化吸收,能够提升常山县食用菌生产设施水平和产业竞争力。三是从竞争力内涵方面:苏航（2010）认为区域农业竞争力的内涵应包含农产品的市场竞争力、区域农业的可扩张能力、区域农业的可持续能力、区域农业的抗风险能力,随着农业发展的不断演进,区域农业的各种竞争能力也在不断演进,故而应通过整合以上 4 种竞争能力,来提升区域农业的综合竞争力水平。

2. 定量分析方法

近年来，定量分析方法被越来越多地用于产业竞争力研究，国内诸多学者开始通过建立评价模型、细化评价指标的方法来判断产业竞争力的强弱。常用的定量方法包括单项指标评价法和综合评价法。

单项指标评价法，反映的是产业在某一方面的竞争力，包括贸易专门化指数、比较优势指数、相对出口绩效、市场占有率。使用单项指标进行竞争力评价存在着评价不全面的缺陷，故为了全面评价产业竞争力，大多数国内学者使用综合评价法。

综合评价法是将影响产业竞争力的各个因素综合起来进行产业竞争力评价。使用加权求和的方法得出产业竞争力总指数，用来判断产业竞争力的强弱。目前普遍使用的综合评价法包括：偏离-份额分析法、层次分析法、因子分析方法、回归分析法、主成分分析法和其他方法。

（1）偏离-份额分析法

偏离-份额分析法是被用于产业竞争力分析较多的方法之一，国内学者对于偏离-份额分析法的使用主要集中于两个方面。一是区域产业竞争力研究：左继宏（2006）认为区域产业竞争力包括区域产业结构竞争力和区域内各个特定产业的竞争力；选取武汉市相关产业数据，应用偏离-份额分析法研究武汉市的产业竞争力；得出的结论包括武汉市工业的整体产业具有较强竞争力，其中支柱产业的产业竞争力较强，先导产业已具备一定的实力。刘钧炎等（2013）选取2001～2010年的相关数据，运用偏离-份额分析法对广东省规模以上的九大产业的区域竞争力进行分析，根据竞争力分析结果从整体、三大传统产业、三大新兴产业及三大潜力产业 4 个方面提出对策建议。二是以产业结构为角度进行竞争力分析：刘鹏（2011）选取1991～2008年的相关数据，运用偏离-份额分析法对贵州省农业内部的种植业、林业、畜牧业、渔业的实际竞争力进行分析，认为其与邻近地区相比具有一定竞争优势，其中畜牧业和林业竞争优势明显，竞争力增长空间巨大，应加大投入力度。陈淑嫱（2011）以农业产业结构为研究对象，选取2005～2009年的相关数据，运用偏离-份额分析法，分析福建省农业、林业、牧业、渔业及服务业的竞争力状况，认为福建省在增长速度及结构性发展方面具有一定优势，但农业产业结构不具有区域竞争力优势。王睿等（2015）以攀枝花市为研究对象，选取2003～2012年的相关数据，应用偏离-份额分析法对攀枝花市产业结构进行分析，结果表明：第一产业对经济的贡献作用最小，第二产业对经济的贡献作用大，但竞争力弱于四川省平均水平，第三产业有较大的发展潜力，竞争力强于四川省平均水平。根据分析结果，提出以下建议：突出特色农业的发展、稳定发展第二产业、加快发展第三产业。

（2）层次分析法

层次分析法也是被用于产业竞争力分析较多的方法之一，但相较于其他综合评价法，层次分析法的主观性更强。国内诸多学者运用此方法对产业竞争力进行研究。一部分学者单独使用层次分析法进行研究：李丰玉和董子铭（2014）运用层次分析法，从外在表现和内在结构两个方面建立指标体系，对休闲农业产业集群竞争力进行评价分析，认为经营户个体竞争力提高是关键，政府资源禀赋要素为助力。另一部分学者将层次分析法与其他模型相结合，力争更为全面地评价产业竞争力：郭欣旺等（2011）以甘肃定西马铃薯产业集群竞争力为研究对象，根据 GEM 模型①，运用层次分析法，认为其区位优势明显，上中下游之间的协作关系紧密，但其生产能力有待加强，定西马铃薯产业在华东、东南、华南及中原地区拥有较大市场份额，但国外市场还处于开拓阶段。徐烜和刘纯阳（2014）选取87 个企业和个体数据，基于 GEM 模型运用层次分析法对湖南粮油加工农业产业集群竞争力进行研究，认为湖南粮油加工农业产业集群竞争力略高于平均水平，企业因素和基础因素仍有进一步改善的空间。

（3）因子分析方法

因子分析方法同样是被国内诸多学者使用的综合性评价方法之一，因子分析方法更多的是通过反映影响产业竞争力的因素确立指标来判断产业竞争力的强弱。国内学者的研究主要集中于以下几个方面。一是从产业结构的角度：庄世美等（2009）应用因子分析方法、德尔菲法、专家征询法确定指标权重，选取全国 31 个省区市 2004～2006 年的相关数据，从种植业、林业、畜牧业、渔业 4 个方面进行农业产业竞争力评价，得出农业产业竞争力排位，以此为基础分析排位变动情况和变动原因，认为农业产业竞争力的高低是由种植业、林业、畜牧业、渔业 4 个方面共同决定的。杨琨和平瑛（2012）通过因子分析方法，利用综合评价模型对全国 30 个省区市的农业竞争力进行评价分析。将全国 30 个省区市的农业竞争力划分为高、中、低三个维度；高维度排名变化微小，中、低维度变化频繁；应从产业链、区域资源及规模化角度提高农业竞争力。二是从时间、空间角度：葛干忠（2013）选取中国 31 个省区市 2008～2010 年的相关数据，运用因子分析方法，对中国现代农业竞争力进行评价，认为我国各省区市农业产业竞争力综合水平呈现非均衡特征，具有显著的区域性特征；建议应从产业结构协调、技术支持、组织创新及区域布局 4 个方面提高我国现代农业产业竞争力。李晓甜和石培基（2016）通过构建农业竞争力评价指标体系，选取甘肃 14 个地级市（州）1997 年、2002 年、2007 年和 2012 年相关数据，运用因子分析方法和空间分析法对甘肃区域农业竞争力进行评价，得出甘肃区域农业竞争力的时间演变和空间演变，并剖析时空格局演变的驱动机制，认为甘肃农业竞争力呈上升趋势，其竞争力核心要素未发生质的变化，这种时空格局演变是多种因素共同作用的结果。三是从微观具体指标的角度：綦好东（2015）在分析了中国农工企业经营战略类型及特征的基础上，选取上海、深圳两地的 155 家上市农工企业，应用财务指标，对各类企业的财务竞争力进行评价；认为就整体而言，单一一体化的企业具有较强的财务竞争力，而多元非一体化的企业财务竞争力较弱；就具体指标来说，表现不尽一致；提出从产业升级、农民增收及食品安全等方面加大对三次产业的扶持力度。

（4）回归分析法、主成分分析法

回归分析法、主成分分析法同样隶属于综合评价法，但在大多数情况下将这两种方法与其他评价法组合起来对产业竞争力进行评价。例如，郭曦和郝蕾（2005）将集群竞争力影响因素归结为外围层、嵌入层、网络层、节点层 4 个层面，选取 47 个国家级经济技术开发区样本，运用 Eviews（4.0）统计软件对集群竞争力影响因素进行多元回归分析，分

①　GEM 模型是两位加拿大学者（Tim Padmore 和 Henrev Gibson）对钻石模型进行改进，提出的一种分析企业集群竞争力的模型，即基础（groundings）、企业（enterprises）、市场（markets）。

析结果认为影响我国经济开发区整体竞争力的因素为政策、资金、网络及企业自身。赵丰等（2012）选取 2009 年西安农业种植生产的相关数据，运用主成分分析法对西安农业产业竞争力进行评价，选择竞争力排名前 11 位的产业作为主导产业。

（5）其他方法

除了上述几种综合评价法外，部分国内学者将各个单项评价法组合起来，打破单项评价法的片面缺陷，使其能够更加全面地对产业竞争力进行评价。例如，吴楠等（2006）运用显示性评价法（包括贸易专业化系数、出口绩效相对指数、显示性比较优势指数、固定市场份额模型指标、出口优势变差指数）对农业生物技术产业竞争力进行评价，认为应从风险投资、资本市场、企业特色、政府作用和全球化大市场五大方面着手提高农业生物技术产业竞争力。

还有一部分学者使用综合比较优势指数法来进行产业竞争力评价。例如，杨启智和聂静（2012）以都江堰猕猴桃产业为研究对象，选取了陕西、河南、湖南、四川（不含都江堰）和都江堰 2009 年的相关数据，通过比较优势指数分析，认为都江堰猕猴桃综合比较优势指数与全国平均水平相当，综合比较优势不明显，应从提高单产和增强规模效应的角度来提高其竞争力。陈其兵等（2015）选取武威不同县域 2008～2012 年的相关数据，应用规模比较优势指数、效率比较优势指数及综合比较优势指数等方法，进行比较分析；认为由于土壤、气候等农业资源差异，武威主要经济作物不同区县的比较优势不相同，优势经济作物种类也不同；提出应实现资源合理配置、调整经济作物区域布局、加大政策扶持力度的对策建议。雷波等（2015）以四川农产品为研究对象，选取四川 2009～2011 年相关数据，运用综合比较优势指数法对其规模、效率、综合比较优势指数进行分析；研究表明油菜籽、薯类、茶叶、烟叶和水稻为四川的优势农产品；提出应调整农作物的种植结构，对优势农产品进行合理布局。

生产要素评价法及其他方法也出现在产业竞争力评价方法的研究中。例如，陈卫平和赵彦云（2005）以中国 31 个省区市为研究对象，进行农业竞争力总体评价和农业七大子要素（包括规模、效益、基础、结构、现代化、成长及特色 7 个方面）竞争力评价；认为农业竞争力综合水平发展不均衡，具有区域性；应根据经济发展水平和产业发展状况分类分区域指导。吴海华等（2011）阐述了我国农业装备产业发展的现状，提出了农业装备产业发展过程中存在的问题及面临的机遇和挑战，分析了农业装备产业竞争力的影响因素，运用模糊综合评判模型对农业装备产业竞争力进行评价，认为我国农业装备产业竞争力较弱，并提出了相应的对策建议。

第四节　农业产业竞争力的实证研究

产业竞争力隶属于竞争力的中观研究层次，第一位产业竞争力的研究者是美国的迈克尔·波特教授，其提出的钻石模型为之后研究产业竞争力提供了研究范式。国内对产业竞争力的研究起步较晚，但近年来，产业竞争力实证研究逐渐成为国内诸多学者研究的热点。以农业产业竞争力为例，国内学者对于产业竞争力的研究主要集中于产业竞争力的影响因素、产业竞争力的指标体系构建及提升产业竞争力的对策几个方面。

一、产业竞争力的影响因素

一类产业的发展状况、其竞争力水平及影响因素这三者之间存在着相辅相成的联系，良好的产业发展现状能够有力地促进其产业竞争力的提升，其产业竞争力的提升又进一步促进其产业的发展；同时，产业竞争力的提升受到诸多因素的影响，研究产业竞争力的影响因素能够明确产业发展方向，有利于其产业竞争力的提高。分析农业产业发展现状，发掘产业竞争力影响因素，是研究产业竞争力的关键环节。国内诸多学者从不同角度对产业竞争力影响因素进行研究。一是从企业核心竞争力角度，张高亮和陈劲（2011）选取210家浙江农业集群核心企业数据，运用结构模型和因子分析方法，分析农业核心企业竞争力的影响因素。认为企业核心竞争力的影响因素（包括需求条件、集群生态、企业资质、社会资源）对企业核心竞争力（包括财务、市场、研发及学习能力）有不同程度的影响。二是以钻石模型为基础，唐晓（2011）分析了新疆番茄产业发展现状，从品牌、生产要素、企业规模结构、相关辅助产业、市场需求条件及发展机遇和政府作用角度，发掘新疆番茄产业竞争力影响因素，提出提升新疆番茄产业竞争力的对策建议。

二、产业竞争力的指标体系构建

产业竞争力指标体系的构建是否科学合理，关系到产业竞争力评价是否可信。产业竞争力的指标体系构建研究作为产业竞争力的实证研究的重要组成部分，吸引了越来越多的国内学者从事到这类研究中。例如，吕冬贺（2016）认为农业科技园区对增强农业综合生产能力与竞争力有着重要作用。通过对黑龙江省农业科技园区的发展现状及国内外相关文献的研究，构建了黑龙江省农业科技园区评价指标体系，包括目标层、系统层及指标层。系统层包括三个子系统，分别为园区内人员情况、土地道路情况及投入产出情况。运用因子分析方法进行数据分析，分析结果表明：就整体而言，黑龙江省农业科技园区的发展水平呈上升趋势，其水平会随着各项投入等因子的增加而有所升高，但某一特殊时期资金、产业结构、技术、农业生产设备等指标投入的减少会使其水平发展停滞不前，甚至出现倒退现象。

除了农业产业竞争研究方面，在其他产业的产业竞争力研究上，其指标体系的构建同样吸引了大量学者进行研究。例如，陈敏等（2012）以江西省汽车产业为研究对象，从环境竞争力、创新竞争力、制造竞争力、零部件竞争力、市场竞争力5个方面对江西省汽车产业竞争力进行指标体系构建。

近年来，产业竞争力指标体系构建更多的是作为产业竞争力整体研究的其中一个环节，与产业竞争力实证研究的其他环节共同组成竞争力的评价体系，被国内众多学者用于产业竞争力评价研究。

三、提升产业竞争力的对策

我国对于产业竞争力的研究起步较晚，自20世纪90年代以来，产业竞争力研究已经成为国内学术界研究的热点问题之一。虽然我国学者对产业竞争力的研究视角和方向会随着经济、环境、理论水平等诸多因素的变化而变化，但是对于产业竞争力的对策研究一直存在于产业竞争力研究的发展历程当中。我国学者对于产业竞争力的研究集中于以下几个方面。

一是关于大力发展科技的相关对策。例如，成新华（2002）提出依靠技术进步能够提高我国农业的国际竞争力，并着重介绍了农业软技术进步的功能，包括推动农业产业体系的重建、农业产业经营形式的变迁，促进农业技术、经济、社会协调发展、农业生产经营中的能量守恒及农业企业家的培育和成长；认为推进农业软技术进步是提高农业产业竞争力的依赖路径。江苏农村经济评论员（2010）认为县域是农业发展和提高的基点，我国农业的国际竞争力不能离开县域农业产业的综合竞争力，并阐述了县域农业产业的综合竞争力的构成，以此为基础提出了包括增加农业的投入规模、促进农业的科技进步、提高农业的产业化水平在内的提高其综合竞争力的对策建议。云南网（2015）从花卉、甘蔗、茶叶、橡胶、林业等角度，阐述了云南高原特色农业的发展；认为对于以资源丰富多样著称的云南来说，发展高原特色农业的空间巨大；提出采用新技术对云南特有或独有的珍稀物种或品种进行规模化、商品化开发利用，从而创造出新的特色产业。张克俊和张泽梅（2015）认为农业大省具有其特殊性和重要地位，故分析了构建现代农业产业体系的重要作用及主要制约因素，从设施装备、社会化服务、农业补贴、基地建设、科技创新、政策扶持等方面提出了加快构建现代农业产业体系的对策建议。

二是关于优化产业布局的相关对策。例如，赖诗仁（2009）以广东农垦集团为研究对象，梳理了广东农垦集团的农业产业布局，包括橡胶、甘蔗、剑麻、乳业、水产、畜牧及水果这七大农业产业，将建设大基地、培育大企业、拓展大市场作为建现代农业产业体系的关键环节，提高广东农垦集团的国际竞争力。姬顺玉（2012）主要针对甘肃特色农业发展现状，对甘肃特色农业竞争力进行了分析，分别涉及规模、基础、效益、结构、现代化这 5 个方面，分析制约甘肃农业竞争力发展的因素，并提出相应的对策建议。翁伯琦等（2015）阐述了特色现代农业的内涵与重要意义，以福建为研究对象，分析了发展特色现代农业的优势及产业布局，提出了提升福建特色产业发展的相应对策建议，包括科学制定规划、加大科技支撑、加强品牌建设、加强种业发展、加强闽台合作、完善服务体系。陈其兵（2015）从种植面积、优势产区、经济和生态效益、标准化生产以及运销体系方面阐述了武威西甜瓜生产现状，以此为基础分析了武威西甜瓜生产的优势及问题；提出了提升西甜瓜竞争力的有效途径，包括建设优质种苗繁育体系、发挥标准化示范园区作用、强化配套基础设施建设、生产基地向优势产区集中。

三是关于大力推行国家政策的相关对策，包括"科技兴农"政策及财税政策等。例如，张光彩（2003）以浙江省仙居县为研究对象，分析了提升仙居县农业竞争力的优势和劣势，提出了提升仙居县农业产业竞争力的对策措施，包括用活政策、选准主导产业、培育龙头企业、强化专业合作经济组织、实施"科技兴农"战略。周明亚（2008）以浙江省桐庐县为研究对象，根据桐庐县农业实际发展状况，分析了发展特色农业基地的有利条件及存在的问题和不利因素，提出了提升区域产业竞争力的若干建议，包括实施"科技兴农"战略、推进产业化经营、拓展外向型农业、实行政策倾斜。蔡芝儿和周雪晴（2010）对我国产业竞争力提升面临的优势及劣势进行分析，认为财税政策在提升产业竞争力方面具有一定作用，包括政策导向、影响成本和收益、促进产业技术进步、为产业发展提供专项资金；提出可通过包括设立专项基金、优化税收政策、培育产业集群发展、灵活运用政策、支持中小企业发展、完善社会保障制度 6 个方面来提升我国产业竞争力的财税政策。

四是关于品牌建设的相关对策。例如，姚春玲（2013）阐述了农业产业集群与农产品区域品牌的关系，探讨了农业产业集群的形成机制和特征，从农业科研院所、农业服务机构、涉农行政管理部门及农业企业等方面说明了农业产业集群促进农产品区域品牌竞争力的提升；并对提高农产品区域品牌竞争力提出了相应对策建议。姚春玲等（2014）认为农业产业集群能够有效提升农产品区域品牌竞争力，从科研院所、服务机构、涉农行政管理部门等角度分析了农产品区域品牌竞争力的提升机制，提出了加强品牌维护、建立"政、产、学、研"互动机制、提高品牌资产价值、扶持服务机构发展的对策建议。

四、其他产业竞争力研究内容

国内学者也从多角度和方向对产业竞争力进行研究。第一，从产业竞争力出台的相关政策角度，张兆宜（2005）报道了当时即将出台的《产业竞争力调查规则》，该调查规则涉及众多方面，包括调查宗旨、调查事项、法律行为主体、调查程序、产业竞争力评估和相应的救济措施等内容，作者认为《产业竞争力调查规则》的出台既能为政府制定政策提供有力支持，又能为企业调整战略提供有力依据。第二，从供应链的方向，杨芳（2011）从农业产业集群式供应链的内涵及特征角度出发，阐述了农业产业集群式供应链结构及相应的三种供应链运作模式（分别是以批发市场、龙头企业、连锁零售企业为核心的供应链运作模式）；并对农业产业集群式供应链的竞争力进行了分析，认为农业产业集群式供应链的竞争力主要体现在创新和知识共享能力、资源整合能力、市场适应能力、价值创造能力 4 个方面。第三，从产业竞争力发展趋势角度，《中国产业竞争力报告（2013）No.3》系统研究了中国产业竞争力的总体走势、重点工业竞争力的最新变化，认为 2013 年中国产业竞争力仍处于上升阶段，但部分传统行业竞争优势呈现下降趋势。第四，从提高竞争力路径角度，向晓梅（2014）认为产业竞争力是区域经济竞争力的决定因素，直接体现了区域经济发展水平。从广东实际出发，提出应从以下几个方面来提高产业竞争力，包括提高企业素质、构建产业组织网络、增强国有企业的活力和动力、推动民间投资、增强内生动力。

主要参考文献

蔡芝儿，周雪晴. 2010. 提升我国产业竞争力的财税政策选择[J]. 特区经济，（08）：228-230.

陈立敏，王漩，饶思源. 2009. 中美制造业国际竞争力比较：基于产业竞争力层次观点的实证分析[J]. 中国工业经济，（06）：57-66.

陈敏，王龙，邓理. 2012. 江西汽车产业竞争力评价指标体系构建[J]. 企业经济，（05）：98-101.

陈其兵. 2015. 甘肃武威西甜瓜生产优势及竞争力提升建议[J]. 中国农业资源与区划，（02）：139-144.

陈其兵，彭治云，唐峻岭，等. 2015. 基于比较优势理论的武威市县域经济作物比较优势实证分析[J]. 农业现代化研究，（01）：99-104.

陈淑嫱. 2011. 基于偏离-份额分析法的福建省农业产业结构与竞争力分析[J]. 台湾农业探索，（04）：5-8.

陈卫平. 2003. 农业国际竞争力理论初探[J]. 财经问题研究，（1）：66-69.

陈卫平,赵彦云. 2005. 中国区域农业竞争力评价与分析——农业产业竞争力综合评价方法及其应用[J]. 管理世界,(03): 85-93.

陈武. 1997. 比较优势与中国经济国际化[M]. 北京:中国人民大学出版社.

成新华. 2002. 关注硬技术进步,更应重视软技术进步——提高农业产业竞争力的路径依赖[J]. 乡镇经济,(10): 7-8.

崔钰钰,刘学录. 2014. 榆中县特色农业产业竞争力的 SWOT 分析[J]. 发展,(07): 100.

德宏州农业局. 2015. 《中共云南省委云南省人民政府关于全面深化改革扎实推进高原特色农业现代化的意见》解读[EB]. http://nyj.dh.gov.cn/Web/Detail.aspx?id=2973[2015-10-12].

狄昂照,吴明录. 1992. 国际竞争力[M]. 北京:改革出版社.

丁家云,周正平. 2015. 基于农业产业链延伸的农产品国际竞争力研究[J]. 南京审计学院学报,(03): 26-33.

冯英娟,滕福星,张海涛. 2007. 高技术产业竞争力的来源与管理行为研究[J]. 科技管理研究,(12): 37-39.

高德秋. 2011. 山东省高科技现代农业产业竞争力分析[J]. 黑龙江对外经贸,(04): 88-89.

葛干忠. 2013. 中国现代农业产业竞争力比较分析[J]. 湖南科技大学学报,(01): 128-131.

龚勤林. 2001. 论 WTO 条件下提升农业产业竞争力[J]. 农村经济,(12): 7-8.

郭曦,郝蕾. 2005. 产业集群竞争力影响因素的层次分析——基于国家级经济开发区的统计回归[J]. 南开经济研究,(04): 34-40.

郭欣旺,李莹,陈伟维,等. 2011. 基于 GEM 模型的甘肃定西马铃薯农业产业集群竞争力研究[J]. 中国科技论坛,(03): 127-131.

韩宏华,熊德平. 2004. 农业核心竞争力的内涵及其形成[J]. 华东经济管理,(12): 87-90.

胡大立. 2001. 企业竞争力论[M]. 北京:经济管理出版社.

黄文清,孙能利,张俊飚. 2010. 基于 S-S 模型下的西部地区农业产业结构效益与竞争力分析[J]. 湖北农业科学,(12): 3242-3246.

姬顺玉. 2012. 甘肃特色农业产业竞争力提升对策研究[J]. 现代农业科技,(22): 297-302.

金碚. 1994. 中国工业化经济分析[M]. 北京:中国人民大学出版社.

金碚. 1997. 中国工业国际竞争力——理论、方法与实证研究[M]. 北京:经济管理出版社.

金碚. 1999. 产业组织经济学[M]. 北京:经济管理出版社.

金碚. 2003. 竞争力经济学[M]. 广东:广东经济出版社.

金兴华. 2003. 我国茶叶出口国际竞争力的比较分析[J]. 茶叶,(04): 3-6.

康容平,柯根斌. 1999. 中国企业评论:战略与实战[M]. 北京:企业管理出版社.

柯炳生. 2003. 提高农产品竞争力:理论、现状政策[J]. 农业经济问题,24(2): 34-39.

赖诗仁. 2009. 构建现代农业产业体系打造具有国际竞争力的大企业集团[J]. 中国农垦,(06): 22-23.

兰文巧. 2012. 基于产业网络组织视角的产业集群竞争力研究[J]. 企业经济,(06): 133-136.

雷波,唐江云,向平,等. 2015. 四川农产品比较优势综合分析[J]. 中国农学通报,31(3): 282-290.

李崇光,郭犹焕. 1998. 中国大米和油料比较优势分析[J]. 中国农村经济,(6): 17-21.

李丰玉,董子铭. 2014. 基于层次分析法的休闲农业产业集群竞争力评价指标体系[J]. 江苏农业科学,(12): 484-486.

李凤霞,曹艳英,王栋. 2010. 旅游产业竞争力来源的理论范式及提升机制研究[J]. 山东经济,(09): 77-82.

李晓甜,石培基. 2016. 甘肃省区域农业竞争力评价与时空演变分析[J]. 农业现代化研究,(03): 238-246.

李欣. 2008. 农业产业集群提升中国农产品国际竞争力的研究[D]. 武汉:武汉理工大学硕士学位论文.

梁毅劲,于平福,杨景峰. 2013. 广西特色农业资源型产业发展的科技问题探讨[J]. 南方农业学报,44(2): 350-355.

刘超,程道平. 2010. 基于"钻石模型"视角的烟台市产业集群竞争力发展研究[J]. 黑龙江对外经贸,(10): 92-96.

刘国亮,薛欣欣. 2004. 比较优势、竞争优势与区域产业竞争力评价——以山东省制造业为例[J]. 产业经济研究,(03): 35-41.

刘娟,张峻峰,孟鹤,等. 2009. 专业合作提升都市农业产业竞争力的作用机理与实证分析[J]. 中国零学通报,(25): 103-105.

刘钧炎,王云. 2013. 广东规模以上九大产业的区域竞争力分析[J]. 企业经济,(04): 136-139.

刘鹏. 2011. 贵州农业产业竞争力的实证分析[J]. 经济师,(10): 25-26.

刘娅琼. 2007. 产业竞争力来源及其评估指标体系研究——以江苏、浙江、上海高科技产业为例[D]. 上海:同济大学硕士学位论文.

罗林香. 2001. 从资源依附到创新驱动——广西资源型产业的竞争力分析与思考[J]. 企业经济,(09): 24-27.

吕冬贺,索志林,赵媛媛. 2016. 黑龙江省农业科技园区评价指标体系研究[J]. 中国农业资源与区划,(02): 79-83.

孟丽丽,张萌,李志宏. 2008. 产业竞争力来源分析[J]. 商场现代化,(05): 247-248.

莫莎,周晓明. 2015. 生产性服务贸易进口复杂度对制造业国际竞争力的影响研究——基于跨国面板数据的实证分析[J]. 国际商务(对外经济贸易大学学报),(06):16-26.

莫小玉,曾光. 2015. 基于 SEM 模型的农业产业集群竞争力评价——以潜江小龙虾产业集群为例[J]. 广东农业科学,(14):143-148.

裴长洪. 1998. 利用外资与产业竞争力[M]. 北京:社会科学文献出版社.

评论员. 2010. 提高县域农业产业的综合竞争力[J]. 江苏农村经济,(12):7.

綦好东,王瑜,王斌. 2015. 基于经营战略视角的农工企业财务竞争力评价[J]. 中国农村经济,(10):69-78.

任剑新. 2003. 层次分析法在我国中小企业竞争力评价中的应用[J]. 系统工程理论与实践,(8):91-95.

苏航. 2005. 农产品竞争力与农业竞争力的内涵界定[J]. 经济论坛,(24):125-127.

苏航. 2010. 基于产业集聚理论的区域农业竞争力分析[J]. 农村经济,(04):52-53.

谭晶纯,季征. 2012. 云南省省委常委会议通过加快高原特色农业发展的决定——政策解读[N]. 云南日报,2012-08-08.

唐仁健. 2001. 从根本上提升我国农业竞争力——中国农业应对 WTO 的宏观思考[J]. 农业经济问题,(01):25-34.

唐晓. 2011. 基于"钻石体系"模型的中国新疆番茄产业竞争力影响因素研究[D]. 石河子:石河子大学硕士学位论文.

滕光进,叶焕庭. 2000. 契约理论与能力理论相融合:企业本质的一个全面阐释[J]. 中国软件科学,(05):110-113.

万宝瑞. 2016. 加快提高我国农业竞争力的思考[J]. 农业经济问题,(04):4-8.

王核成,吴雪敏. 2005. 动态能力形成过程分析[J]. 商业研究,(14):37-40.

王睿,罗怀良,谢传敏,等. 2015. 基于偏离-份额分析法的攀枝花市产业结构分析[J]. 资源与产业,(12):132-137.

王迎军. 1998. 企业资源与竞争优势[J]. 南开管理评论,(1):33-37.

蔚刚强. 2012. 中共云南省委云南省人民政府关于加快高原特色农业发展的决定[EB]. http://guoqing.china.com.cn/gbbg/2012-12/04/content_27306646.htm[2012-12-04].

翁伯琦,马宏敏,苏汉芳,等. 2015. 特色现代农业发展路径与提升策略研究——以福建省为例[J]. 农学学报,5(12):127-132.

吴海华,方宪法,王德成. 2011. 农业装备产业竞争力模糊综合评判模型研究[J]. 农机化研究,(03):73-76.

吴楠,李晓莉,冯中朝. 2006. 显示性评价法对农业生物产业竞争力的分析[J]. 河北农业大学学报,(06):45-48.

徐烜,刘纯阳. 2014. 湖南粮油加工农业产业集群竞争力研究[J]. 经济地理,(04):120-124.

许标文,吴越,林叠. 2010. 福建省农业产业结构和竞争力的偏离份额分析[J]. 台湾农业探索,(06):36-39.

许烜,周磊. 2011. 基于钻石模型对湖南农业产业集群竞争力研究[J]. 科技与管理,(11):17-20.

杨芳. 2011. 农业产业集群式供应链运作模式构建及其竞争力研究[J]. 安徽农业科学,39(26):16336-16338.

杨琨,平瑛. 2012. 我国区域农业产业竞争力评估[J]. 南方农业学报,43(10):1616-1620.

杨启智,聂静. 2012. 农业特色优势产业竞争力研究——以都江堰市猕猴桃产业为例[J]. 农村经济,(06):57-60.

杨小凯,张永生. 2001. 新贸易理论、比较利益理论及其经验研究的新成果:文献综述[J]. 经济学,(10):19-43.

姚春玲,王红姝,李秀梅. 2014. 基于农业产业集群的农产品区域品牌竞争力提升研究[J]. 改革与战略,(01):68-71.

姚春玲. 2013. 农业产业集群与农产品区域品牌竞争力提升策略[J]. 现代农业研究,34(3):318-321.

殷小林,黄跃东,周海纳. 2009. 福建省农业结构和竞争力研究[J]. 南方农业,(09):65-68.

袁新华. 2008. 中国虾产业比较优势和国际竞争力研究[D]. 南京:南京农业大学博士学位论文.

云南网. 2015. 中共云南省委云南省人民政府关于强化改革举措落实加快高原特色农业现代化建设的意见[EB]. http://yn.yunnan.cn/html/2015-02/10/content_3594610.htm[2015-02-10].

詹玉萍. 2007. 基于比较优势和竞争优势的区域产业竞争力研究[D]. 大连:大连交通大学硕士学位论文.

张高亮,陈劲. 2011. 我国农业产业集群核心企业竞争力影响机制的实证研究[J]. 农业经济问题,(06):76-81.

张光彩. 2003. 关于提升仙居县农业竞争力的思考[J]. 农村. 农业. 农民,(01):16.

张宏升,赵云平. 2007. 农业产业集聚对提升竞争力的效应探析——基于呼和浩特市奶业产业集聚的分析[J]. 调研世界,(07):18-20.

张克俊,张泽梅. 2015. 农业大省加快构建现代农业产业体系的研究[J]. 华中农业大学学报,(02):25-31.

张雪梅. 2007. 中国生态农业产业竞争力的钻石模型分析[J]. 经济与管理,(05):5-9.

张兆宜. 2005. 《产业竞争力调查规则》将于年底出台——致力打造中国产业国际竞争力金钥匙[N]. 21 世纪经济报道, 2005-09-22（009）.

赵丰, 赵森, 刘思佳. 2012. 西安市农业产业竞争力评价及主导产业选择研究[J]. 新西部,（17）: 15-16.

赵海燕, 何忠伟. 2013. 中国大国农业国际竞争力的演变及对策——以蔬菜产业为例[J]. 国际贸易问题,（07）: 3-14.

赵良伟. 2009. 农业机械化提升食用菌产业竞争力[J]. 现代农机,（06）: 26.

中国人民大学竞争力与评价研究中心. 2001. 中国国际竞争力发展报告[M]. 北京: 中国人民大学出版社.

周蕾, 温淑萍. 2010. 基于 SWOT 的宁夏农业特色优势产业竞争力分析[J]. 安徽农业科学,（05）: 2610-2612.

周明亚. 2008. 打造桐庐特色农业基地, 提升区域产业竞争力[J]. 农业科技通讯,（07）: 19-20.

周振兴, 王卉卉, 韩梅. 2008. 加强农业原始创新, 提高农业产业科技竞争力——透视江苏农业科技原始创新与成果转化应用能力[J]. 农业科技管理,（12）: 78-82.

朱春奎. 2003. 产业竞争力来源的系统分析[C]//中国系统工程学会. 管理科学与系统科学研究新进展——第 7 届全国青年管理科学与系统科学学术会议论文集. 北京: 538-543.

庄世美, 苏时鹏, 张春霞, 等. 2009. 中国省域农业产业竞争力评价与分析[J]. 中国农学通报, 25（20）: 341-347.

左继宏. 2006. 武汉市工业内部各行业产业竞争力分析[J]. 特区经济,（06）: 42-43.

第二章　云南马铃薯产业发展概况

云南是中国西南部的高原山区省份，与东南亚的越南、缅甸和老挝等国家接壤。云南的生态环境、自然气候条件均适宜马铃薯生长，是中国的马铃薯主产区之一，也是五大马铃薯生产省份之一。马铃薯已发展成为省内继水稻、玉米之后的第三大作物。马铃薯作为重要的粮食、蔬菜和加工原料，在推动云南农业农村经济发展和农民增收致富方面具有重要的作用。

第一节　云南马铃薯种植区域

一、云南马铃薯种植历史

马铃薯（*Solanum tuberosum* L.）原产于南美洲安第斯山脉。中国学者考证认为，马铃薯传入中国的时间是明朝万历年间（公元 1573～1620 年）。云南是我国引进和种植马铃薯较早的省份之一。清代吴其濬著《植物名实图考》（1848 年）卷六中记载："阳芋，黔、滇有之。绿茎青叶，叶大小、疏密、长圆形状不一，根多白须，下结圆实，压其根则根实繁如番薯，茎长则柔弱如蔓，盖即黄独也，疗饥救荒，贫民之储，秋时根肥连缀。味似芋而甘，似薯而淡，羹臛煨灼，无不宜之。叶味如豌豆苗，按酒俏食，清滑隽永。开花紫蓇五角，间以青纹，中擎红的，绿药一缕，亦复楚楚。山西种植为田，俗呼山药蛋，尤硕大，花色白。闻终南山岷，种植尤繁，富者岁收数百石云"。文中还绘有阳芋的素描图，阳芋就是马铃薯，这是中国马铃薯栽培史上的第一张马铃薯形状素描图。按此记载，1848 年已有不同品种存在，农民已掌握培土、压蔓等栽培技术，据此可推断 1848 年以前云南就已引进马铃薯栽培。另据云南师范大学王军考证，在雍正九年（1731 年）的《会泽县志》中就有关于马铃薯的记载。云南无论是纬度、山区生态类型，还是气候条件，都非常适宜马铃薯生长，自从马铃薯引入后，人们因地制宜，创造了多种耕作制度，积累了丰富的栽培经验，使马铃薯在全省广泛种植。马铃薯在云南被广泛称为洋芋，其引进栽培无疑对全省社会和经济的发展产生了巨大的影响。在土壤贫瘠、缺乏灌溉的丘陵和高寒冷凉山区不适宜种植水稻，甚至不适宜玉米生长的地方，种植马铃薯可获得较高产量。马铃薯作为粮食，对于解决云南广大山区、边疆少数民族地区人民的食品供应问题起到了重要作用。马铃薯又可以作为蔬菜、饲料、休闲食品加工和淀粉工业的原料，消费市场广阔，对发展山区经济和提高农民的经济收入有重要作用。由于优越的自然环境，适宜马铃薯生长的良好生态条件，以及巨大的市场需求，云南已发展成为中国马铃薯的主要生产地区。

根据霍克斯（Hawkes，1990）的分类，马铃薯分为 21 个系。马铃薯根据植物形态特征、结薯习性和其他性状进行区分和归类，有 7 个栽培种和 228 个野生种。集合相近的种为系，相近的系为组，相近的组为属，又根据需要在组下面设亚组。7 个栽培种均属于马铃薯系（Tuberosa Rydb），含二倍体、三倍体、四倍体和五倍体。其中三倍体和五倍体是不孕的，仅依靠无性繁殖繁衍后代。马铃薯栽培种，包括原始栽培种和普通栽培种，均产于南美洲，其中只有普通栽培种在世界各国广泛栽培。其他栽培种均分布在南美洲安第斯山脉不同海拔区域，有些是当地农民长期栽培的种。云南栽培的马铃薯种属于普通栽培种，虽然在长期栽培和适应性选择过程中，有些品种的植物学特征会发生较大差异，但只是品种间发生的变异。云南农业大学研究团队应用 SSR 分子标记分析了 122 个马铃薯栽培种的遗传多样性，聚类分析以遗传相似系数 0.79 为准，品种分别聚在 8 个不同遗传组群，遗传相似系数在 0.6613～0.9315，据此认为品种遗传相似程度较高，遗传背景差异较小，亲缘关系较近。

二、云南马铃薯种植区域布局

在中国马铃薯栽培区划中，云南被划入西南单、双季混作栽培区，分区为云贵高原山区。云南马铃薯种植区的自然特点是地域辽阔，万山重叠，以山地为主，占土地总面积的71.70%，大部分山地虽然坡度陡峭，但山顶却较平缓，上有灰岩丘陵，连绵起伏，并有山间平地或平坝错落其间。本区气候温和，主要栽培区域处于高海拔山区，夏无炎热，气候凉爽，雨水云雾多，湿度大，日照寡，又有山间盆地（俗称坝子），因此气候的垂直差异明显。云贵高原土壤一般较瘠薄、坡地多、易受旱，中低产田的比例大。但随着近 20 年来冬季农业的开发，在云南热带河谷、亚热带坝区的冬季栽培马铃薯技术中，从适宜品种的选育、栽培制度、配套栽培技术等方面创新了马铃薯的种植生产。将马铃薯生产区域南移到最南端的广大区域，极大丰富了马铃薯栽培、生产区的适宜范围，从而形成了云南马铃薯能够多季生产、周年供应的高原马铃薯生产特色。

根据云南马铃薯栽培的耕作制度、自然生态条件、地理区域和产业发展现状，可以将云南马铃薯种植区域划分为三个区，即滇东北、滇西北马铃薯大春作一季种植；滇中马铃薯多季作种植区；滇南、滇西南马铃薯冬作一季种植区。需要说明的是，由于云南特殊的高山、河谷交错的地理环境，形成山区冷凉、河谷干热的立体气候，因此在同一区域内有春播和冬播交错现象。例如，滇东北、滇西北马铃薯大春作一季种植区内，沿金沙江河谷热区是冬马铃薯生产区；在滇南马铃薯冬作一季种植区，也有高山地区春播生产马铃薯，但相对面积和产量均较小，不具代表性。按种植区域的区划，各区的地理位置、生态特点、耕作制度和品种分布详述如下。

（一）滇东北、滇西北马铃薯大春作一季种植区

本区位于滇东北、滇西北高原，海拔为 1900～3000m。马铃薯主要种植在山地，区域内的山顶常常有大面积较平缓的坡地。冷凉的气候，湿润、灰质和较肥沃的土壤条件，十分有利于马铃薯植株的生长发育，能够获得高产。在海拔 2500m 左右的高海拔寒冷山区，农民只能种植马铃薯、荞麦、萝卜、芫菁等耐寒蔬菜等作物，马铃薯成为农民主要的粮食和饲料作物。本区包括曲靖、昭通、丽江、迪庆、怒江和大理，以及昆明的部分地区（东川、寻甸、禄劝、嵩明、石林等）。2013 年本区马铃薯播种面积约 41.13 万 hm^2，占全省马铃薯种植面积的 77.58%。其中以昭通和曲靖面积最大，2013 年种植面积约 33.57 万 hm^2，

鲜薯总产量 725.22 万 t，分别占全省播种面积、总产量的 63.32%、74.57%。本区自然条件优越，历史上马铃薯一直作为主要作物栽培，用作粮食和饲料，其产量对于当地经济发展和农民生活有着重要影响。

本区一般在 3～4 月播种，种植方式为开沟条播，在耕地面积大的山区，常见以牛犁开沟播种。基肥为农家肥和普钙，播种密度为 60 000 株/hm² 左右，出苗后起垅，中耕除草起垅时，可追施氮肥。8～9 月可收获。在高寒山区，不播种小春作物的地块，农民一直将马铃薯块茎留在地里，随用随收，可留至翌年初，这种方法对于贮存马铃薯、调节市场供应起到一定的作用。有的地方收获后，撒播一茬萝卜、芜菁等耐寒蔬菜。在本区，由于低温的影响，会出现大、小春耕作的矛盾，为了提高复种指数，增加单位面积产量，常把马铃薯作为间套种的主要作物之一。采用小麦套马铃薯、马铃薯间作玉米、马铃薯套豆类等栽培方式。例如，在马铃薯主产区宣威，3 月播种马铃薯后留出空行，于 5 月套种玉米，马铃薯在 8～9 月收获后，播一茬胡萝卜，10 月收获玉米后，可套播小麦等作物，12 月收获胡萝卜作为猪饲料。这样既提高了单位面积的经济效益，又可使马铃薯茎叶还田培养土壤肥力。本区栽培过程中发生的马铃薯病害主要是晚疫病，是晚疫病严重危害的区域。在每年 7～8 月雨水集中的季节，常常会造成马铃薯晚疫病的流行危害。由于马铃薯常年连作，疮痂病和粉痂病在局部地方也有发生。

本区内有许多海拔 2300m 以上的高寒山区，由于具有自然隔离条件好、病虫害较少、马铃薯退化慢等优越的生态环境和生产条件，在生产环节上能够与热带、亚热带冬季生产区形成很好衔接，成为种薯生产和供应地，如会泽、昭通的大山包和迪庆的香格里拉等地。为解决全省种薯的需求和运输问题，在会泽、昭通、宣威、宁蒗、丽江、剑川、禄劝、大姚、嵩明、寻甸等地区建立了马铃薯良种和脱毒种薯繁育基地，每年将大量脱毒种薯调运到坝区和冬季种植地区，出口到越南、缅甸等东南亚周边国家。本区是云南主要种薯生产地。

（二）滇中马铃薯多季作种植区

本区位于云南中部，海拔为 1600～2000m，包括昆明、玉溪、保山、楚雄和大理的部分地区等。2013 年种植面积 48 606.66hm²，鲜薯总产量 107.31 万 t，分别占全省马铃薯面积和总产量的 9.17%、11.03%。主要分布在山区，部分坝区也有栽培，是云南马铃薯生产条件好、栽培水平高的区域。1997 年在楚雄彝族自治州大姚县县华乡松子园，农民种植马铃薯品种 '中心 24'，鲜薯单产达到 6212kg/亩（1 亩 ≈ 667m²），创全国最高单产新纪录。由于区内海拔和生态条件差异较大，形成了以大春一季作为主，小春作和秋作交错的种植格局。在北部和各县的高山区，气候温凉，适宜种植大春一季作，种植面积约占 60%。秋作全区基本都可以种植。在南部海拔 1600m 左右的低海拔热区，由于霜冻轻，常种植小春作马铃薯。在一些海拔较高的沿湖坝子，由于有湖水调节气温，霜冻较轻，如星云湖、抚仙湖、洱海、杞麓湖、异龙湖、滇池等沿湖也各分布有数十公顷的冬马铃薯种植面积。滇中生产的马铃薯除少数山区作为粮用和饲料外，大部分用作蔬菜。

本区大春作在 3～4 月播种，开沟条播或塘播，每亩种植 4000 多株，8～9 月收获。

在大春季种植，农民常常将马铃薯与玉米套种，以提高复种指数，增加产量。秋季种植，在 7~8 月播种，到 11~12 月收获，一般种薯需要采用早收获的块茎或做催芽处理，打破休眠期，早出苗，以便在秋季较短时间内获得产量。小春作则在 12 月至翌年 1 月播种，4 月左右收获。在本区一些地方，农民还有利用开春气温回升、土壤湿润的有利时机，在 2 月播种、6 月收获的种植习惯，农民称其为"早洋芋"。沿湖坝子由于能保证灌溉，耕作条件和土壤肥力较好，可获得高产，而且可在多季种植，对于调节市场、均衡供给有积极作用。在本区，马铃薯晚疫病是大春作和秋作主要病害，小春作则需预防青枯病，此外，局部地方有环腐病，以及马铃薯 Y 病毒病、马铃薯 X 病毒病、马铃薯卷叶病毒病等病毒病害发生。在 2~3 月的干旱时期，小春作马铃薯害虫有斑潜蝇幼虫，其蛀食叶肉组织，造成植株叶片干枯，过早死亡。马铃薯块茎蛾、小地老虎、蛴螬也时有发生。

（三）滇南、滇西南马铃薯冬作一季种植区

本区多为海拔 1600m 以下的低海拔热带、亚热带河谷、坝子和丘陵山地，包括文山、红河、临沧、普洱、德宏、西双版纳及玉溪的部分地区。区内大春季（5~10 月）主要种植水稻、玉米，这段时期由于气温高不适宜马铃薯生长发育，但冬季却有着栽培马铃薯的良好条件。在滇南冬闲田较多，马铃薯也被作为冬季重要的蔬菜作物和加工原料种植，在滇南冬季农业开发中具有很大的发展潜力。冬作在 12 月末播种，4~5 月收获的称为小春洋芋，为主要生产方式；另外，德宏、西双版纳、临沧等部分无霜区在 11 月初播种，2~3 月收获，产量和经济收益较高。2013 年冬作区的临沧、德宏、红河、文山、普洱、西双版纳等南部地区，马铃薯种植面积 70 253.33hm²，占全省马铃薯总面积的 13.25%；鲜薯总产量 140.61 万 t，占全省马铃薯总产量的 14.46%。滇南冬季种植马铃薯主要用于解决当地淡季蔬菜的供应，以及省内外蔬菜和加工原料市场的需求，由于冬季马铃薯种植面积较小，产品数量少，外销市场需求量大，冬马铃薯的价格高于大春生产的马铃薯，农民可以有很好的经济收入。在一些少数民族聚居的贫困山区则可以解决春荒的口粮问题。而且这些地区毗邻东南亚，对于开拓越南、缅甸、老挝、泰国等国际市场有重要作用；加之交通便利，马铃薯种植受到当地农民的欢迎和政府的重视，随着冬季农业的开发，栽培面积和产量都有较快发展。本区发生的马铃薯主要病害有晚疫病、早疫病、各种病毒病害。害虫主要有黄蚂蚁，当春季田间发生干旱时，发生螨虫、红蜘蛛、蓟马和白粉虱的危害。

第二节 云南马铃薯产业概况

一、生产情况

（一）全省种植概况

云南是以山地耕作为主的省份，历史上就是马铃薯生产大省。由于具有优越的自然环境及适宜马铃薯生长的良好生态条件，云南已发展成为中国马铃薯的主要生产地区之一。云南马铃薯播种面积、总产量和单产情况如表 2-1 所示。

表 2-1　1984～2015 年云南马铃薯生产比较

年份	面积/万 hm²	总产量/万 t	单产/(kg/hm²)
1984	18.527	265.0	14 303
1991	18.930	266.9	14 099
1992	20.140	264.0	13 108
1993	21.140	148.3	7 015
1994	22.650	306.5	13 532
1995	22.720	323.0	14 216
1996	22.633	320.3	14 152
1997	22.980	326.8	14 221
1998	25.260	346.0	13 700
1999	27.950	378.5	13 542
2000	31.690	536.5	16 929
2001	37.870	593.0	15 660
2002	34.810	607.0	17 440
2003	41.980	697.0	16 602
2004	44.450	775.0	17 408
2005	49.870	789.5	15 861
2006	53.990	860.9	15 945
2007	44.340	685.0	15 449
2008	46.620	722.0	15 357
2009	53.333	890.0	15 499
2010	49.310	764.5	15 507
2011	49.640	797.5	16 063
2012	51.670	875.0	16 933
2013	53.010	972.5	18 348
2014	56.400	861.0	15 266
2015	55.810	852.3	15 272

资料来源：云南省农业厅，云南省马铃薯产量统计（1991～2002 年）；中国农业统计年鉴（1991～2016 年）。

注：单产和总产量以鲜薯计算

（二）云南各地区马铃薯生产概况和冬马铃薯生产

1. 云南各地区马铃薯生产概况

云南传统的马铃薯主产区是滇东北和滇西北的春播区域，滇南和滇西南随着冬季农业的开发和科技进步，种植面积迅速扩大，成为冬马铃薯的重要产区。2015 年云南各地区马铃薯生产统计可以反映云南马铃薯生产的基本情况（表 2-2）。

表 2-2　2015 年云南各地马铃薯种植面积及产量情况

地区	种植面积/万亩	产量/万 t	单产/(t/亩)
昭通	300.9	330.0	1.097
楚雄	17.0	32.3	1.900
保山	24.1	30.8	1.278
西双版纳	1.2	—	—
玉溪	7.1	13.2	1.850
曲靖	296.6	490.0	1.652
普洱	10.4	13.5	1.303
怒江	—	—	—
红河	47.1	112.8	2.396
丽江	31.0	47.6	1.535
临沧	21.7	25.1	1.156
昆明	69.5	95.5	1.374
德宏	17.8	30.3	1.700
大理	35.2	43.4	1.233
文山	29.6	32.2	1.088
迪庆	8.7	9.4	1.085

注:"—"表示数据缺失

2. 冬马铃薯生产

近年来,马铃薯在云南农业生产中所占比例有了显著提高。云南马铃薯快速发展的重要原因是冬作和小春作种植面积的扩大,产量增加,冬马铃薯成为产业的重要经济增长点。云南具有周年生产马铃薯的优越自然条件,利用冬季生产马铃薯作为冬季农业开发的重要内容,随着适宜品种、配套栽培技术的提高,生产效益显著。以滇南和滇西南为主的广大热带、亚热带区域马铃薯面积迅速扩大,单产和总产量不断提高。冬马铃薯产业发展主要取决于市场供求关系,从今后较长一段时期来看,冬马铃薯市场需求大于市场供给是常态。云南冬马铃薯生产具有比较优势,主要体现在以下几个方面:第一,云南仍有适于冬马铃薯种植的广阔的扩展区域;第二,冬马铃薯的单产仍具有一定的提升空间。

3. 冬马铃薯种植面积

云南是全国最适宜种植冬马铃薯的地区之一,也是全国冬马铃薯种植面积最大的省份,目前全省种植面积在 20 万 hm^2 左右(包括早春马铃薯),主要分布于德宏、红河、临沧、文山、普洱等滇南、滇西南区域及河谷地带。

近年来,市场对云南的冬马铃薯需求旺盛,销售地区远至北京、上海、山东、河北等地。从冬马铃薯供给来看,仅有云南、海南、广西和福建等少数几个南方省份适于种植。因此,由于气候条件的限制,冬马铃薯供不应求的状况将会持续。2016 年 4～5 月,冬马铃薯价格高达 5 元/kg,德宏、临沧、红河等集中种植地区大获丰收,单产值达 22.5 万元/hm^2 左右,每亩净利润万元以上,经济效益十分显著。

云南冬马铃薯的产量相对较高。云南适于种植冬马铃薯的地区冬季气候温暖且干燥少雨，马铃薯病虫害较少，特别适于马铃薯的生长。冬马铃薯产量相对大春马铃薯要高出很多，大春马铃薯平均单产在 1.8 万～2.25 万 kg/hm²，而主产区的冬马铃薯平均单产可达 3 万～4 万 kg/hm²。

云南种植冬马铃薯的土地资源仍具有较大的开发潜力。据统计，云南热区土地面积为 811.1 万 hm²，占全省总面积的 21.9%左右，占全国热区总面积的 16.9%。云南热区主要分布在澜沧江、金沙江、怒江、红河、南盘江及伊洛瓦底江的支流大盈江、龙江流域，海拔在 1400m 以下的低热河谷。属于北热带的面积为 77.4 万 hm²，土地相对集中连片，成为全省热区的主要部分；属于南亚热带的面积 730 万 hm²，土地分散，称为热区飞地。热带作物多分布在海拔 1200m 以下的低山、丘陵、河谷阶地、山间盆地。云南热区坡度小于 15°的平地和缓坡仅有 69.81 万 hm²，占 30.09%；而大面积的热区土地分布在坡度大于 15°的陡坡地，面积达 162.19 万 hm²，占 69.91%。

云南热区已垦殖耕种的耕地有 69.6 万 hm²，目前冬马铃薯种植面积 20 万 hm²，仅占热区已垦殖耕地面积的 1/3，仍有较大的扩展潜力。

部分热区是云南冬马铃薯潜力挖掘的重点。云南的热区资源主要集中在滇南、滇西南的西双版纳、德宏、临沧、普洱、红河、文山 6 个地州和保山地区的一部分。除了现在已经广泛种植的德宏、红河、临沧以外，在西双版纳、普洱、文山及保山部分地区都还有较大的发展潜力。这些地区冬无严寒，夏无酷暑，也无台风危害，光、热、水都较充足，十分有利于多数热带作物生长，具有良好的开发价值。

4. 冬马铃薯单产水平

云南冬马铃薯的单产平均水平相对较高。尤其是在部分水土气候条件较好的地区，农民通过精耕细作，最高单产可达 7.5 万～8.5 万 kg/hm²，在大部分高产创建或高标准田的冬马铃薯单产平均在 5 万～6 万 kg/hm²。

提升种薯品质将有利于增加平均单产。目前马铃薯种薯绝大部分是农民的自留种，自留种的问题是易感染病虫害，品种退化，进而导致产量较低。如果使用品种较好的脱毒种薯，单产可大幅提高。不少冬马铃薯种植户因为买不到品质好的种薯，而无法提高冬马铃薯产量。因此，政府应当进一步出台规范和发展冬马铃薯的种薯产业政策和措施，鼓励种薯生产企业严格执行国家马铃薯种薯生产技术规程，通过种薯标准化生产，实行脱毒苗—原原种—原种—良种的生产模式，在提高种薯供应量的同时，保证种薯质量。加强马铃薯种薯市场的监管，实行种薯销售登记注册经营，对出售劣质种薯导致薯农收益受损的商家，要通过法律或行政手段追究其责任，一是要求其赔偿薯农损失，二是对其行为进行相应处罚，从而促使种薯商家诚信经营，确保薯农能购买到优质种薯。

推广栽培技术规程是提高冬马铃薯单产的有效途径。良好的栽培技术有利于单产的提高，云南红河也是冬马铃薯的主要产地之一，当地农户在冬马铃薯栽培过程中精耕细作，对马铃薯采用打顶修枝等方法，使冬马铃薯单产可达到 7.5 万～9 万 kg/hm²，商品薯率达 95%。将这些类似的有效栽培技术总结为栽培技术规范，由各地的农业技术推广人员对当地的冬马铃薯种植户进行培训，实现标准化生产，改变马铃薯传统种植的粗放式管理，必将极大地提高冬马铃薯的单产。

5. 冬马铃薯的生产潜力

滇南地区由于冬季气候温和、土地肥沃，适于种植冬马铃薯的区域较广，冬马铃薯种植面积仅占适于种植面积的约 1/3。以红河为例，该地适于种植面积约为 5 万 hm²，现在种植面积仅为 1.67 万 hm²。就云南适于种植冬马铃薯的地区来看，冬马铃薯仍具有约 20 万 hm² 的发展潜力。持续较高的收益将会激发农户种植冬马铃薯的热情。例如，2016 年春，冬马铃薯的田间价格从 3～4 元/kg，上涨到 5～6 元/kg，农户在收获季节的喜悦溢于言表，这样的市场价格极大地刺激了 2016～2017 年冬马铃薯种植面积的扩张。

冬马铃薯由于独特的生长季节，发病率相对于大春马铃薯较低，德宏、临沧和文山等地用'丽薯 6 号'进行冬马铃薯种植，在保证种薯质量的情况下，大部分单产能够在 4.5 万～6 万 kg/hm²，且商品薯率在 85%～90%。然而，由于高质量的种薯仅能在满足一定海拔和气候条件的地区繁殖，且需要由有可靠的技术保证的企业和科研单位提供，总产量非常有限。不少冬马铃薯种植户因为买不到合格的种薯，而蒙受经济损失。因此，建立优质种薯繁育基地是进一步发展冬马铃薯的必要条件。根据云南的自然地理气候和区位条件，打造两大种薯基地：将大理作为滇西马铃薯的脱毒种薯基地，使之成为德宏、临沧、保山等地的冬马铃薯优质种薯繁育供应基地；将丽江、会泽作为滇东马铃薯的脱毒种薯基地，使之成为昭通、曲靖等地的冬马铃薯优质种薯繁育供应基地。这些地区的高寒山区具有气候冷凉湿润，光照充足，昼夜温差大，土壤肥沃、疏松，自然隔离条件好，作物品种单一，病虫害轻，品种退化慢等自然条件，与马铃薯的原产地南美洲安第斯山区的自然条件相似，是最适合建立优质马铃薯脱毒良种繁殖基地的地区。良好的自然条件加上先进的种薯生产技术，可生产出具有国际竞争力的合格种薯，可以向滇西、滇东地区乃至全省及东南亚国家提供优质种薯。基地通过"政府＋科研＋企业＋合作社（农户）"运行机制进行运作。政府主导在资金、政策上给予扶持；科研单位作技术支撑，通过科研平台的建立，能把科研成果尽快转化为生产力，取得更大、更好的经济和社会效益；企业带动，将"小生产者（农户）"和"大市场"连接起来，合作社代表农民与企业签订合同，实行订单农业，架设农户与市场的桥梁，将农户带入大市场，实现多方共赢，推动冬马铃薯产业的发展。

农户作为独立的市场主体是理性的，他们以最大收益原则决定种植的品种和面积。扩大冬马铃薯的种植面积就需要提高冬马铃薯的种植效益，因此，云南将继续研究通过增加产量、降低消耗和损耗的方式提高比较收益，从而刺激农户种植冬马铃薯的积极性。

（三）种薯发展

云南得天独厚的自然条件，意味着其在马铃薯种薯生产上具有天然优势和竞争力。为了充分发挥云南种薯生产的独特优势，在滇西北区域建立种薯繁育基地的基础上，滇东北区域也要逐步从商品薯生产向种薯生产过渡和转变。初步估计，云南马铃薯种薯种植面积如果发展到 300 万亩左右，既能解决云南及周边省份对种薯的需求，又能增加薯农的收入。云南各地结合自身特点，积极探索和构建种薯繁育体系，形成了以下一些好的做法。

1. 龙头企业规模化、标准化生产

以云南英茂农业有限公司为典型代表的规模化、专业化马铃薯种薯生产企业，经过近5年的探索，已经形成从核心苗至马铃薯种薯生产全链标准化的生产体系，获得"云南省农业产业化经营重点龙头企业""云南省优质种业基地""云南省农业科技示范园"等荣誉称号。公司依托云南独特的地理优势，建立辐射周边低海拔国家和地区的云南马铃薯种薯区域合作发展模式，推进将滇产优质马铃薯种薯资源供应到周边低海拔国家和地区。该公司已启动与越南、缅甸、孟加拉国等国家的合作，并签署合作协议。公司紧紧抓住国家"马铃薯主粮化"发展战略和"一带一路"历史机遇，初步构建了面对东南亚种薯市场的布局，为滇产马铃薯种薯走向国际市场打开了一条通道，对未来滇产优质种薯的市场国际化推进具有战略意义。

2. "小群体大规模"的组织形式

"小群体大规模"的脱毒马铃薯生产方式就是在种薯生产基地内，成立马铃薯脱毒种薯生产农民专业合作社，合作社的法人由当地有威望、懂经营、会管理、公道正派的村民担任，合作社的社员志愿加入，服从法人的指挥和安排，法人按照社员的意愿安排和组织脱毒马铃薯种薯的生产、管理和销售。合作社的每一户社员为一个小群体，一个合作社或多个合作社的种薯生产为大规模生产，可以生产出大量的合格脱毒种薯，满足市场的种薯需求。

3. "一分地"模式

就是一户一分地的种薯扩繁模式，即将生产出的原原种，交由种薯基地的农户，每户种植一分地，收获后，次年再全部种植成一亩地，依此扩繁，逐年增加脱毒种薯的种植面积，逐步替换生产用种。多年的实践证明，"一分地"的扩繁模式，有效地解决了种薯扩繁成本高、质量难以控制的难题。

二、加工情况

（一）传统食品加工

云南具有悠久的马铃薯加工历史，在滇东北等地农户习惯将薯块加工成能够长期保存的洋芋干片、洋芋粉、洋芋粉丝、粉皮等。这些制成干品虽然为粗制产品，但工艺简单，所需生产设备、规模和资金要求低，许多农户家庭可以制作，用于蔬菜干品，可以长期储藏，或自家食用或市场销售，就地消费和转化了大量马铃薯。在鲜食加工方面，云南大街小巷随处可以见到的炸洋芋小摊、烧烤摊，以炸烤薯条、薯块、薯片，配以当地人们习惯的酱料，以价格便宜、符合当地人口味，培育了广泛的消费人群。作为中国式的薯条、薯片、薯块休闲食品，其消费市场和数量远超西方食品中的炸薯条。上述大众化的马铃薯加工、消费和销售方式，形成了很大的加工消费市场。

（二）现代食品加工

现代马铃薯加工业能够"标准化、规模化、多样化"加工生产马铃薯产品，延伸产业链，方便人们消费。经过多年发展，云南马铃薯加工业在全国占有一定份额，形成了以"天使""子弟""噜咪啦"等为典型代表的马铃薯休闲食品品牌，以"云淀"淀粉为代表的马铃薯淀粉品牌等。随着马铃薯主粮化食品加工的研发和产业化，如马铃薯米线、马铃薯饵丝、马铃薯面条、马铃薯馒头等将逐步推向市场，为消费者所接受，这将极大地加快马铃薯加工业的发展。

（三）加工原料供应和基地

云南高度重视马铃薯产业发展，特别是马铃薯加工企业对产业的带动作用。积极扶持马铃薯加工企业，努力按照"企业＋基地＋农户＋先进技术"的模式，使企业成为马铃薯产业发展的"龙头"。1998年云南省政府在宣威召开"云南省马铃薯深加工产业发展专题会"，2002年12月又在宣威召开"全省马铃薯产业专题会"。总结了云南马铃薯产业发展中的经验，研究和提出产业发展的对策和措施，如何将云南马铃薯这一传统产业改造提升、做大做强，形成云南国民经济的重要支柱产业，对产业起到了重要促进作用。2002年8月云南省政府专门召开了"全省农业产业化经营专题会"，出台了一系列优惠扶持政策，对大型农业加工龙头企业给予重点扶持；同时，围绕龙头企业的原料需求，在全省建立了一批新的加工原料薯生产基地。例如，在产业规划布局中，建立了滇东北、滇西北淀粉加工区；滇中薯条、薯片加工区等。云南马铃薯加工业发展的优势在于，马铃薯全年生产，原料薯的供应较平衡。在我国的东北、西北马铃薯产区只能一季生产，在广东等南方地区只有冬季生产，在西南产区缺乏无霜热带地区的生产季节，唯云南可以全年生产和提供加工原料。但云南马铃薯加工产业也存在着很多问题，如现代化加工企业市场开发不足，2002年加工率仅占总产量的5%左右；原料供应不够，尤其是不能满足淀粉加工企业的开工率；专用型品种缺乏，缺少高淀粉、低还原糖、薯型优等专门用于加工淀粉、炸片、炸条等的品种；加工制成品的种类花样需要丰富。发达国家马铃薯的加工率达到50%以上，马铃薯食品生产蕴藏着巨大的发展空间和机遇，在"马铃薯主粮化"战略实施过程中，通过将马铃薯加工成适合中国人消费习惯的产品，可以提高云南马铃薯的加工水平和加工率。

三、市场情况

云南优越的自然条件使马铃薯生产具有四季生产、周年供应的特点。区位优势为距离东南亚国家最近的省份。马铃薯的消费市场除在省内消费流通外，主要以鲜食马铃薯、种薯和加工原料销售到国内外市场。云南制定了扶持马铃薯产业的政策和区域发展布局，提高了商品薯的生产能力和水平，增强了云南马铃薯的市场竞争力。

（一）面向东南亚、南亚国家的出口市场

与云南相邻的越南、缅甸、泰国、老挝等东南亚热带国家，冬季能够生产马铃薯。夏、秋季是蔬菜生产淡季，对鲜食马铃薯需求量很大。冬季生产马铃薯留种困难，需要进口种薯。马来西亚、泰国、菲律宾、越南等国的加工企业，需要大量进口原料薯（10万t以上）。东南亚国家对马铃薯的年需求量在30万t以上，除从欧洲和美国进口外，从中国进口7.5万t以上的原料薯大部分来自云南。云南大春生产马铃薯种薯可以弥补东南亚热带国家的需求，具有很大的市场潜力。例如，云南优质种薯，在越南的引种试验结果表明，基本不发生病毒病害，平均产量达到 20 000～28 000kg/hm^2，典型高产鲜薯产量达到 30 000kg/hm², 较当地自留种薯增产 30% 以上。1996 年统计, 正常通关出口越南的马铃薯每年在 1 万 t 左右。据昆明海关统计, 2010 年的前两个月, 云南对东南亚国家出口的马铃薯达到 265.6t, 占云南出口马铃薯总量的 99.7%, 创汇 1.7 万美元。此外, 还有大量商品马铃薯通过边民互贸出口到缅甸、越南、老挝等国。云南商品马铃薯向东南亚国家的流通方式, 目前可以通过商贸出口订单、特定物资互换协议、边民集市互贸等, 经澜沧江-湄公河航运、滇缅高速公路、滇越铁路、昆河高速公路快捷送达到东南亚各国, 随着昆曼高速公路、昆曼高速铁路、中老高速铁路的建设, 云南与东南亚各国的交通运输将会更加便捷。在中国"一带一路"战略中, 云南将建设成为辐射南亚、东南亚的中心。通过"中国-东盟自由贸易区""早期收获计划""中-泰果蔬零关税""孟中印缅经济走廊""澜沧江-湄公河合作机制"等多边框架协议, 以及交通基础设施、通关便利化建设, 云南商品马铃薯作为蔬菜、加工原料和种薯, 面向东南亚已经形成一定的出口规模。南亚各国大多也属于热带国家, 对云南的商品马铃薯和种薯有需求, 是潜在的消费市场, 可以借助在昆明举办的"中国-南亚博览会"和"昆明进出口商品交易会"的平台, 通过经济技术支持, 拓展云南马铃薯进入南亚国家的渠道, 未来云南的商品马铃薯将会成为出口的重要农产品。

(二) 面向国内的商品市场

2008 年云南省内鲜食马铃薯的消费量约 306 万 t, 人均年消费量 67kg。比较 2009 年欧洲、发达国家和全国的人均年消费水平, 云南的鲜食马铃薯消费量仅次于英国, 高于欧洲、德国和美国, 远高于世界和国内的消费水平。提高省内消费量有一定难度。扩大云南马铃薯在国内、国外的销售, 对促进产业发展和农民增收致富具有重要作用。云南冬季生产商品马铃薯在国内主要的消费市场是北方各地。中国北方马铃薯产区为大春一季作区, 一般商品马铃薯需要到 8 月以后才能上市。收获的薯块需在气调库或地窖中储藏, 成本高、损耗大。北方市场 1～6 月常常形成蔬菜淡季和市场供应空档, 加工企业的原料往往不能满足全年生产需求, 造成停工。滇南冬季生产的马铃薯从 2 月开始到 4 月底上市的产品恰好满足了这段时期北方对蔬菜和原料马铃薯的需求。例如, 云南的德宏、保山、昆明、大理、普洱、红河、文山等冬作产区, 常常是农民在地里收获, 收购的汽车就已在田头等待运销, 农民减少了堆储环节的劳力、场地和损耗, 生产效益较好。云南大春季收获后, 冬闲田面积大, 利用冬闲田发展冬马铃薯生产, 对促进农村经济和农民增收起到了很好的作用, 因此冬马铃薯的面积和产量均有较快增长。云南大春生产的马铃薯主要作为蔬菜供应到四川、重庆、广西、广东、湖南、湖北、江浙、港澳等地。云南大春马铃薯主产区, 如宣威、会泽、东川、寻甸、禄劝、马龙、富源、曲靖、昭阳、彝良、镇雄、丽江等地一般都有火车通达, 或与邻省相接, 运输成本低, 加上大春生产的鲜薯价格相对较低, 消费市场的扩展带动了生产发展。例如, 2000 年寻甸商品马铃薯年销售量 11.6 万 t, 商品率达到 70%, 全县有马铃薯收购专业户 226 户, 运输专业户 401 户, 销售专业户 47 户。宣威建立了大型马铃薯批发专业市场, 每年大量的马铃薯通过火车销往全国。昭通每年也有大量的鲜食马铃薯销售到相邻的四川的各地区。在昆明也有多个马铃薯专业批发市场, 每个市场日批发量在 100t 左右。由于其优越的生态条件, 以及加强了脱毒种薯质量控制, 云南生产的马铃薯种薯以质量好、增产潜力大，受到全国各地的欢迎。优质种薯也大量供应到全国各地，尤其能够解决南方冬作区种薯不足的问题。

（三）商品市场与扶贫

云南马铃薯虽然在国内外有一定知名度和消费市场，但需要开拓更大的市场。例如，大多马铃薯产区为国家级和省级扶贫地区，包括高寒山区、边疆少数民族地区，存在交通不便、专业化组织水平低、产业配套技术不完全等特点。在马铃薯生产中会出现种植面积扩大、产量增加后，商品销售困难、价格下降；运输不畅、储藏损耗大；品种不能满足各种消费市场的需要等问题；造成农民只能"自产自销"，不能形成商品和增加农民的经济收入。在国家加大扶贫力度、倡导精准扶贫的进程中，为促进山区、边疆少数民族贫困地区马铃薯产业的发展，需要加大高寒山区、边疆少数民族地区马铃薯产业的科技投入、技术指导和培训，提高栽培技术水平；加大技术研发力度，研究出符合市场需要的品种和优质商品的配套栽培技术，生产高质量的商品马铃薯，增加产量和效益；加强交通和储运基础设施建设，建立专业市场和增强库存周转能力；改善包装水平，提高商品质量、减少损耗；组织和加强农民专业合作化水平、扶持农村经纪人，使商品马铃薯"卖得掉运得出"。贫困山区农户一般拥有较大的耕地面积，扩大商品马铃薯的销售市场，提高马铃薯经济效益，对农民的脱贫致富有重要意义。例如，在云南高寒冷凉山区分布着许多贫困乡村，这些地区生产条件较差，耕地无灌溉设施，基本靠天吃饭。据统计，约有 200 万贫困人口把马铃薯作为主食、饲料和经济收入的主要来源。过去种植的马铃薯品种，对晚疫病抗性差，病毒病害严重，鲜薯产量仅 15 000kg/hm^2 左右。因此农民的温饱问题长期得不到解决。但是，这些地区具有作物生育期长、光照条件好、气候湿润等生态优势，种植马铃薯容易获得高产。近年来，通过推广马铃薯脱毒技术和新的优良品种，提高了品种对晚疫病、癌肿病的抗性，控制了病毒病，改善了栽培条件和技术。应用了先进的科学技术后，马铃薯种植面积和产量较快增加，一般鲜薯产量在 30 000kg/hm^2，高产的可达 60 000kg/hm^2，大幅度提高了人均有粮水平。例如，云南省会泽县驾车乡是云南省 506 个扶贫攻坚乡和 103 个科技扶贫乡之一，属于典型的高海拔冷凉山区，平均海拔 2600m，年平均气温 7.9℃，无霜期仅 4 个月，人均有耕地 0.17hm^2，是远近闻名的贫困乡。通过大面积推广脱毒马铃薯栽培技术，全乡单产增加 57%～70%，最高单产 85 500kg/hm^2。1998 年种植脱毒马铃薯 833hm^2，产量 2.5 万 t，平均单产 30 012kg/hm^2。1996 年全乡人均收入 248 元，1998 年提高到人均 801 元，1999 年人均有粮 570kg，人均收入 931 元，基本解决了温饱问题。2008 年会泽全县种植马铃薯 36 873hm^2，鲜薯产量 101.98 万 t，全县农民人均产值 641.4 元。地处云南省西南边疆的德宏傣族景颇族自治州的芒市轩岗乡，2014 年种植上千公顷马铃薯，每公顷产值近 9 万元，纯利润约 5.1 万元，主要销往昆明、保山、重庆等地；马铃薯产业近年来已成为轩岗乡村民增收的主要途径之一。文山属于重度喀斯特石漠化区域，是"老、少、边、穷"重点扶贫地区，2013 年文山马铃薯种植面积 3208hm^2，虽然遭遇旱灾，但平均产量仍然达到 28 500kg/hm^2，产值 62 700 元/hm^2，全市马铃薯总产值实现 2.01 亿元，产品除供应本地市场外，还销售到广东、广西及出口到越南，因此种植马铃薯成为农民增收的一大亮点。

第三节　云南马铃薯的地位与作用

一、主粮化在粮食安全保障中的地位

（一）丰富的营养和主粮化消费

马铃薯亦菜亦粮，是人类重要的食物来源，鲜薯块茎中蛋白质含量 1.6%～2.1%；脂肪含量在 0.1%左右；淀粉含量 13.2%～20.5%（含糖量 13.9%～21.9%）；粗纤维含量 0.6%～0.8%；矿物质盐类占干物质的 2.12%～7.48%；含维生素 A（胡萝卜素）、维生素 B_1（硫胺素）、维生素 B_2（核黄素）、维生素 B_3（泛酸）、维生素 PP（烟酸）、维生素 B_6（吡哆醇）、维生素 C（抗坏血酸）、维生素 H（生物素）、维生素 K（凝血维生素）及维生素 M（叶酸）等。其中以维生素 C 的含量最丰富，鲜薯块茎中含量 0.02%～0.04%，块茎越新鲜含量越丰富。一个成年人每天吃 0.5kg 马铃薯，即可以满足人体对维生素 C 的全部需要量。比较其他禾本科作物和豆类等主要食物源，马铃薯属于低热量、低脂肪、低蛋白质、高维生素 C、高矿物质盐类的食物源。由于其养分的丰富和平衡，在欧美发达国家把马铃薯当作保健食品。美国农业部门高度评价马铃薯的营养价值，指出每餐只吃全脂奶粉和马铃薯，便可以得到人体所需要的一切营养元素，未来马铃薯将是世界粮食市场上的一种主要食品。

根据联合国粮食及农业组织（The Food and Agriculture Organization of the United Nations，FAO）2011 年发布的统计，在消费马铃薯的 167 个国家和地区中，人均消费排序前 20 名的国家有白俄罗斯、乌克兰、波兰、爱沙尼亚、俄罗斯、哈萨克斯坦、马拉维、比利时、立陶宛、英国、吉尔吉斯斯坦、卢旺达、罗马尼亚、荷兰、拉脱维亚、爱尔兰、秘鲁、加拿大、尼泊尔、波黑；其中白俄罗斯、哈萨克斯坦、拉脱维亚、加拿大等 12 个国家的人均消费量超过玉米、小麦和大米，居食品消费第一位。例如，白俄罗斯人均每日吃掉 0.5kg，20 年来每年人均年消费不低于 170kg。消费量高的还有欧洲西北的国家荷兰、比利时、英国等；北美洲的加拿大；南美洲的秘鲁、智利等。非洲和亚洲较贫穷的国家将马铃薯作为重要热量来源，如马拉维、卢旺达、尼泊尔等。非洲热带国家，由于气候炎热，马铃薯栽培较少，人均年消费量不足 1kg。据 FAO 1999～2001 年统计，全世界平均年消费量为 31.1kg/人，发达国家消费量为 73.9kg/人；发展中国家平均年消费量为 20.4kg/人。其中北美洲为 45.1kg/人，欧洲为 93.6kg/人，大洋洲为 47.3kg/人，亚洲 22.4kg/人。2014 年中国年人均消费量仅为 41.2kg，远低于欧美国家水平，且消费结构单一。有专家认为，随着全球人口的快速增长，"在未来世界出现粮食危机时，只有马铃薯能够拯救人类"。与小麦、玉米、水稻相比，马铃薯全粉储藏时间更长，在常温下可储存 15 年以上，一些国家把马铃薯全粉列为战略储备粮。作为全球第一大生产国，中国提出了"马铃薯主粮化"战略，2015 年中央财政安排 1 亿元专项资金，在马铃薯优势产区和主食产品消费潜力区的北京、河北等 9 个省（市）开展马铃薯主食开发试点，通过将马铃薯加工成适合中国人消费习惯的馒头、面条、米粉等主食品，实现马铃薯由副食品向主食品的消费转变，由原料产品向产业化系列制成品的转变，由温饱消费向营养健康的消费转变。马铃薯逐步成为继小麦、水稻、

玉米之后的第四大主粮作物。随着对食品多样化和健康的需求日益增高,我国居民对马铃薯的食品消费量快速增加,预计到 2020 年,我国马铃薯作为主粮的消费率将达到 50%以上。

(二)云南粮食供给中的地位

云南的粮食人均年消费缺口为 55～67kg,每年需要调入粮食。常年马铃薯播种面积占粮食总面积的 10%～12%,2013 年统计马铃薯产量(折粮)194.5 万 t,占粮食总产量的 10.7%(2014 年农业年鉴,产量按 5kg 鲜马铃薯折 1kg 粮食计算),成为第三大粮食作物。2013 年云南省内鲜食马铃薯的消费量约 306 万 t,占总产量的 35.3%,人均年消费量 67kg,折粮 13.4kg。可以看出云南的马铃薯消费量有很高的水平,对全省的粮食平衡供给有着重要作用。目前,云南民间将马铃薯作为主粮消化的主要有两条途径,主要包括主粮化鲜食品,如在云南昭通、曲靖等地的高寒山区只能种植马铃薯、荞麦等作物,传统上就将马铃薯作为主粮,消费习惯以将整个薯块煮、蒸和烤食等为主,或将马铃薯切块掺入米中煮饭,称为洋芋焖饭。主粮化干食品,在马铃薯主产区,有将薯块切片晾干炸食或煮食,干片磨成全粉(洋芋粉)水煮成洋芋糊食用,干品便于长期储藏,在山区缺粮时,即取即用,能够解决农户暂时的生活需求。在云南,马铃薯一年四季皆可种植,发挥着"储粮于田"的重要调节作用,同时,也是备荒、救荒的重要生产基地。当发生自然灾害,春播作物发生严重减产时,马铃薯作为救荒作物,秋播面积和产量明显增加,对云南粮食的供给平衡有重要影响。云南在实现马铃薯由副食品向主食品消费转变,由原料产品向产业化系列和工厂化制成品转变中,主要开发的有洋芋(马铃薯)面条、米粉、食用淀粉等产品,已经形成一定规模。云南人民饮食以大米为主,研究开发最习惯食用和最大消费量的洋芋米线和米粉,将大大提高马铃薯主粮化的转化率。

实现马铃薯由副食品向主食品消费转化过程中,需要降低制成品的价格,达到与米、面和玉米等粮食制成品基本同等的价格。丰富制成品的花色品种,使消费者在适口性、消费感官上更容易接受马铃薯主粮制成品。引导消费者的饮食习惯和健康消费,从马铃薯富含维生素 C、低脂肪等特点的角度,引导民众认识马铃薯健康营养的功能,提高马铃薯在主粮中的消费量。

二、平衡蔬菜市场的供应

马铃薯是粮、菜兼用作物。随着中国经济的发展与饮食结构的改善,人们更加重视饮食健康和菜篮子的丰富供应,对鲜食马铃薯的消费需求不断增加。在云南人民的生活中,马铃薯是餐桌上必不可少的蔬菜,烹调方法多种多样,花色菜品丰富。人们需要市场上随时都有新鲜的马铃薯,鲜食马铃薯占消费市场的最大份额。蔬菜马铃薯已经在整个云南各地逐步形成了较大的生产规模,全年大量鲜食菜用马铃薯满足了省内蔬菜消费市场供应,对于蔬菜消费市场的调节起到了重要作用。云南出台了相应的马铃薯交通运输、储运包装、物流设备和农产品绿色通道政策等,提高了马铃薯产品质量、减少了储运损失、降低了运输成本,极大提高了马铃薯的流通速度,增强了鲜食马铃薯对消费市场的调节作用。例如,北部大春生产的鲜食马铃薯调运到南部热区,解决南部地区由于夏、秋季气候炎热,蔬菜供应市场缺口较大的问题。南部冬季生产的蔬菜薯运往北部、中部,补充冬、春季蔬菜供应市场的缺口,尤其对初春蔬菜淡季和春节市场供应起到调节作用。鲜食马铃薯的市场价格相对较高,对农民增产增收效益显著,种植面积和产量迅速增加。云南马铃薯的生产中,最大的生产量用于蔬菜消费,商品马铃薯大量外销到国内外。云南利用区位和生态优势,已经在主产区建立了许多鲜食马铃薯外销基地,一年四季均有大量马铃薯销售到全国及周边东南亚国家。例如,冬季生产的马铃薯可供应市场,2010 年种植面积达到 13.7 万 hm²。产值 20.4 亿元,项目区人均马铃薯收入 518 元。巨大的市场需求和销售量,促进大量农村专业合作社和专业农户从事马铃薯的收购、储藏运输、市场营销等工作,以及建立专业市场等流通业的发展;在从产地到消费者的餐桌的流通环节中,解决了大量农村剩余人员的转移就业问题。

三、养殖业中重要的饲料

在马铃薯的消费结构中,除供人类食用利用外,很大部分作为饲料。根据国际马铃薯中心统计(1994~1996 年),中国马铃薯利用与消费比例为:食物 36%、饲料 31%、种薯 6%、加工 22%、其他 5%。据试验,每 50kg 薯块,可以生产猪肉 2.5kg、生产牛奶 40kg 或奶油 3.6kg。云南马铃薯作为饲料,虽然所占比例较小,但对于调节消费市场具有重要作用。在云南,饲料马铃薯主要用于生猪养殖业,滇东北、滇西北主产区有将马铃薯作为生猪养殖饲料的传统。方式为在秋季收获后,大量薯块在农户家中堆储的过程中,为防止薯堆发热需要不断翻堆散热,翻堆过程中一些质量差的薯块就被挑拣出来作为猪饲料。特点是利用程度高、取用方便。上述地区也是重要的生猪养殖区域及猪肉产品加工供应区,如宣威、会泽等地的'大河乌猪''乌金猪',迪庆藏区的'藏猪',昆明高山区的'撒坝猪'等,马铃薯均是其重要的饲料来源。猪肉加工产品则有著名的宣威火腿、撒坝火腿等。饲用马铃薯还具有调节消费市场的重要功能。在主产区,在食用薯消费市场缩小和价格偏低的情况下,农户可以增加饲用马铃薯的用量,将过剩薯块转化成肉和奶,达到调节消费的作用,另外在支撑大面积生产马铃薯的山区经济方面也有重要作用。

马铃薯的茎和叶也可以作青贮饲料和青饲料。一般将青贮茎、叶切碎氨化处理后与干饲料混合饲养牲畜。马铃薯茎和叶生物质产量巨大,单位面积内马铃薯可获得的饲料单位和可消化的蛋白质数量是一般作物所不及的。但目前尚未充分利用,主要问题是春播马铃薯收获时茎和叶已经干枯不能作为青贮饲料。冬马铃薯收获后,大量茎和叶仍然鲜绿,可以作青贮饲料和青饲料,茎、叶饲料开发还有很大的潜力。

四、边疆山区少数民族的重要作物

在我国包括云南的西南地区,习惯称马铃薯为洋芋,云南是集山区、边疆和少数民族聚居为一体的省份,洋芋是各族人民的重要食物、饲料和经济收入来源。云南地域辽阔,属低纬高原,热带和亚热带河谷、坝子相间,具有独特的高原立体气候特点,无论高寒山区、半山区,还是亚热带坝区、低海拔热带河谷等生态区,各族人民都积累了丰富的马铃薯耕作制度,形成各种栽培方式,也有着适宜当地气候类型和栽培的品种资源。从海拔 136m 的玉溪市元江哈尼族彝族傣族自治县到 3485m 的迪庆藏族自治州的德钦县均有马铃薯种植。这些地区世代居住的少数民族在利用马铃薯方面具有较特殊的食用方法,并结合马铃薯在传统文化中独特的作用,形成了丰富多彩的边疆民族文化和饮食习惯。

（一）高寒山区少数民族的重要粮食和饲料

在部分彝族、藏族、白族和纳西族聚居的高寒山区，气候冷凉，霜期长，洋芋是最主要的农作物，与民众的生活关系最密切，也是当地最主要的食物、饲料来源。山区农户的耕地面积较大，生产的产品作为商品薯出售，成为当地农户经济收入的主要来源。这些地区过去山高路险，交通不便，洋芋只能自产自销，或煮，或烤，或蒸，农户全年基本靠吃洋芋生活，天天吃、顿顿有。现交通改善后，农户将大部分产品作为商品薯出售，再购入大米、面等食用，虽然保持吃洋芋的饮食习惯，但洋芋已经不作为主粮消费。高寒山区也是重要的种薯繁育地，优质的种薯大量外销，也是农户的经济收入来源。云南省农业厅汤克仁以典型的彝族、纳西族聚居的丽江为例，统计了 2001 年马铃薯产业对丽江高寒民族地区经济发展及农户脱贫致富的作用。例如，海拔 2690m 的宁蒗县跑马坪乡，地处小凉山彝区核心地带，彝族人口占 99.6%，种植作物有马铃薯、玉米、小麦、荞麦等，粮食播种面积近 2333.33hm^2；粮食总产 4522t；马铃薯播种面积 733.33hm^2；鲜薯产量 10 420t；折粮 2084t；马铃薯占总播种面积的 31.4%，产量占总产量的 46.1%。全乡以鲜薯产量计算马铃薯消费结构为：自食用薯 3650t，占 35%；饲料用薯 3150t，占 30%；外销商品薯 2080t，占 20%；种薯 1540t，占 15%。全乡农村经济总收入 483 万元；农民人均纯收入 451 元；马铃薯总产值 416 万元；马铃薯人均产值 389 元。在海拔 2899m 的玉龙县太安乡，纳西族人口占 84.4%；彝族人口占 11.3%；种植作物有马铃薯、玉米、小麦、白芸豆、油菜、荞麦等，粮食播种面积 2400hm^2；粮食总产 4424t；马铃薯播种面积 786.67hm^2；鲜薯产量 8778t；折粮 1756t；马铃薯占总播种面积的 32.7%，产量占总产量的 39.7%。全乡以鲜薯产量计算马铃薯消费结构为：自食用薯 1054t，占 12%；饲料用薯 2054t，占 23%；外销商品薯 2104t，占 24%；种薯 3566t，占 41%。全乡农村经济总收入 981.4 万元；农民人均纯收入 804 元；马铃薯总产值 307.2 万元；马铃薯人均产值 349.7 元。以上统计表明，在许多少数民族聚居的高寒山区，马铃薯在当地的经济和生活中起了重要的支撑作用。这些区域是云南最为贫困的地区，提高马铃薯的产量和产值，开拓产品的外销渠道对于少数民族地区经济发展和当地农户脱贫致富有着举足轻重的作用。

（二）热带、亚热带少数民族的重要经济作物

在西南边疆的德宏傣族景颇族自治州，傣族有冬季种植洋芋的历史，如有陇川县的'腰子洋芋'、芒市的'波乍小红洋芋''梁河洋芋'等，但只作为蔬菜自产自销，大量冬闲田未充分利用。随着冬季农业的开发实施，高产新品种'合作 88'、云薯系列、丽薯系列的推广，加上土地和生产条件好，栽培水平提高，产量达到 2000kg/亩以上，产品上市时期在春节前后，市场需求量很大，销售价格高。在红河、保山、大理、普洱、文山等亚热带地区，聚居着彝族、哈尼族、白族、傣族、壮族等少数民族，该区利用冬季播种，大面积种植小春洋芋，成为最重要的冬季产区，由于这些区域交通比较方便，商品薯供应数量大，因此，4～5 月收获的马铃薯产品大量外销，也成为当地少数民族群众重要的经济收入来源。云南南部边疆少数民族地区农业生产存在土地瘠薄、零散、靠天吃饭、耕作落后、栽培水平差等现状，在红河、德宏、文山、保山、普洱、怒江等与缅甸、越南和老挝相邻的

边疆河谷热区地带，聚居着彝族、壮族、哈尼族、傣族、傈僳族、佤族、景颇族、拉祜族、瑶族等少数民族，沿袭着古老而传统的栽培方式，广种薄收、粗放管理，只能收获小薯块，每个块茎重仅 10g 左右，产量仅 3000～4500kg/hm²。但其能够维持悠久的栽培历史，可能是因为尽管产量低，但马铃薯以耐旱、耐瘠、抗病虫、生育期短，可以保证有收获，可应急度荒，保证食物供应等重要性而成为被选择的作物。在边远山区的集市上，时常可以看到以碗数或堆数交易洋芋，形成边疆热带、亚热带民族地区独特的集市风景。

（三）传统民族文化与利用

云南各少数民族的民族文化和饮食习惯，形成了对马铃薯的特殊需求。例如，在白族、纳西族和藏族聚居地区，长期栽培着薯形长、尾部稍弯、表皮红色、肉色白夹红色的品种，白族地区称为'鹤庆红''剑川红'，纳西族和藏族地区称为'老鼠洋芋''耗子洋芋'，其风味和薯形深受当地民族的喜爱。在彝族地区的'小乌洋芋'及'紫皮洋芋'品种，薯形小、圆形、紫皮、白肉夹紫色，其风味糯性，可长期栽培。边疆河谷热区地带许多小薯型品种，如'小红洋芋'等品种，具有较强的耐热性、耐旱性、耐瘠性而得以保存。一些少数民族形成了对特定品种的饮食习惯和认知。例如，在腾冲的傈僳族地区，'小红洋芋'因其风味糯性、耐煮而深受喜爱。新平县彝族认为当地的'迷你紫洋芋'具有健脾益气、强身壮肾、抗衰老等功效，可治神疲乏力、筋骨损伤、关节肿痛，此外还认为其是婴儿的好食品，小孩常吃又白又胖，该品种包装成礼品在市场上十分畅销。各少数民族的民族文化中常常将各种彩色马铃薯作为吉祥物和食物，是婚、丧、寿、宴、祭祀活动中的重要食品、礼品和供奉品，如永德'小红洋芋'是佤族人祭祀祖先和神灵的主要供品之一。

边疆少数民族地区由于文化差异、交通不便，相对处于较封闭的生活状态。现在还保留着原始的马铃薯耕种方式。例如，景谷县彝族地区，5～6 月将当地品种'富龙洋芋'的成熟果实采收后，放在竹笆上悬挂在自家火塘上方，经过干燥后的果实分离出种子，翌年 1 月直播或育苗移栽，由于不是经过配合力选择的杂交实生种，因此分离严重，生产中表现出植株株形混杂不齐、薯形薯皮各异、块茎成熟期不匀等特点。麻栗坡县壮族、瑶族地区，至今仍保留着每年不播种，仅靠收获后存留在地里的小薯块发芽生长成株的方式，被称为"野洋芋"。这些少数民族地区也是云南的深度贫困地区，许多是石漠化生态区域。加强技术培训，提高当地少数民族的科技、文化水平，改变原始的马铃薯耕种方式，推广马铃薯栽培新技术、新品种，提高单位面积产量是针对边疆少数民族地区扶贫的重要任务。

主要参考文献

丁鲲，丁福祥.2012. 云南省马铃薯产业发展研究[J]. 云南科技管理，（3）：26-27.

段兴祥. 2004. 积极推进农业产业化经营做大做强我省马铃薯产业[C]//第五届世界马铃薯大会组委会. 中国（昆明）第五届世界马铃薯大会文集. 昆明：云南美术出版社：123-128.

冯璐. 2015. 第二届中国—南亚农业科技合作交流研讨会在昆明顺利召开[OL]. 2015-11. 云南省农业科学院网站（www.Yaas.org.cn）.

冯涛，张德亮. 2013. 云南省马铃薯产业外贸浅析——以东南亚市场为例[J]. 当代经济，（2）：90-91.

黑龙江省农业科学院马铃薯研究所. 1994. 中国马铃薯栽培学[M]. 北京：中国农业出版社.

金黎平. 2013. 我国马铃薯产业发展现状和展望[R]. 北京：2013 年中国马铃薯大会主题报告.

李露. 2011. 农业科技"桥头堡"建设稳步推进[OL]. 2011-9. 云南省农业科学院网站（www.Yaas.org.cn）.

李宗正. 2004. 加强和扩大科技合作努力提高云南马铃薯产业科技水平[C]//第五届世界马铃薯大会组委会. 中国（昆明）第五届世界马铃薯大会文集. 昆明：云南美术出版社：255-259.

刘旭, 郑殿升, 黄兴奇. 2013. 云南及周边地区农业生物资源调查, 薯类[M]. 北京：科学出版社：199-216.

农业部. 2009. 中国农业统计资料（2007 年）, 2007 年全国各地蔬菜、西瓜、甜瓜、草莓、马铃薯播种面积和产量[J]. 中国蔬菜, 1：51.

农业部. 2010. 中国农业统计资料（2008 年）, 2008 年全国各地蔬菜、西瓜、甜瓜、草莓、马铃薯播种面积和产量[J]. 中国蔬菜, 1：55.

农业部. 2011. 中国农业统计资料（2009 年）, 2009 年全国各地蔬菜、西瓜、甜瓜、草莓、马铃薯播种面积和产量[J]. 中国蔬菜, 1：53.

农业部. 2012a. 中国农业统计资料（2010 年）, 2010 年全国各地蔬菜、西瓜、甜瓜、草莓、马铃薯播种面积和产量[J]. 中国蔬菜, 1：56.

农业部. 2012b. 中国农业统计资料（2011 年）, 2011 年全国各地蔬菜、西瓜、甜瓜、草莓、马铃薯播种面积和产量[J]. 中国蔬菜, 23：53.

农业部. 2014. 中国农业统计资料（2012 年）, 2012 年全国各地蔬菜、西瓜、甜瓜、草莓、马铃薯播种面积和产量[J]. 中国蔬菜, 1：94.

农业部. 2015. 中国农业统计资料（2013 年）, 2013 年全国各地蔬菜、西瓜、甜瓜、草莓、马铃薯播种面积和产量[J]. 中国蔬菜, 1：12.

潘政扬. 2004. 云南马铃薯产业化发展现状及展望[C]//第五届世界马铃薯大会组委会. 中国（昆明）第五届世界马铃薯大会文集. 昆明：云南美术出版社：140-142.

孙茂林, 丁玉梅, 秦晓鹏. 2013. 薯类优异种质资源[R]//刘旭, 王述民, 李立会. 云南及周边地区优异农业生物资源. 北京：科学出版社：94-105.

孙茂林, 李云海, 李先平. 2004. 云南马铃薯栽培历史、耕作制度和民族特色的地方品种资源[J]. 中国农史, 4：13-17.

孙茂林. 2004. 云南薯类作物的研究和发展[M]. 昆明：云南科技出版社.

汤克仁. 2004. 马铃薯产业对丽江高寒民族地区经济发展及农户脱贫致富作用调查[C]//第五届世界马铃薯大会组委会. 中国（昆明）第五届世界马铃薯大会文集. 昆明：云南美术出版社：144-151.

陶大云. 2010. 农业、农业科技对外合作大有可为[N]. 云南日报, 7 版. 2010-7-2.

王平华, 李宗正, 谢世清. 2004. 马铃薯杂交实生种子应用技术研究[C]//第五届世界马铃薯大会组委会. 中国（昆明）第五届世界马铃薯大会文集. 昆明：云南美术出版社：250-254.

谢开云, 屈冬玉, 金黎平. 2008. 中国马铃薯生产与世界先进国家的比较[J]. 世界农业, 5：35-37.

新华网. 2015. 我国已成马铃薯生产和消费第一大国[OL]. http://www.xinhuanet.com/politics/2015-07/29/c_1116080572.htm[2015-7-29].

新华网. 2016. 我国马铃薯主粮产品开发取得阶段性成效[OL]. http://www.xinhuanet.com/fortune/2016-02/25/c_1118158450.htm[2016-2-25].

杨静, 何霞红, 王云月. 2004. 应用 SSR 分子标记分析马铃薯遗传多样性[R]//云南省农业技术推广总站. 马铃薯品种（系）图谱. 昆明：云南美术出版社：148-153.

杨艳丽. 2016. 云南马铃薯产业技术与经济研究[M]. 北京：科学出版社.

张雪, 张德亮. 2013. 云南省马铃薯市场行情浅析[J]. 当代经济, （4）：88-89.

中国农业年鉴编辑委员会. 2003. 农业经济统计. 各地区主要农作物播种面积和产量[M]. 北京：中国农业出版社：165.

中国农业年鉴编辑委员会. 2004. 农业经济统计. 各地区主要农作物播种面积和产量[M]. 北京：中国农业出版社：140.

中国农业年鉴编辑委员会. 2005. 农业经济统计. 各地区主要农作物播种面积和产量[M]. 北京：中国农业出版社：183.

中华人民共和国国家发展和改革委员会, 外交部, 财政部, 等. 2011. 中国参与大湄公河次区域经济合作国家报告[R]. http://www.gov.cn/jrzg/2011-12/17/content_2022602.htm[2011-12-17].

中华人民共和国农业农村部. 2016. 农业部关于推进马铃薯产业开发的指导意见[OL]. http://www.moa.gov.cn/govpublic/ZZYGLS/201603/t20160301_5034313.htm[2016-2-24].

第三章　供给视角的云南马铃薯竞争力分析

供给视角的马铃薯竞争力分析，主要是考察其生产效率，生产效率的大小一般从投入产出的角度进行分析。鉴于云南马铃薯种植分为大春、秋作和冬作，本章分别对各季节马铃薯的投入产出情况进行分析，同时，也对马铃薯与竞争性作物的投入产出效率进行比较。

第一节　云南马铃薯供给概况

一、种植品种

云南适宜多个马铃薯品种的种植，已经审定的马铃薯品种多达 56 个，生产上也进行了 2 或 3 次品种的更新换代，约有 16 个品种在生产上使用，约占总播种面积的 95%。目前广泛种植的有'合作 88''会-2''丽薯 6 号'等。昭通地区以'会-2''米拉'为主；昆明和曲靖地区的马铃薯品种以'合作 88'和'会-2'为主；滇西的马铃薯品种则主要是'合作 88''中甸红''丽薯 1 号'；滇南以冬马铃薯种植为主，品种主要是'丽薯 6 号'。不同品种的马铃薯主要功能不同，如'合作 88'适宜加工，'丽薯'系列则适宜菜用，但各个品种单产相差不大，亩产为 1t 多（表 3-1）。

表 3-1　各品种马铃薯单产表

品种	单产/(kg/亩)	品种	单产/(kg/亩)
合作 88	1598.31	滇薯 6 号	1677.78
会-2	1618.13	中甸红	1330.19
宜薯二号	1494.38	3810	1300.88
丽薯	1597.66	其他	1354.43

数据来源：调查问卷整理得出

在云南马铃薯单产问卷调查区域，大部分马铃薯单产都在 1000～2000kg/亩，最高可达到 4800kg/亩，说明云南马铃薯还有很大的潜力可挖，马铃薯单产有着较大的提升空间。2013 年，在云南著名科学家、中国工程院院士朱有勇的带领下，由云南农业大学冬马铃薯研究团队推广的冬马铃薯在建水县甸尾乡示范田创下了亩产 5.5t 的纪录，据了解，这不仅是迄今为止云南冬马铃薯的最高产，在全国也颇为少见。

二、产量情况

表 3-2 列举了 2015 年我国主要马铃薯产区的种植面积与产量状况，从中可以看出云南马铃薯在全国的排名。随着云南马铃薯产业的不断发展，云南马铃薯产量与种植面积也在不断提升，向千万吨级生产大省迈进，云南马铃薯种植面积与产量在全国也居于前列。

表 3-2　2015 年我国部分地区马铃薯种植面积、总产量及单产

地区	种植面积/万亩	总产量/万 t	单产/(kg/亩)
全国	8277.35	9486.10	1146.05
河北	267.41	291.60	1090.50
山西	250.71	149.15	594.90
内蒙古	768.35	731.60	952.20
辽宁	87.90	171.05	1945.95
吉林	100.34	279.45	2785.15
黑龙江	320.96	499.70	1556.90
浙江	94.89	127.80	1346.80
安徽	10.80	8.40	777.80
福建	123.81	167.30	1351.25
江西	17.85	35.30	1977.60
湖北	379.89	386.00	1016.10
湖南	156.89	202.50	1290.75
重庆	545.54	640.35	1173.80
四川	1195.80	1538.00	1286.15
贵州	1063.77	1188.10	1116.90
云南	837.15	852.30	1018.10
甘肃	997.40	1126.45	1129.40
青海	135.18	173.80	1285.70

数据来源：中国种植业信息网

云南马铃薯种植面积和总产量居全国第四，落后于四川、甘肃、贵州，是马铃薯生产大省，但是单产水平较低。2015 年亩产只有 1018.1kg，落后于全国平均水平。单产最高的为吉林，为 2785.15kg/亩，云南还不到吉林一半的水平。说明云南马铃薯单产水平还有很大的上升空间，同时也有很大的潜力有待挖掘。

从 2002~2015 年云南马铃薯种植规模来看（表 3-3），面积与产量虽有小幅度波动，但整体趋势是不断上涨的。种植面积由 2002 年的 34.81 万 hm^2 到 2015 年的 55.81 万 hm^2，增加了 60.33%；产量由 607 万 t 增加到 2015 年的 852.3 万 t，增加了 40.41%。但是单产水平较低，并没有随着面积与产量的增加而增加，反而总体上呈现先下降后上升的趋势。

表 3-3　2002~2015 年云南马铃薯生产规模

年份	种植面积/万 hm^2	产量/万 t	单产/(kg/hm^2)
2002	34.810	607.0	17 440
2003	41.980	697.0	16 602
2004	44.450	775.0	17 408
2005	49.870	789.5	15 861
2006	53.990	860.85	15 945

年份	种植面积/万 hm²	产量/万 t	单产/(kg/hm²)
2007	44.340	685.0	15 449
2008	46.620	722.0	15 357
2009	53.333	890.0	15 499
2010	49.310	764.5	15 507
2011	49.640	797.5	16 063
2012	51.670	875.0	16 933
2013	53.010	972.5	18 348
2014	56.400	861.0	15 266
2015	55.810	852.3	15 272

数据来源：中国种植业信息网

　　面积与产量的增加，得益于农民种植马铃薯意愿的增强。这是因为相对于水稻、玉米、小麦而言，很多地区处于高寒山区，三大主粮无法种植生产，而马铃薯却可以种植，生产效率指数较三大主粮高，所以农民种植意愿普遍较高。根据实地走访与调查问卷发现，愿意种植马铃薯的农民比例高达 80%。

第二节　云南马铃薯投入产出现状分析

一、云南马铃薯投入现状

　　表 3-4 列举了 2011～2015 年云南马铃薯每亩生产投入的基本情况。

表 3-4　2011～2015 年云南马铃薯每亩生产投入情况　　　（单位：元/亩）

年份	种薯费用	化肥费用	农药费用	机械费用	其他费用	土地租金	人力成本	总成本
2011	238.63	220.76	17.82	84.71	13.18	117.53	653.28	1345.91
2012	240.60	320.27	9.46	88.03	16.56	147.27	907.97	1730.16
2013	273.54	313.31	2.87	97.93	19.25	172.55	965.02	1844.57
2014	283.47	303.37	3.53	93.06	19.63	253.02	1059.18	2015.26
2015	263.76	221.24	4.92	102.59	20.11	198.04	1106.92	1917.58

数据来源：《全国农产品成本收益资料汇编》整理得出

　　从表 3-4 可以看出，云南马铃薯投入总成本基本是逐年递增的，造成这种情况的最主要原因是人力成本的不断增加。2015 年的人力成本几乎是 2011 年的人力成本的两倍。人力成本不断增加的原因包含两个方面：第一，雇佣工人的每天工资和折算家庭用工工资不断增加，从 2011 年 40 元/天到 2015 年 90 元/天，这与我国劳动力成本不断增加的趋势是一致的；第二，由于云南马铃薯种植大多以山地为主，不适宜大规模机械化生产，因此不得不增加人力成本。虽然从表 3-4 中可以看出云南马铃薯的机械成本在逐年增加，但增幅并不明显，所以云南马铃薯生产还是以人力为主。从 2011 年开始人力成本就占到总成本的 50% 以上，2015 年人力成本占总成本的比例已经达到 57.72%。物资成本占总成本的比例在逐年降低，其中种薯费用和化肥费用占物资成本的比例高达 90%以上。种薯费用在逐年增多，而化肥费用在 2012 年达到峰值每亩 320.27 元后开始逐年下降。

二、云南马铃薯产出现状

表 3-5 列举了 2011～2015 年云南马铃薯每亩产出的基本情况。

表 3-5　2011～2015 年云南马铃薯每亩产出情况

年份	每亩收入/元	每亩成本/元	净利润/(元/亩)	成本利润率/%
2011	1865.71	1345.91	519.80	38.62
2012	2054.05	1730.16	323.89	18.72
2013	2466.14	1844.47	621.67	33.70
2014	2490.33	2015.26	475.07	23.57
2015	2517.88	1917.58	599.69	31.26

数据来源：《全国农产品成本收益资料汇编》整理得出

根据表 3-5 可知，云南马铃薯每亩收入是在稳步增长的，增长最快的是 2012 年到 2013 年，增幅达到 20%，2011 年至 2015 年增幅为 34.96%。而每亩的平均成本整体上也呈现增长的态势，成本的增长主要是人力成本增长导致的，增长最快的是 2011 年到 2012 年，增长幅度接近 30%，2011 年至 2015 年增幅为 42.52%。成本利润率最高的是 2011 年，总趋势呈现先降低后升高的趋势，但 2015 年的成本利润率仍然低于 2011 年的成本利润率。净利润最高的是 2013 年，为每亩 621.67 元，总趋势也呈现先降低后升高的趋势，但 2015 年净利润仍然低于 2013 年净利润。

三、云南马铃薯生产效率分析

数据包络分析（data envelopment analysis，DEA）是一种基于被评价对象间相对比较的非参数技术效率分析方法。1978 年由 Charnes、Cooper 和 Rhodes 3 人首次提出，可广泛用于业绩评价。DEA 方法在处理具有相同性质的部门（决策单元）进行多输入、多输出的比较方面存在很大的优势，它可以用线性规划方法来判断决策单元间的相对有效性，即所对应的点是否位于生产前沿面上。本节选取 DEA 作为分析方法是因为 DEA 方法不需要预先设定具体的函数形式，也称为非参数方法，在解决多投入、多产出方面的问题时具有优势，不仅可以对决策单元的效率进行测算，还可以根据测算的结果给出基于投入和产出两个角度的效率优化调整方案，同时由于不需要在运行前对数据进行无量纲化处理，可以简化操作程序和减少误差。本节在进行纵向的生产效率分析时采用的是 Malmquist-DEA 模型，而在与竞争性作物进行生产效率的横向比较分析和与全国其他省区进行生产效率的横向比较分析时采用 DEA-BCC 模型。

先选用 Malmquist-DEA 模型，以云南马铃薯作为决策单元，选取能够反映云南马铃薯种植投入产出的指标，对云南马铃薯 2012～2015 年的数据进行纵向分析。根据《全国农产品成本收益资料汇编》中的相关统计，整理出云南马铃薯投入产出数据，选取以种薯费用、化肥费用和农药费用作为物资投入成本，以及机械费用、每亩土地成本及每亩用工数量（包括家庭用工数量和雇佣工人数量）这 4 种投入成本作为投入变量，以每亩产值合计作为产出变量。选用 DEAP-XP1 软件进行模型运算，在可变规模报酬（VRS）的假设下，从投入角度衡量技术效率，测算出 2012～2015 年云南马铃薯全要素生产效率及相关指数，如表 3-6 所示。

表 3-6 2012～2015 年云南马铃薯全要素生产效率及相关指数

年份	综合技术效率	技术进步变化	纯技术进步效率变化	规模效率变化	全要素生产率变化
2012	1.000	0.993	1.000	1.000	0.993
2013	1.000	1.186	1.000	1.000	1.186
2014	1.000	0.855	1.000	1.000	0.855
2015	1.000	1.088	1.000	1.000	1.088
平均	1.000	1.023	1.000	1.000	1.023

1. 综合技术效率分析

从表 3-6 可以看出，云南马铃薯 2012～2015 年综合技术效率为 1，也就是说 DEA 有效，说明这些年份投入产出都处于最佳状态，投入已不可能全面减少，并且也不存在"过量"投入和"亏量"产出。

2. 技术进步变化分析

云南马铃薯技术进步变化平均值为 1.023，大于 1，说明 2012～2015 年云南马铃薯种植规模基本实现技术进步。但是 2012 年和 2014 年技术进步变化小于 1，分别为 0.993 和 0.855，说明与上一年相比，存在技术退步。

3. 纯技术进步效率变化和规模效率变化分析

2012～2015 年云南马铃薯纯技术进步效率变化均为 1，说明这些年份的技术使用效率保持在同一水平，没有上升也没有下降。而 2012～2015 年云南马铃薯规模效率变化均为 1，说明这些年不存在规模报酬递减。

4. 全要素生产率变化分析

从表 3-6 可以看出，云南马铃薯全要素生产率变化与技术进步变化保持一致，可见云南马铃薯生产中技术进步是全要素生产率变化的主要原因。

第三节 投入产出实证分析

一、数据来源说明

（一）调查方法

云南作为马铃薯种植大省，各州县几乎都有马铃薯种植。由于受到气候、种植习惯和经济发展程度的影响，各地马铃薯种植规模也有较大差异。考虑到投入产出分析的代表性，在此，用重点调查的方式先确定马铃薯种植面积和产量比较大的重点地区的重点州县。

（二）调查范围

云南马铃薯主产区集中于滇东北地区的昭通、曲靖，滇中地区的昆明，滇西北地区的大理、丽江，滇南、滇西南地区的德宏、文山。马铃薯种植面积居前三位的分别为曲靖、昭通和昆明，根据马铃薯种植面积和产量，确定了调查范围，主要是滇东北地区曲靖的马龙、宣威，昭通的鲁甸；滇中地区昆明的寻甸；滇西北地区的丽江；滇南、滇西南地区的德宏，普洱的景东，文山的丘北等。

二、调查表及指标设计

（一）调查表设计

马铃薯的种植不仅取决于投入产出水平，还受到其他因素的影响，如竞争性农作物的投入产出效率。因此，在调查中设计了两类调查表格。

1）马铃薯生产投入产出调查表。

2）马铃薯竞争性作物投入产出调查表。

第一类调查表用于调查各州县马铃薯种植的基本情况和在实际种植中各种物资和人力的投入情况，以及产出后单产平均田间收购价格，第二类调查表用于调查各地与马铃薯有竞争关系的农作物的投入产出情况。

（二）调查表相关指标

1. 马铃薯生产投入产出调查表

马铃薯生产投入产出调查表的相关指标分为以下两类。

第一类涉及农户种植马铃薯的基本情况，主要包括种植面积、种植季节（大春马铃薯、秋作马铃薯、冬马铃薯）。

第二类涉及马铃薯的投入产出情况，生产投入主要包括物资成本，如种薯、化肥和农药，以及土地租金成本、机械成本（机耕和机收）；而劳动力成本又包括折算家庭用工成本及雇佣工人成本。生产产出主要包括每亩最高单产、每亩平均单产及田间平均收购价格。

2. 马铃薯竞争性作物投入产出调查表

此表主要包括与马铃薯有竞争关系的农作物的种植面积、产量及投入产出情况等指标，具体指标与第一类调查表相同。

三、样本地区马铃薯投入分析

（一）大春马铃薯投入分析

根据调查可知，种植大春马铃薯的地区主要是大理、开远、宣威、会泽、马龙、昭通（昭阳区）等 11 个地区，具体数据如表 3-7 所示。

表 3-7　云南大春马铃薯投入比较表　　　　　　（单位：元/亩）

地区	种薯费用	化肥费用	农药费用	机械费用	其他费用	土地租金	人力成本	总成本
大理	400	200	50	0	0	0	2240	2890
开远	300	110	20	0	0	500	960	1890

地区	种薯费用	化肥费用	农药费用	机械费用	其他费用	土地租金	人力成本	总成本
宣威	300	160	30	80	0	400	700	1670
广南	400	160	100	120	0	0	640	1420
会泽	250	350	60	300	10	550	1500	3020
陆良	500	160	90	95	550	400	660	2455
丘北	420	150	0	0	240	0	240	1050
马龙	300	100	20	0	0	500	1440	2360
寻甸	300	150	20	80	0	400	960	1910
昭通（昭阳区）	225	143	50	150	0	200	2000	2768
丽江	700	250	100	100	50	0	960	2160

数据来源：问卷整理得出

如表 3-7 所示，种植大春马铃薯的地区中，平均成本最高的是会泽，为 3020 元/亩，而最低的为丘北，为 1050 元/亩。物资和劳动力投入是大春马铃薯的主要生产成本。调查结果显示，上述 11 个地区中物资成本和劳动力投入占总成本的 70%以上，其中大理为 100%，广南和丽江则占 90%以上。而在物资成本中种薯费用占用的比例在 30%以上，最高的是大理，为 61.54%。人力成本占总成本的 40%以上的有 9 个地区，最高的是大理，为 71.51%，最低的为丘北，为 22.86%。土地成本也是影响大春马铃薯生产成本的重要因素之一。

（二）秋作马铃薯投入分析

根据调查可知，种植秋作马铃薯的地区主要是宣威、会泽、陆良、马龙、寻甸和昭通（昭阳区）6 个地区，具体数据如表 3-8 所示。

表 3-8　云南秋作马铃薯投入比较表　　　　　　　（单位：元/亩）

地区	种薯费用	化肥费用	农药费用	机械费用	其他费用	土地租金	人力成本	总成本
宣威	360	80	0	0	0	400	560	1400
会泽	350	400	60	300	10	550	1200	2870
陆良	450	100	140	50	450	400	540	2130
马龙	400	100	120	0	0	500	1440	2560
寻甸	400	100	30	0	0	300	800	1630
昭通（昭阳区）	150	77.5	30	50	0	400	960	1667.5

数据来源：问卷整理得出

如表 3-8 所示，种植秋作马铃薯的地区中，平均成本最高的是会泽，为 2870 元/亩，而平均成本最低的是宣威，为 1400 元/亩。而物资和劳动力投入是秋作马铃薯的主要生产成本。调查结果显示，在上述 6 个地区中，除了陆良，其他 5 个地区中物资成本和劳动力投入占总成本的 70%以上（陆良仅为 57.75%），其中最高的是寻甸，为 81.60%。

秋作马铃薯中种薯费用占物资成本的比例（除会泽为 42.31%）基本都在 50% 以上，最高的是宣威，为 81.82%。人力成本普遍占总成本的 40%～60%，最高的是马龙，为 56.25%，最低的为陆良，为 25.35%。而土地成本也是影响秋作马铃薯生产成本的重要因素之一。

（三）冬马铃薯投入分析

根据调查可知，种植冬马铃薯的地区主要是丽江、大理、景东、开远、广南、丘北、德宏、马龙、富宁、陆良、文山等 18 个地区。具体数据如表 3-9 所示。

表 3-9　云南冬马铃薯投入比较表　　　　　（单位：元/亩）

地区	种薯费用	化肥费用	农药费用	机械费用	其他费用	土地租金	人力成本	总成本
丽江	750	300	100	100	50	0	3600	4900
大理	500	250	100	0	0	0	980	1830
景东	700	400	200	300	500	600	1900	4600
开远	650	550	50	120	300	900	700	3270
宣威	360	120	0	80	0	600	2000	3160
富宁	600	300	100	200	0	300	640	2140
广南	400	160	100	120	0	0	1600	2380
会泽	300	400	50	300	10	1000	700	2760
陆良	500	200	40	95	650	400	620	2505
麻栗坡	330	120	30	100	65	0	1050	1695
马关	1000	140	30	100	0	500	240	2010
丘北	420	150	0	0	240	0	600	1410
文山	288	200	60	0	400	0	2500	3448
砚山	748	200	60	150	70	500	1760	3488
德宏	600	500	100	300	200	1000	1440	4140
马龙	300	100	20	0	0	500	1040	1960
寻甸	300	150	0	80	40	500	1440	2510
昭通（昭阳区）	180	120	40	120	0	600	1300	2360

数据来源：问卷整理得出

如表 3-9 所示，种植冬马铃薯的地区中，平均成本最高的是丽江，为 4900 元/亩，而最低的是丘北，为 1410 元/亩。而物资和劳动力投入是冬马铃薯的主要生产成本。调查结果显示，在上述 18 个地区中，有 12 个地区物资成本和劳动力投入占总成本的 70% 以上，其中最高的是大理，达 100%，最低的是会泽，为 52.54%。冬马铃薯中种薯费用占物资成本的比例在 10%～60%，最高的是马关，为 58.21%，最低的是昭通（昭阳区），为 14.41%。人力成本普遍占总成本超过 50% 的一共有 11 个地区，最高的是丽江，为 73.47%，最低的为马关，为 11.94%。

四、样本地区马铃薯产出分析

（一）大春马铃薯产出分析

如表 3-10 所示，11 个地区单产差别较大，单产最高的是会泽，达 2200kg/亩，最低的是广南，只有 400kg/亩。而田间平均收购价格浮动不大，为 1~2.47 元/kg，最高的是马龙，为 2.47 元/kg，最低的为开远，为 1 元/kg。单产差别较大，价格浮动不大，造成 11 个地区大春马铃薯总收入差别较大，最高的是马龙，为 4693 元/亩，最低的是广南，仅仅 640 元/亩。根据计算，11 个地区中有 5 个存在亏损，其中亏损最高的是大理，为 850 元/亩，最低的是开远，为 36.33 元/亩。剩余 6 个地区获得净利润，最高的是马龙，为 2333 元/亩，最低的是陆良，为 65 元/亩。

表 3-10　云南大春马铃薯产出比较表

地区	单产/(kg/亩)	收购价格/(元/kg)	总收入/(元/亩)	总成本/(元/亩)	净利润/(元/亩)
大理	1700.00	1.20	2040	2890	−850
开远	1853.67	1.00	1853.67	1890	−36.33
宣威	1500.00	1.20	1800	1670	130
广南	400.00	1.60	640	1420	−780
会泽	2200.00	1.00	2200	3020	−820
陆良	1800.00	1.40	2520	2455	65
丘北	1600.00	2.00	3200	1050	2150
马龙	1900.00	2.47	4693	2360	2333
寻甸	2000.00	1.30	2600	1910	690
昭通（昭阳区）	1500.00	1.50	2250	2768	−518
丽江	1560.00	2.00	3120	2160	960

数据来源：问卷整理得出

（二）秋作马铃薯产出分析

如表 3-11 所示，6 个地区单产差别较大，单产最高的是马龙，为 1700kg/亩，最低的是昭通（昭阳区），只有 600kg/亩。而田间平均收购价格浮动较大，最低的是宣威，为 1.5 元/kg，最高的是会泽，为 3 元/kg。单产差别较大，价格变动较大，造成 6 个地区秋作马铃薯总收入差别较大，最高的是马龙，为 4335 元/亩，最低的是昭通（昭阳区），为 1500 元/亩。根据计算，6 个地区中仅有 1 个存在亏损，即昭通（昭阳区）每亩亏损 167.5 元。剩余 5 个地区获得净利润，最高的是陆良，为 1830 元/亩，最低的是宣威，为 400 元/亩。

表 3-11　云南秋作马铃薯产出比较表

地区	单产/(kg/亩)	收购价格/(元/亩)	总收入/(元/亩)	总成本/(元/亩)	净利润/(元/亩)
宣威	1200	1.50	1800	1400	400
会泽	1200	3.00	3600	2870	730

续表

地区	单产/(kg/亩)	收购价格/(元/亩)	总收入/(元/亩)	总成本/(元/亩)	净利润/(元/亩)
陆良	1650	2.40	3960	2130	1830
马龙	1700	2.55	4335	2560	1775
寻甸	1500	1.80	2700	1630	1070
昭通（昭阳区）	600	2.50	1500	1667.5	−167.5

数据来源：问卷整理得出

（三）冬马铃薯产出分析

如表 3-12 所示，统计显示 18 个地区单产差别较大，单产最高的是德宏，达 3000kg/亩，最低是广南，只有 812kg/亩。而田间平均收购价格浮动不大，为 1.6～3.11 元/kg，最高的是景东，为 3.11 元/kg，最低的为广南，为 1.6 元/kg。单产差别较大，价格浮动不大，造成 18 个地区冬马铃薯总收入差别较大，最高的是德宏，为 7500 元/亩，最低的是广南，只有 1299.20 元/亩。根据计算，18 个地区中有 4 个存在亏损，其中亏损最高的是宣威，为 1416 元/亩，最低的是富宁，为 160 元/亩。剩余 14 个地区获得净利润，最高的是德宏，为 4012 元/亩，最低的是马龙，为 720 元/亩。其中冬马铃薯种植大区，如文山、开远、景东、德宏等，利润相对较好。而宣威是种植大春马铃薯的大区，在种植冬马铃薯时，由于单产较低而处于亏损状态。

表 3-12　云南冬马铃薯产出比较表

地区	单产/(kg/亩)	收购价格/(元/kg)	总收入/(元/亩)	总成本/(元/亩)	净利润/(元/亩)
大理	2400.00	2.60	6240.00	4900	1340.00
景东	1754.46	3.11	5456.37	1830	3626.37
开远	2372.27	2.70	6405.13	4600	1805.13
宣威	1030.00	1.80	1854.00	3270	−1416.00
富宁	1500.00	2.00	3000.00	3160	−160.00
广南	812.00	1.60	1299.20	2140	−840.80
会泽	2300.00	2.50	5750.00	2380	3370.00
陆良	1765.00	2.80	4942.00	2760	2182.00
麻栗坡	953.20	1.70	1620.44	2505	−884.56
马关	2200.00	2.50	5500.00	1695	3805.00
丘北	1500.00	3.00	4500.00	2010	2490.00
文山	1050.00	3.00	3150.00	1410	1740.00
砚山	2000.00	2.20	4400.00	3448	952.00
德宏	3000.00	2.50	7500.00	3488	4012.00
马龙	1800.00	2.70	4860.00	4140	720.00
寻甸	1800.00	1.70	3060.00	1960	1100.00
昭通（昭阳区）	1300.00	2.50	3250.00	2510	740.00
丽江	2161.30	2.20	4754.86	2360	2394.86

数据来源：问卷整理得出

第四节　云南马铃薯生产效率分析

一、大春马铃薯生产效率分析

选用 DEA 模型 BCC，以调研中种植大春马铃薯的地区为决策单元，选取反映大春马铃薯种植的投入产出指标，对大春马铃薯投入产出数据进行横向分析。根据问卷调研统计，整理出大春马铃薯投入产出数据，选取种薯费用、化肥费用、农药费用及每亩用工数量（包括家庭用工数量和雇佣工人数量）这 4 种投入成本作为投入变量，以每亩产值合计作为产出变量。选用 DEAP-XP1 软件进行模型运算，测算出大春马铃薯生产效率，输出结果如表 3-13 所示。

表 3-13　云南大春马铃薯生产效率比较表

地区	综合技术效率	纯技术进步效率	规模效率	规模收益
大理	0.326	0.667	0.489	递减
开远	0.496	1.000	0.496	递减
宣威	0.526	1.000	0.526	递减
广南	0.172	0.907	0.190	递减
会泽	0.563	1.000	0.563	递减
陆良	0.536	0.778	0.689	递减
丘北	1.000	1.000	1.000	不变
马龙	1.000	1.000	1.000	不变
寻甸	0.695	1.000	0.695	递减
昭通（昭阳区）	0.639	1.000	0.639	递减
丽江	0.505	0.555	0.909	递减
平均	0.587	0.901	0.654	

从表 3-13 可以看出，只有丘北和马龙的大春马铃薯综合技术效率为 1，即处于 DEA 有效率状态，表示该决策单元投入产出综合有效，即同时技术有效和规模有效。其他地区综合技术效率小于 1，即处于 DEA 无效率状态。从表中可以看出广南的大春马铃薯综合技术效率最低。再从纯技术进步效率角度来看，会泽、开远、宣威、寻甸和昭通（昭阳区）的大春马铃薯纯技术进步效率值等于 1，说明大春马铃薯种植在目前的技术水平下投入产出合理，实现了资源的优化配置。而会泽、开远、宣威、寻甸和昭通（昭阳区）的大春马铃薯综合技术效率未达到 1 的根本原因在于规模效率，规模收益处于递减的状态。

基于以上分析结果，分别对未达到技术有效的大春马铃薯地区进行进一步分析，得到大春马铃薯投入与产出要素的改进值，以使大春马铃薯生产达到 DEA 模型 BCC 有效时的投入产出数值，如表 3-14 所示。大理、广南、陆良和丽江 4 个地区大春马铃薯种植的各项要素投入均存在着不同程度的过量问题,其中广南还存在产出不足的问题。大理、陆良和丽江生产的大春马铃薯在产出一定时,种薯费用、化肥费用、农药费用和用工量具体调整见表 3-14 中的目标量。

表 3-14　各地区大春马铃薯生产投入与产出要素改进参考值

地区	项目	产出指标	投入指标			
		产值/(元/亩)	种薯费用/(元/亩)	化肥费用/(元/亩)	农药费用/(元/亩)	用工量/(天/亩)
大理	原始值	2040.000	400.000	200.000	50.000	28.000
	径向移动	0	−133.333	−66.667	−16.667	−9.333
	松弛变量	0	0	−8.121	0	−0.889
	目标量	2040.000	266.667	125.212	33.333	17.778
广南	原始值	640.000	400.000	160.000	100.000	8.000
	径向移动	0	−37.313	−14.925	−9.328	−0.746
	松弛变量	1901.757	0	0	−78.284	0
	目标量	2541.757	362.687	145.075	12.388	7.254
陆良	原始值	2520.000	500.000	160.000	90.000	12.000
	径向移动	0	−111.065	−35.541	−19.992	−2.666
	松弛变量	0	−43.860	0	−57.521	0
	目标量	2520.000	345.075	124.459	12.488	9.334
丽江	原始值	3120.000	700.000	250.000	100.000	12.000
	径向移动	0	−311.409	−111.218	−44.487	−5.338
	松弛变量	0	0	0	−50.236	0
	目标量	3120.000	388.591	138.782	5.277	6.662

二、秋作马铃薯生产效率分析

用同样的方法测算出秋作马铃薯的生产效率,输出结果如表 3-15 所示。

表 3-15　秋作马铃薯生产效率比较表

地区	综合技术效率	纯技术进步效率	规模效率	规模收益
宣威	0.833	1.000	0.833	递减
会泽	0.771	0.888	0.868	递增
陆良	1.000	1.000	1.000	不变
马龙	1.000	1.000	1.000	不变
寻甸	1.000	1.000	1.000	不变
昭通(昭阳区)	0.833	1.000	0.833	递减
平均	0.906	0.981	0.922	

从表 3-15 可以看出，只有陆良、马龙和寻甸的秋作马铃薯的综合技术效率为 1，即处于 DEA 有效率状态，其他地区综合技术效率小于 1，即处于 DEA 无效率状态。而这些地区未达到综合技术效率的根本原因是规模效率未达到最优。从表中可以看出，会泽秋作马铃薯的综合技术效率最低。再从纯技术进步效率角度来看，除了会泽其他地区秋作马铃薯纯技术进步效率值均等于 1，说明秋作马铃薯种植投入产出合理，实现了资源的优化配置。

基于以上的分析结果，对未达到技术有效的会泽秋作马铃薯进行进一步分析，得到秋作马铃薯生产投入与产出要素的改进参考值，以使当地秋作马铃薯生产达到 DEA 模型 BCC 有效时的投入产出数值，如表 3-16 所示。

表 3-16　秋作马铃薯生产投入与产出要素改进参考值

地区	项目	产出指标	投入指标			
		产值/(元/亩)	物资成本/(元/亩)	机械成本/(元/亩)	土地租金/(元/亩)	用工量/(天/亩)
会泽	原始值	3600.000	810.000	300.000	550.000	12.000
	径向移动	453.750	0	0	0	0
	松弛变量	0	−137.500	−262.500	−125.000	0
	目标量	4053.750	672.500	107.084	425.000	12.000

从表 3-16 可以看出，物资成本、机械成本和土地租金都存在不同程度的过量问题，即物资成本、机械成本和土地租金应分别调整为 672.500 元/亩、107.084 元/亩和 425.000 元/亩。同时会泽秋作马铃薯也存在产出不足的问题，产值调整幅度为 12.60%，达到最优产值为 4053.750 元/亩。

三、冬马铃薯生产效率分析

用同样的方法测算出冬马铃薯生产效率，输出结果如表 3-17 所示。

表 3-17　冬马铃薯生产效率比较表

地区	综合技术效率	纯技术进步效率	规模效率	规模收益
大理	0.603	1.000	0.603	递增
景东	1.000	1.000	1.000	不变
开远	0.706	0.817	0.865	递增
宣威	0.295	0.698	0.422	递减
富宁	0.577	0.814	0.708	递减
广南	0.268	0.872	0.307	递减
会泽	0.961	1.000	0.961	递增
陆良	0.834	0.848	0.983	递增
麻栗坡	0.302	0.809	0.373	递减
马关	1.000	1.000	1.000	不变

续表

地区	综合技术效率	纯技术进步效率	规模效率	规模收益
丘北	1.000	1.000	1.000	不变
文山	0.853	1.000	0.853	递减
砚山	1.000	1.000	1.000	不变
德宏	0.850	1.000	0.850	递增
马龙	0.562	0.568	0.989	递增
寻甸	1.000	1.000	1.000	不变
昭通（昭阳区）	0.656	0.885	0.741	递减
丽江	1.000	1.000	1.000	不变
平均	0.748	0.906	0.814	

从表 3-17 可以看出，景东、马关、丘北、砚山、寻甸和丽江 6 个地区冬马铃薯的综合技术效率为 1，即处于 DEA 有效率状态，其他地区综合技术效率均小于 1，即处于 DEA 无效率状态。从表中可以看出，宣威冬马铃薯综合技术效率最低。再从纯技术进步效率角度来看，一共有 10 个地区冬马铃薯纯技术进步效率等于 1，除去上述综合技术效率为 1 的 6 个地区外，还有会泽、文山、砚山和德宏这 4 个地区，而其未达到综合技术效率为 1 的根本原因是规模效率未达到最优。但是这 10 个地区纯技术进步效率为 1，说明冬马铃薯种植投入产出合理，实现了资源的优化配置。

基于以上的分析结果，分别对未达到技术有效的冬马铃薯地区进行进一步分析，得到冬马铃薯生产投入与产出要素的改进参考值，以使当地冬马铃薯生产达到 DEA 模型 BCC 有效时的投入产出数值，如表 3-18 所示。

表 3-18　各地区冬马铃薯生产投入与产出要素改进参考值

地区	项目	产出指标	投入指标			
		产值/(元/亩)	物资成本/(元/亩)	机械成本/(元/亩)	土地成本/(元/亩)	用工量/(天/亩)
开远	原始值	6405.130	1300.000	300.000	600.000	19.000
	径向移动	0	−238.360	−55.006	−110.012	−3.484
	松弛变量	0	0	−115.491	0	0
	目标量	6405.130	1061.640	129.503	489.988	15.516
宣威	原始值	1854.000	1250.000	120.000	900.000	10.000
	径向移动	0	−377.778	−36.267	−272.000	−3.022
	松弛变量	1976.000	0	−33.363	−376.148	0
	目标量	3830.000	872.222	50.370	251.852	6.978
富宁	原始值	3000.000	480.000	80.000	600.000	20.000
	径向移动	0	−89.155	−14.859	−111.444	−3.715
	松弛变量	1095.826	0	0	0	0
	目标量	4095.826	390.845	65.141	488.556	13.225

地区	项目	产出指标	投入指标			
		产值/(元/亩)	物资成本/(元/亩)	机械成本/(元/亩)	土地成本/(元/亩)	用工量/(天/亩)
广南	原始值	1299.200	1000.000	200.000	300.000	8.000
	径向移动	0	−127.778	−25.556	−38.333	−1.022
	松弛变量	2530.800	0	−124.074	−9.815	0
	目标量	3120.000	872.222	50.370	251.852	6.978
陆良	原始值	4942.000	750.000	300.000	1000.000	13.000
	径向移动	0	−113.722	−45.489	−151.630	−1.971
	松弛变量	0	0	−147.517	−489.842	0
	目标量	4942.000	636.278	106.994	358.528	11.029
麻栗坡	原始值	1620.440	740.000	95.000	400.000	12.000
	径向移动	0	−141.134	−18.119	−76.289	−2.289
	松弛变量	1594.508	0	−72.070	−299.656	0
	目标量	3214.948	598.866	4.811	24.055	9.711
马龙	原始值	4860.000	1200.000	300.000	1000.000	18.000
	径向移动	0	−518.014	−129.503	−431.678	−7.770
	松弛变量	0	0	−63.171	−165.014	0
	目标量	4860.000	681.986	107.326	403.308	10.230
昭阳区	原始值	3250.000	450.000	80.000	500.000	18.000
	径向移动	0	−51.865	−9.220	−57.628	−2.075
	松弛变量	1015.103	0	0	0	−2.526
	目标量	4265.103	398.135	70.780	442.372	13.400

表 3-18 显示各地区生产投入与产量要素的改进参考值，以开远为例，其各项投入指标皆存在投入过量的问题，目标量为可供参考的最佳投入量。

四、结果说明

通过以上分析，得出以下结果。

第一，云南马铃薯生产投入过程中，无论是大春马铃薯、秋作马铃薯，还是冬马铃薯，人力成本大多数占总成本 50%以上，而物资成本中种薯费用和化肥费用占重要比例。

第二，从成本结构来看，主要还是在种薯和人力成本上投入得太多，导致成本无形地膨胀，使得有些地区出现亏损现象，农民利益得不到保障。因此，降低种植成本是提高云南马铃薯经济效益的根本，而降低种植成本主要就是降低人力成本和种薯成本。

第三，从大春马铃薯、秋作马铃薯、冬马铃薯的效益来看，无疑是冬马铃薯的效益高于其他两种。原因有两个方面：首先，从收购价格来看，冬马铃薯的收购价格要高于大春马铃薯和秋作马铃薯；其次，从单产来看，冬马铃薯单产大部分都在 1500kg/亩以上，最高的是德宏，为 3000kg/亩。

第四，云南马铃薯投入产出的地区差异显著。各地由于耕作方式、土壤质量、耕作技术、气候、使用品种等因素不同，在投入成本、产量、收入和利润等方面存在较大差距。

第五节　云南马铃薯与竞争性作物比较分析

农户种植马铃薯与否取决于马铃薯与其他农作物的比较收益，比较马铃薯与其他竞争性作物的投入产出，有利于分析马铃薯种植的竞争优势。

一、云南马铃薯与竞争性作物投入分析

（一）大春马铃薯与竞争性作物投入分析

根据表 3-19 明显可以看出，大春马铃薯的种植成本要高于其他竞争性作物。尤其是人力成本明显偏高，约是玉米的 3 倍，烤烟和油菜的 2 倍。而大春马铃薯的物资成本高于烤烟、玉米和油菜。大春马铃薯的机械成本也略高于其他竞争性作物。

表 3-19　云南大春马铃薯与竞争性作物成本比较表　　　（单位：元/亩）

	种子费用	化肥费用	农药费用	机械费用	其他费用	土地租金	人力成本
马铃薯	343.92	217.07	52.57	138.95	34.42	331.63	1239.26
玉米	80	210	30	120	250	400	400
烤烟	25	230	100	120	750	400	600
油菜	35	165	20	80	0	0	640

数据来源：问卷整理得出

（二）秋作马铃薯与竞争性作物投入分析

根据表 3-20 明显可以看出，秋作马铃薯的种植成本要高于秋蚕豆的种植成本。人力成本明显偏高，是秋蚕豆的 2 倍多。而秋作马铃薯的物资成本也明显高于秋蚕豆。秋作马铃薯的机械化使用程度也略高于秋蚕豆。

表 3-20　云南秋作马铃薯与竞争性作物成本比较表　　　（单位：元/亩）

	种子费用	化肥费用	农药费用	机械费用	其他费用	土地租金	人力成本
马铃薯	398.06	138.51	82.14	71.96	225.61	420.80	671.79
秋蚕豆	150	30	60	60	250	400	300

数据来源：问卷整理得出

（三）冬马铃薯与竞争性作物投入分析

根据表 3-21 可以看出，冬马铃薯的种植成本与其他竞争性作物相比处于中间水平，落后于甘蔗、大蒜、冬辣椒和西瓜，高于油菜和大麦。人力成本依然偏高，约是油菜的 3 倍，大麦的 4 倍；落后于甘蔗、大蒜和冬辣椒。而冬马铃薯的物资成本仅低于西瓜和大蒜，高于其他竞争性作物。冬马铃薯的机械成本仅低于甘蔗，高于其他竞争性作物。

表 3-21　云南冬马铃薯与竞争性作物成本比较表　　　　（单位：元/亩）

	种子费用	化肥费用	农药费用	机械费用	其他费用	土地租金	人力成本
马铃薯	547.22	276.87	70.06	140.78	110.92	426.77	1562.61
甘蔗	450	400	100	200	200	650	2880
大蒜	4000	1200	200	0	0	0	3200
冬辣椒	150	400	200	100	50	700	1800
西瓜	150	500	300	100	800	1000	1200
油菜	35	165	20	80	0	0	480
大麦	40	150	30	120	0	0	360

数据来源：问卷整理得出

二、云南马铃薯与竞争性作物产出分析

（一）大春马铃薯与竞争性作物产出分析

由表 3-22 可知，大春马铃薯的种植利润落后于烤烟，高于其他竞争性作物。单产明显高于其他 3 种竞争性作物，产值仅低于烤烟，高于玉米和油菜。

表 3-22　云南大春马铃薯与竞争性作物产出比较表

	单产/(kg/亩)	产值/(元/亩)	净利润/(元/亩)	投入产出率
大春马铃薯	1737.02	2285.05	−72.77	0.97
玉米	550	935	−555	0.63
烤烟	180	3060	835	1.38
油菜	150	660	−280	0.70

数据来源：问卷整理得出

（二）秋作马铃薯与竞争性作物产出分析

由表 3-23 可知，秋作马铃薯的种植利润明显高于秋蚕豆，产量与产值也明显优于秋蚕豆。

表 3-23　云南秋作马铃薯与竞争性作物产出比较表

	单产/(kg/亩)	产值/(元/亩)	净利润/(元/亩)	投入产出率
秋作马铃薯	1408.74	3167.2	1158.33	1.58
秋蚕豆	400	1200	−50	0.96

数据来源：问卷整理得出

（三）冬马铃薯与竞争性作物产出分析

由表 3-24 可知，冬马铃薯种植的利润落后于冬辣椒、大蒜和西瓜，高于其他竞争性作物。

表 3-24　云南冬马铃薯与竞争性作物产出比较表

	单产/(kg/亩)	产值/(元/亩)	净利润/(元/亩)	投入产出率
冬马铃薯	2033.61	5064.9	1929.67	1.62
甘蔗	7000	3150	−1730	0.65
大蒜	2000	12000	3400	1.40
冬辣椒	2000	7000	3600	2.06
西瓜	4000	12000	7950	2.96
油菜	150	660	−120	0.85
大麦	385	847	147	1.21

数据来源：问卷整理得出

三、云南马铃薯与竞争性作物生产效率横向分析

（一）大春马铃薯与竞争性作物生产效率对比分析

以调研中大春马铃薯和其竞争性作物作为决策单元,选取反映大春马铃薯及竞争性作物种植的投入产出指标,对大春马铃薯及竞争性作物的投入产出数据进行横向分析。根据问卷调研统计,整理出大春马铃薯和竞争性作物的投入产出数据,选取物资成本（包括种薯费用、化肥费用及农药费用）、机械成本、土地租金及每亩用工数量（包括家庭用工数量和雇佣工人数量）这 4 种投入成本作为投入变量,以每亩产值合计作为产出变量。选用 DEAP-XP1 软件进行模型运算,测算出大春马铃薯及竞争性作物的生产效率,输出结果如表 3-25 所示。

表 3-25　大春马铃薯与竞争性作物生产效率对比

品种	综合技术效率	纯技术进步效率	规模效率	规模收益
马铃薯	0.798	0.817	0.977	递增
玉米	0.458	1.000	0.458	递减
烤烟	1.000	1.000	1.000	不变
油菜	1.000	1.000	1.000	不变
平均	0.814	0.954	0.859	

从表 3-25 可以看出,只有烤烟和油菜的综合技术效率为 1,即处于 DEA 有效率状态,而大春马铃薯和玉米的综合技术效率小于 1,即处于 DEA 无效率状态。从表中还可以看出,大春马铃薯的综合技术效率仅高于玉米并且低于平均值。再从纯技术进步效率角度来看,大春马铃薯纯技术进步效率小于 1,说明大春马铃薯种植投入产出不合理,没有实现资源的优化配置。

基于以上的分析结果,对未达到技术有效的大春马铃薯进行进一步分析,得到大春马铃薯生产投入与产出要素的改进参考值,以使大春马铃薯生产达到 DEA 模型 BCC 有效时的投入产出数值,如表 3-26 所示。

表 3-26　大春马铃薯生产投入与产出要素改进参考值

种类	项目	产出指标	投入指标			
		产值/(元/亩)	物资成本/(元/亩)	机械成本/(元/亩)	土地租金/(元/亩)	用工量/(天/亩)
马铃薯	原始值	2285.050	613.560	138.950	331.630	14.180
	径向移动	0	−112.467	−25.470	−60.788	−2.599
	松弛变量	0	−189.684	0	−6.396	0
	目标量	2285.050	311.409	107.084	270.842	10.708

由表 3-26 可以看出，大春马铃薯生产的各项投入指标都不同程度地存在过量问题，即大春马铃薯产出一定时，物资成本、机械成本、土地租金和用工量应分别调整为 311.409 元/亩、107.084 元/亩、270.842 元/亩和 10.708 天/亩，这样可达到生产效率的最优状态。

（二）秋作马铃薯与竞争性作物生产效率对比分析

以调研中秋作马铃薯和其竞争性作物作为决策单元，选取反映秋作马铃薯及竞争性作物种植的投入产出指标，对秋作马铃薯及竞争性作物的投入产出数据进行横向分析。根据问卷调研统计，整理出秋作马铃薯和竞争性作物的投入产出数据，选取物资成本（包括种薯费用、化肥费用及农药费用）、机械成本、土地租金及每亩用工数量（包括家庭用工数量和雇佣工人数量）这 4 种投入成本作为投入变量，以每亩产值合计作为产出变量。选用 DEAP-XP1 软件进行模型运算，测算出秋作马铃薯及竞争性作物的生产效率，输出结果如表 3-27 所示。

表 3-27　秋作马铃薯与竞争性作物生产效率对比

品种	综合技术效率	纯技术进步效率	规模效率	规模收益
马铃薯	1.000	1.000	1.000	不变
秋蚕豆	0.977	1.000	0.977	递增
平均	0.988	0.954	0.988	

从表 3-27 可以看出，秋作马铃薯的综合技术效率为 1，即处于 DEA 有效率状态，而秋蚕豆的综合技术效率小于 1，即处于 DEA 无效率状态。再从纯技术进步效率角度来看，大春马铃薯的纯技术进步效率等于 1，说明秋作马铃薯种植投入产出合理，不存在投入过剩，或者产出不足的问题，实现了资源的优化配置。

（三）冬马铃薯与竞争性作物生产效率对比分析

在研究冬马铃薯与竞争性作物生产效率时，方法与大春马铃薯和秋作马铃薯类似，选取物资成本（包括种薯费用、化肥费用及农药费用）、机械成本、土地租金及每亩用工数量（包括家庭用工数量和雇佣工人数量）这 4 种要素成本作为投入变量，以每亩产值合计作为产出变量。选用 DEAP-XP1 软件进行模型运算，测算出冬马铃薯及竞争性作物的生产效率，输出结果如表 3-28 所示。

表 3-28　冬马铃薯与竞争性作物生产效率对比

品种	综合技术效率	纯技术进步效率	规模效率	规模收益
冬马铃薯	1.000	1.000	1.000	不变
甘蔗	0.609	0.780	0.782	递减
大蒜	0.993	1.000	0.993	递增
冬辣椒	0.851	0.868	0.980	递减
西瓜	1.000	1.000	1.000	不变
油菜	0.725	1.000	0.725	递减
大麦	0.646	1.000	0.646	递减
平均	0.832	0.950	0.875	

从表 3-28 可以看出，只有冬马铃薯和西瓜的综合技术效率为 1，即处于 DEA 有效率状态，而其他竞争性作物综合技术效率小于 1，即处于 DEA 无效率状态。并且从前文可以看出，虽然冬马铃薯净利润低于大蒜和冬辣椒，但是综合技术效率却高于这两种竞争性作物，说明冬马铃薯的生产效率较高。再从纯技术进步效率角度来看，冬马铃薯纯技术进步效率等于 1，说明冬马铃薯种植投入产出合理，不存在投入过剩，或者产出不足的问题，实现了资源的优化配置。

四、结果说明

通过以上分析，得出以下结果。

第一，云南马铃薯是比较收益较高的农作物之一。通过与其他竞争性作物的投入产出进行比较分析，可知马铃薯的利润和种植效率较高，是具有推广价值的农作物。

第二，成本是制约马铃薯发展的主要因素。农户在选择农作物种植时，投入成本将成为其考虑的重点。大春马铃薯和秋作马铃薯的种植成本明显高于其他竞争性作物，因此会影响马铃薯产业的发展。

第三，从云南马铃薯生产效率来看，虽然是秋作马铃薯的生产效率最好，但是由于对比竞争性作物品种只有秋蚕豆，因此代表性不强。

第四，从与竞争性作物的对比来看，云南冬马铃薯效益较好，所以在冬马铃薯主产区，如德宏、文山、普洱等地区，鼓励农户种植马铃薯来提高收入。

第六节　云南马铃薯与其他省区市投入产出比较分析

种植马铃薯的收益不仅受马铃薯投入成本的影响，还受马铃薯市场价格的影响，同时也受国内其他主要种植区域种植成本的影响，通过横向比较，有利于分析云南马铃薯的市场竞争力。

一、云南马铃薯与其他省区市投入比较分析

由表 3-29 可以看出，云南马铃薯投入成本高于全国平均水平，仅落后于湖北和贵州。与全国平均水平相比，物资成本略高于全国水平，机械费用略低于全国水平，造成云南马铃薯高于全国水平的主要原因是人力成本接近于全国水平的两倍,云南马铃薯人力成本除了落后于四川外,远高于北方地区,略高于中部地区和西南地区。云南马铃薯种植主要以自由耕地为主,因此土地租金成本低于全国水平。而在前文也提到过机械化成本低于全国平均水平,又因云南山地面积占总面积的 90%以上,不适合机械化和农业现代化生产,这也是云南人力成本偏高的原因之一。云南土地租金不高,仅高于河北、内蒙古和辽宁,略低于全国水平。

表3-29　2015年云南与全国其他地区马铃薯种植投入平均成本比较表　（单位：元/亩）

地区	种薯费用	化肥费用	农药费用	机械费用	其他费用	土地租金	人力成本
河北	302.84	330.34	9.10	78.22	12.81	187.92	641.90
内蒙古	194.86	121.35	2.79	184.06	16.69	123.05	422.90
辽宁	309.41	242.81	10.94	73.79	60.84	197.00	524.02
黑龙江	162.84	124.69	23.51	135.19	52.85	328.57	360.42
甘肃	232.98	242.09	8.41	151.34	123.32	207.26	896.90
湖北	423.74	443.23	35.18	75.37	82.70	207.36	1097.36
重庆	243.00	199.89	22.41	97.86	63.92	404.84	764.24
四川	215.48	280.05	5.61	101.67	164.10	214.95	1535.04
贵州	386.91	278.34	1.49	136.86	45.94	297.27	828.20
云南	263.76	221.24	4.92	102.59	20.11	198.04	1106.92
全国	215.75	185.70	14.10	134.30	42.57	227.44	572.40

数据来源:《全国农产品成本收益资料汇编》整理得出

二、云南马铃薯与其他省区市产出比较分析

根据表3-30 可以看出,云南马铃薯无论是单产水平,还是产值,均高于全国平均水平。从单产来看,云南马铃薯单产略高于东北地区、重庆和河北,但是明显低于中部地区的湖北,略微落后于北方的内蒙古,更落后于西南地区的四川和贵州。主要是因为中部地区、四川及北方地区地处平原,土地较云南山地更加肥沃,水力资源充足。但实际上,云南与其他马铃薯主产区相比,在单产上并没有落后太多,说明云南马铃薯单产水平还有很大的发展潜力。从销售价格来看,云南马铃薯售价仅低于重庆和贵州,高于其他地区,也高于全国平均售价。从产值来看,云南马铃薯产值仅落后于湖北、重庆和贵州,远高于其他地区,也高于全国平均产值。

表3-30　2015年云南与全国其他地区马铃薯种植产出比较表

地区	单产/(kg/亩)	价格/(元/kg)	产值/(元/亩)
云南	1561.93	1.60	2499.09
河北	1446.42	1.19	1721.24
内蒙古	1661.90	1.06	1761.61
辽宁	1418.66	1.41	2000.31
黑龙江	1321.88	1.13	1493.72

续表

地区	单产/(kg/亩)	价格/(元/kg)	产值/(元/亩)
甘肃	1810.89	1.09	1973.87
湖北	2111.26	1.48	3124.66
重庆	1281.50	2.88	3690.72
四川	1698.66	1.23	2089.35
贵州	1648.34	1.83	3016.46
全国	1471.95	1.22	1795.78

数据来源：《全国农产品成本收益资料汇编》整理得出

三、投入产出综合比较分析

由表 3-31 可知，云南马铃薯种植净利润、投入产出率和成本利润率均高于全国平均水平。从种植净利润来看，云南马铃薯高于东北地区，以及西北地区的马铃薯种植大省甘肃，但是明显低于中部地区的湖北和北方地区的种植大省内蒙古，也落后于西南地区的重庆和贵州，仅高于四川。从投入产出率来看，云南的投入可以获得比全国平均水平高的回报。但是，云南投入产出率落后于马铃薯种植大省内蒙古和贵州。从成本利润率来看，内蒙古是云南的两倍多，贵州接近云南的两倍，重庆的成本利润率更达到了云南的 3 倍多。

表 3-31　2015 年云南与全国其他地区马铃薯投入产出比较表

地区	净利润/元	投入产出率	成本利润率/%
云南	599.69	1.31	31.26
河北	135.15	1.09	8.54
内蒙古	705.75	1.66	66.22
辽宁	539.86	1.42	42.12
黑龙江	263.37	1.26	25.59
湖北	759.63	1.32	32.12
重庆	1900.57	1.74	105.81
四川	−432.95	0.83	−17.20
贵州	1063.77	1.53	53.36
甘肃	104.94	1.06	5.63
全国	402.11	1.29	28.88

数据来源：《全国农产品成本收益资料汇编》整理得出

四、云南马铃薯生产效率横向分析

选用 DEA 模型 BCC，以全国其他省区市马铃薯作为决策单元，选取能够反映马铃薯种植投入产出的指标，对云南马铃薯及全国其他省区市 2015 年的数据进行横向分析。根据《全国农产品成本收益资料汇编》中的相关统计，整理出云南马铃薯及全国其他省区市投入产出数据，选取物资成本（包括种薯费用、化肥费用及农药费用）、机械费用、每亩土地成本及每亩用工数量（包括家庭用工数量和雇佣工人数量）这 4 种投入成本作为投入变量，以每亩产值合计作为产出变量。选用 DEAP-XP1 软件进行模型运算，测算出 2015 年云南马铃薯及全国其他省区市生产效率，输出结果如表 3-32 所示。

表 3-32　2015 年云南与全国其他省区市马铃薯生产效率比较表

地区	综合技术效率	纯技术进步效率	规模效率	规模收益
云南	1.000	1.000	1.000	不变
河北	0.774	1.000	0.774	递减
内蒙古	1.000	1.000	1.000	不变
辽宁	1.000	1.000	1.000	不变
黑龙江	1.000	1.000	1.000	不变
甘肃	1.000	1.000	1.000	不变
湖北	1.000	1.000	1.000	不变
重庆	0.805	0.975	0.826	递减
四川	0.985	1.000	0.985	递减
贵州	0.767	0.870	0.881	递增
平均	0.933	0.985	0.947	

从表 3-32 可以看出，10 个地区的综合技术效率的平均值为 0.933，而云南的综合技术效率为 1，即云南马铃薯是 DEA 模型 BCC 有效的。而马铃薯种植大省，如贵州和四川，都落后于云南，说明云南马铃薯综合技术效率更高。同时，云南马铃薯纯技术进步效率和规模效率也达到了最优状态（均为 1），表明云南马铃薯种植的产出相对投入来讲已经达到最大，从而也说明云南马铃薯种植相对效率较高，不存在投入过剩或者产出不足的问题。

五、结果说明

通过以上分析，得出以下结果。

第一，云南马铃薯种植具有一定的比较优势。云南的产出、利润及投入产出率均高于全国水平，以及与之毗邻的大部分西部地区（重庆、贵州除外），因此，云南马铃薯对外销售应具有一定的竞争优势。

第二，云南马铃薯种植的物资成本和人力成本明显过高，尤其是人力成本仅落后于四川，接近于全国平均水平的两倍。物资成本中占主要部分的种薯费用和化肥费用，明显高于全国平均水平。因此，云南发展马铃薯产业应该着力发展种薯培育产业，降低种薯成本；应尽量减少化肥的流通成本，使农户能买到优质低价的肥料。人力成本主要是因为云南大多都是狭小的、分散的农户经营，应该将土地适当集中起来，交由生产大户进行经营，使用现代化设备，降低人工成本。虽然云南大部分都是山地地区，但是有些地区还是可以进行一定的机械化生产。

第三，培育适于云南种植的高产马铃薯品系。虽然云南马铃薯单产水平高于全国平均水平，但是和马铃薯种植大省，如内蒙古、贵州和四川相比，仍有较大的提升空间。通过培育适于云南种植的高产马铃薯品系，云南马铃薯有望跻身于全国高产之列。

主要参考文献

范丽霞. 2007. 湖北省主要农产品技术效率与规模经济性的市政考察[J]. 西北农林科技大学学报，（4）：72-87.

龚月. 2014. 武汉市蔬菜生产投入产出分析[D]. 武汉：华中农业大学硕士学位论文.

郭哲彪. 2015. 我国主要城市大白菜全要素生产率分析[J]. 中国农学通报，（3）：39-60.

国家发展和改革委员会. 2012～2016. 全国农产品成本收益资料汇编[G]. 北京：中国统计出版社.

金璟，张德亮. 2011. 云南马铃薯投入产出比较研究[J]. 农村科技与经济，22（12）：114-115.

金璟，张德亮. 2012. 云南省马铃薯生产投入产出调查分析[J]. 中国马铃薯，26（3）：186-189.

李莉，史建民. 2014. 基于 DEA 模型的城郊蔬菜种植投入产出关系研究[J]. 山东农业科学，46（9）：152-156.

李勤志. 2008a. 我国马铃薯生产影响因素分析[J]. 农业技术经济，（03）：77-80.

李勤志. 2008b. 中国马铃薯生产的经济分析[D]. 武汉：华中农业大学博士学位论文.

李勤志. 2009. 我国马铃薯生产效率的 DEA 分析[J]. 陕西农业科学，（04）：156-158.

刘洋. 2010. 我国马铃薯生产效率的实证分析——基于非参数的 Malmquist 指数方法[J]. 中国农学通报，（14）：138-144.

孙东升，刘合光. 2008. 近期国内马铃薯市场形势分析与展望[J]. 农业展望，（11）：6-8.

田淑英，许文立. 2012. 基于 DEA 模型的中国林业投入产出效率评价[J]. 资源科学，34（10）：1944-1950.

王冬冬. 2015. 陕西省农产品生产效率统计测度与评价——基于非参数 DEA 前沿的实证分析[J]. 数学的实践与认识，（08）：103-109.

王淑新，王学定，何元庆，等. 2010. 马铃薯生产的投入产出分析——以定西市为例[J]. 安徽农业科学，38（4）：2081-2083.

魏权龄. 2004. 数据包络分析[M]. 北京：科学出版社.

谢从华. 2012. 马铃薯产业的现状与发展[J]. 华中农业大学学报（社会科学版），97（1）：1-4.

易晓峰. 2015. 基于三阶段 DEA 的中国马铃薯主产区生产效率分析[J]. 中国农学通报，（3）：270-276.

张宏. 2011. 玉米生产的投入产出效率分析——基于吉林省玉米的生产的实证研究[J]. 吉林农业大学学报，33（6）：698-702.

张领先. 2013. 基于 DEA 的北京蔬菜产业生产效率与技术进步评价[J]. 科技管理研究，（08）：55-58.

张瑞涛. 2016. 基于 DEA 的河北省蔬菜产业投入产出效率实证研究[J]. 北方园艺，（08）：185-187.

张霞，张纪涛. 2013. 山西省设施蔬菜投入产出的调查分析[J]. 科技情报与开发，23（11）：133-136.

赵桂玉. 2009. 基于参数和非参数方法的玉米生产效率研究——以吉林省为例[J]. 农业经济问题，（2）：15-21.

赵红雷. 2011. 中国玉米生产技术效率分析：2001～2008——基于随机前沿生产函数[J]. 西北农林科技大学学报，（05）：56-61.

第四章　需求视角的云南马铃薯竞争力分析

从需求层面来讲，马铃薯竞争力的大小，主要体现在其市场表现上，具体反映在价格上。本章通过考察马铃薯的消费需求构成情况，主要是对价格变化所反映出来的特征及其规律进行分析。

第一节　马铃薯的消费需求构成

马铃薯的消费主要由鲜食、饲料、种薯、加工及损耗等构成。

一、鲜食需求

马铃薯鲜食主要分为两种：一种是当作主粮，即用作粮食；另一种是作为蔬菜食用。不同用途导致马铃薯的消费量不同。

由图 4-1 可知，云南马铃薯鲜食呈现出明显的地域差异，人均消费量差距明显。滇东、滇东北最多，滇中、滇西、滇西北地区次之，滇南地区最少，这与云南马铃薯种植区域、产量相吻合。由于气候等原因，滇东与滇东北地区是云南马铃薯的主产区，马铃薯作为主食食用，人均马铃薯的消费量明显高于其他地区。

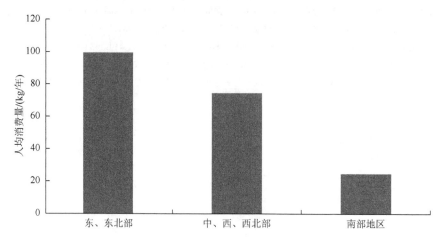

图 4-1　云南各地区马铃薯鲜食人均消费量

数据来源：调查问卷整理得出

滇西北地区主要包括迪庆和丽江，滇中地区主要包括昆明和玉溪，滇西部分地区主要包括大理和楚雄，也是马铃薯主要种植地，马铃薯人均消费量为 70~80kg/年，马铃薯主要作为蔬菜，而不再是主食。

滇南、滇西南地区，如红河、西双版纳，这些地区以种植水稻、玉米为主，马铃薯种植历史较短。当冬季有大量闲田时主要种植冬马铃薯，用于出售，是云南冬马铃薯主产区，也是云南马铃薯商品化率最高的地区。因此当地老百姓也没有大量食用马铃薯的习惯,这些地区的马铃薯人均消费量为20~30kg/年。

二、饲料需求

马铃薯除了用于鲜食之外,还被大量当作饲料用于替代玉米等。根据调研所得,在云南马铃薯主产区,约有25%的马铃薯被当作饲料,非主产区比例大约为10%;在冬马铃薯产区,马铃薯被作为饲料的比例最低,大概只有2%~5%,这是因为全国可以种植冬马铃薯的地区较少,而冬马铃薯上市时需求较大,价格会比较高,所以冬马铃薯通常进行外销。

云南马铃薯大多作为生猪养殖业的饲料,农民通常将一些质量较差或者薯型不好的薯块当作猪饲料。例如,宣威的'大河乌猪'、迪庆的'藏猪'等,马铃薯均是其重要的饲料来源。这样不仅可以最大效率利用马铃薯,取用方便,还可以代替玉米等作为饲料,对调节饲料市场具有重要意义。

三、种薯需求

云南以自留种薯为主,这部分比例占18%,也说明了脱毒种薯并没有在种植中得到广泛使用。在主产区,马铃薯种植平均需要种薯200~250kg/亩;在非主产区,由于土壤水分较好,所需种薯数量较低,大约为100kg/亩。自留种薯缺点显著,最大一点便是使疾病积累遗传,这也是造成云南马铃薯单产较低的重要原因之一。

四、加工需求

马铃薯不仅可以当作粮食和蔬菜,还可以深加工制作成多种产品供人消费,如可以制作成淀粉、薯片、薯条等休闲食品。云南对于马铃薯的加工有悠久的历史。例如,农民将马铃薯制成洋芋粉、洋芋干片等,制作工艺简单,也方便储藏,制作完成后既可以自己食用,也可以对外出售,这一部分马铃薯的加工约占总产出的1%。发达国家对马铃薯的加工比率较高,普遍达到40%~60%,更有高者可达到80%左右。相比较而言,云南马铃薯加工比例较低,说明云南马铃薯加工产业还比较薄弱,还有很大潜力以待挖掘。

五、损耗状况

云南马铃薯损耗比例较高,每年被损耗掉的马铃薯约占总产量的8%。2015年损耗掉的马铃薯将近68万t,相当于粮食13.6万t,这是一个非常庞大的数量。马铃薯的损耗大部分发生在储藏运输过程中,生产过程中的损耗较低。云南脱毒种薯产业的不规范和农民倾向于自留种薯,使云南马铃薯发病率较高,这一部分马铃薯的损耗占比不到1%。对于发病马铃薯,农民大多将其用于饲料,这部分损耗基本可以忽略。在调查区域,马铃薯对外销售主要以成熟后开挖销售为主,比例占到93%,但是其中54%是本地市场零售,只有39%是外销,这就造成了本地市场马铃薯竞相压价,损害了农民利益。之所以以本地市场为主,其中一个关键原因是云南马铃薯储藏运输条件的不利。马铃薯皮薄肉嫩,含水量高,在运输过程中极易发生碰撞损伤;储藏方式上,农户一般采用地中储藏,这种储藏方式无法对环境进行很好的控制。马铃薯对环境非常敏感,温度太低容易冻伤,冻伤后便不能保存，严重冻伤的便无法食用；温度太高容易生芽，催生毒素。空气潮湿会造成马铃薯发汗，产生腐烂，干燥又会使水分蒸发，薯块皱缩，影响薯型。由此可见，马铃薯储藏对环境要求非常高，地中储藏方式的缺陷会造成大量的损耗。

第二节　云南马铃薯价格分析

一、销售概况

云南每年生产的马铃薯不仅供应本省的需求，还面向国内、国外两个市场进行出售，对于马铃薯的销售主要以鲜薯为主。国内市场，云南以冬马铃薯出售为主，由于我国可以种植冬马铃薯的地区较少，而北方地区的马铃薯以大春马铃薯为主，一般在 8 月以后才能大量上市，这就形成了一个蔬菜的空档期。北方居民对蔬菜的需求和以马铃薯为原材料的加工企业的需要，使对云南冬马铃薯的需求旺盛。马铃薯种植面积小，产品数量少，外销需求大，可以为农民带来较高的收益，因此冬马铃薯基本用于出售，商品率较高，有些地方冬马铃薯商品率甚至达到 70%。而云南大春马铃薯因为上市时间基本与全国大春马铃薯一致，所以云南大春马铃薯主要以滇南地区为主要市场。这些地区在播种期间气温较高，不适宜马铃薯的生长，所以对大春马铃薯需求较大，马铃薯对平衡当地蔬菜市场具有重要的意义。

而在国外市场，云南马铃薯以东盟国家市场为主。首先，云南与东盟国家接壤，有先天的地理上的优势。其次，东盟国家以热带气候为主，气温较高，从马铃薯的发育环境来看，不适宜马铃薯的种植。受制于此，东盟国家一直不是世界马铃薯的主产区，总体种植面积不足世界的 1%。但是东盟各国以马铃薯为原料的加工业等对马铃薯的需求量大，这就导致其需要大量进口马铃薯。根据资料显示，东南亚国家对马铃薯的年需求量在 30 万 t 以上，除了从其他国家进口马铃薯之外，超过 1/4 的马铃薯需从我国进口，而从我国进口的马铃薯基本上都来自于云南，云南马铃薯已经成为出口的重要农产品之一。

二、云南马铃薯价格波动特点

（一）月份波动特点

云南是全国马铃薯主产区之一，马铃薯种植面积居全国前四。马铃薯作为云南农业支柱产业之一，研究价格的波动对马铃薯产业的健康发展具有重要意义。由于供给需求的不平衡，价格波动是正常现象。供给大于需求，价格下跌；需求大于供给，价格上升。但是价格波动过于激烈，会给马铃薯产业带来不利影响，打击农民种植的积极性，增加工业生产企业与种植户对未来生产经营进行决策的风险。

本部分选取批发价格来对云南马铃薯价格进行分析，选取批发价格主要是因为可以保证所获数据的可靠性与连续性。因为农产品批发价格可以比较真实地反映农产品的价值和市场的供求规律，是商品的价值规律和供求规律共同作用的结果，交易双方是既定价格的接受者，这种价格是农产品市场的基础价格，发挥着农产品市场的价格导向的作用，是政府部门制定政策，以及企业、农户确定生产经营决策的重要依据。

根据近几年批发市场的调研与统计，将2008年1月～2016年12月每个月的马铃薯批发价格进行整理汇总，结果如表4-1所示。

表4-1　2008～2016年马铃薯批发价格　　　　　　（单位：元/kg）

年份	2008	2009	2010	2011	2012	2013	2014	2015	2016
1月	1.13	2.31	2.31	2.84	1.83	2.68	2.50	2.30	2.20
2月	1.37	2.45	2.45	2.78	1.89	3.34	2.63	2.30	2.50
3月	1.31	2.67	2.67	2.63	1.60	3.54	2.70	2.46	2.70
4月	1.45	3.11	3.11	2.52	1.42	2.85	2.30	2.08	5.70
5月	1.48	2.90	2.90	2.31	2.02	3.05	2.10	2.18	2.70
6月	1.30	2.36	2.36	2.31	2.05	2.40	1.66	2.31	2.50
7月	1.21	2.17	2.17	2.06	1.95	2.34	2.22	2.12	2.45
8月	1.19	2.45	2.45	2.01	2.20	2.40	2.00	2.38	2.28
9月	1.13	2.44	2.44	1.87	2.45	2.14	2.15	2.30	1.88
10月	1.13	2.65	2.65	1.75	2.00	2.14	2.00	2.34	1.70
11月	1.13	2.84	2.84	1.72	2.00	2.30	2.10	2.25	3.00
12月	1.13	2.71	2.71	1.72	2.64	2.64	2.10	2.70	3.50
平均价格	1.25	1.33	2.59	2.21	1.95	2.65	2.21	2.31	2.97

数据来源：云南农业信息网

为了便于直观看出马铃薯价格变动的趋势，将以上数据做成折线图，以时间为横坐标，每3个月为一个时间间隔；批发价格为纵坐标，一元为一个间隔，绘制得图4-2。

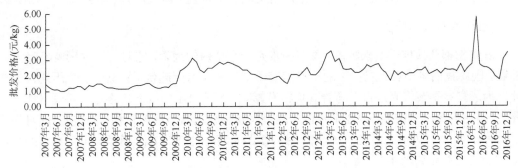

图4-2　云南省2007年3月～2016年12月马铃薯月价格走势图

数据来源：中国商务信息网收集整理得出

从图4-2中可以看出，最近几年来马铃薯的批发价格变化起伏非常大，最低为2007年7月的1元/kg，最高为2016年4月的5.7元/kg，波动幅度达到470%。主要原因不单有通货膨胀和生产成本提高，更多的是云南马铃薯产业发展不完善，导致供求在短时间内发生较大改变。

总体上看呈现以下特点：①价格波动起伏较大，每年波动幅度都在50%以上，但总体趋势是上升的。②波动呈现周期性，每2～3年出现一次价格的高峰；从2007年开始，第一次峰值出现在2010年，达到3元/kg，随后价格急剧下跌；第二次峰值出现在

2013 年，达到 3.5 元/kg，两次峰值间隔为 3 年；第三次峰值是在 2016 年的 4 月，可以看出每 2～3 年就有一个涨跌的过程。③价格的峰值一般出现在 3 月，而在 7 月最低，这与全国马铃薯价格趋势相吻合。首先，由于云南气候特殊，马铃薯可以月月收获，周年供应。作为少数几个可以在冬季生产鲜薯的省份之一，在 3 月，北方较为寒冷无法生产马铃薯，无论是工业生产的需要，还是居民对鲜薯的需求，都使鲜薯需求量较大。其次，马铃薯相较于其他蔬菜具有适宜长途运输的特点，方便对外运输，使云南冬马铃薯上市时价格较高，冬马铃薯也被农民称为"一亩地、一百天、一万元"的高效产业；到了 7 月由于全国马铃薯大量上市，供给增加，导致收购价格较低。

根据价格的波动情况，可以将近几年的价格分为三段：第一阶段为 2007～2009 年，价格波动幅度较小，最低为 1 元/kg，最高为 1.5 元/kg，波动幅度为 50%。

第二阶段为 2010～2013 年，可以看出这一阶段价格起伏非常剧烈，价格波动幅度大。最低为 1.5 元/kg，最高为 3.5 元/kg，波动幅度达到 133%。2010 年出现了马铃薯价格的第一个峰值，价格出现了一个急剧的上涨，这是因为 2010 年云南出现了 60 年一遇的干旱，导致云南农作物受灾严重。根据资料显示，2010 年云南全省受灾面积达到 295.72 万 hm^2，成灾面积 205.09 万 hm^2，绝收面积 88.17 万 hm^2。马铃薯受到极大影响，供给减少是马铃薯价格急剧上升的最主要原因。价格的上升引发了马铃薯的种植热潮，农民跟风种植导致下一年部分地区马铃薯出现滞销现象，使马铃薯价格又出现大的回落，出现"薯贱伤农"现象，导致薯农"小户怯场、大户退场"。随着热潮的降温，2012 年产量减少，又引发了马铃薯价格的新一轮热潮，2013 年出现了第二个价格的高峰。

第三阶段为 2014～2016 年，相较于第二阶段的波动幅度，价格波动较为平稳，且保持小幅上涨，由于生产成本的上升，整体的价格已经高于前几个阶段，基本不会低于 1.5 元/kg。

（二）季度波动特点

农作物都要根据季节来种植，季节因素是一个特殊的因素，它对价格的影响不受人为控制，因此我们可以看到农作物的价格随着季节的变化有所起伏，呈现出一个周期性的变化。为了测定季节因素是否对马铃薯价格有影响，将表 4-1 中批发价格进行整理分组。按照 1～3 月为第一个季度，取 3 个月的平均批发价格作为该季度的价格；同理 4～6 月为第二季度，7～9 月为第三季度，10～12 月为第四季度，同样的方法测算出每个季度的平均批发价格，汇总如表 4-2 所示。

表 4-2　云南马铃薯 2008～2016 年季度批发价格　　　　　（单位：元/kg）

年份	2008	2009	2010	2011	2012	2013	2014	2015	2016	平均数
第一季度	1.27	1.33	2.48	2.75	1.77	3.19	2.61	2.35	2.47	2.25
第二季度	1.41	1.42	2.79	2.38	1.83	2.77	2.02	2.19	2.63	2.27
第三季度	1.18	1.19	2.35	1.98	2.2	2.29	2.12	2.27	2.2	1.98
第四季度	1.13	1.37	2.73	1.73	2.07	2.36	2.07	2.43	2.73	2.07
平均数	1.25	1.33	2.59	2.21	1.97	2.65	2.21	2.34	2.56	2.14

数据来源：云南农业信息网整理得出

由表 4-2 可以清楚地看到，第一、第二季度马铃薯平均价格明显高于第三、第四季度，分别达到了 2.25 元/kg 和 2.27 元/kg，第三季度最低只有 1.98 元/kg。每年从第一季度开始价格逐渐下降，第三季度达到最低，之后再逐步回升，每年的价格呈现"V"形，长期来看价格的波动呈现出波浪形波动。

季节性波动的规律可以用季节系数来反映，季节系数大，则反映是旺季；反之，数值小，则反映是淡季。对季节系数的计算，可以通过两种方法：一种是月（季）平均法，不考虑长期趋势，通过原始的时间序列计算；另一种是趋势消除法，在原始时间序列中剔除长期趋势因素计算得出。本文选用第一种方法。

第一步，将数据进行分组，前文根据时间已将数据分为 4 个组别；第二步，计算同一组别的平均数；第三步，计算所有组别的平均数。利用公式：季节系数＝月（季）平均数/总平均数，得出：第一组季节系数＝2.25/2.14×100%＝105.14%；第二组季节系数＝2.27/2.14×100%＝106.07%；第三组季节系数＝1.98/2.14×100%＝92.52%；第四组季节系数＝2.07/2.14×100%＝96.73%。

从计算结果可以看出，季节系数值最高的是第二季度，最低的是第三季度。说明 4～6 月是云南马铃薯销售的旺季，7～9 月是马铃薯销售的淡季。4～6 月季节因素对马铃薯价格影响大，这段时期主要是云南冬马铃薯的上市供应时间。由于季节原因，云南冬马铃薯价格较高。进入 7～8 月，全国马铃薯大量上市，使得供给增加，云南马铃薯价格下降，季节因素对价格的影响不再那么明显。

（三）云南马铃薯价格波动情况

以云南实行马铃薯体系建设开始，2011～2015 年每 50kg 马铃薯的平均出售价格波动进行分析，结果如图 4-3 所示。

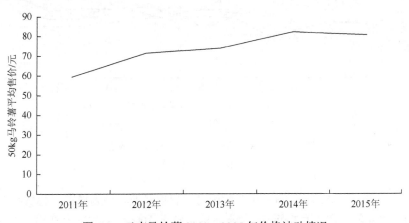

图 4-3　云南马铃薯 2011～2015 年价格波动情况

数据来源：《全国农产品成本收益资料汇编》

由图 4-3 可以看出，自从云南马铃薯体系建设以来，云南马铃薯价格波动较小，总的趋势是上扬的，价格较平稳。根据 2011～2015 年价格制作一张价格波动率的表格，利用价格波动率来分析价格波动幅度，如表 4-3 所示。

表 4-3　2011～2015 年云南马铃薯价格波动率

年份	价格/元	价格波动率/%
2011	59.55	0
2012	71.32	19.76
2013	73.85	3.55
2014	82.01	11.05
2015	80.6	−1.72

数据来源：根据《全国农产品成本收益资料汇编》整理所得

通过表 4-3 可以发现，2011～2015 年价格波动率较为平稳，以 2011 年为基期，2012 年价格相较于 2011 年上涨了 19.76%，2013 年增幅减缓，2014 年再次出现上涨幅度超过 10% 的情况，2015 年价格小幅下降。总结 2011～2015 年价格可发现，价格每产生一次较为剧烈的变动，下一年价格便会趋于稳定。2011 年至 2012 年价格出现了较大幅度增长，2012 年至 2013 年价格稳定；2013 年至 2014 年价格再次出现较大增长，2014 年至 2015 年价格再次稳定下来。

第三节　云南与全国马铃薯价格波动情况

一、全国马铃薯价格波动特点

2008～2015 年全国马铃薯价格走势如图 4-4 所示。

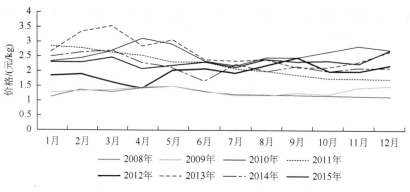

图 4-4　2008～2015 年全国马铃薯价格走势

数据来源：中国马铃薯网

由图 4-4 可知，2008 年和 2009 年的全国马铃薯价格波动较为稳定，起伏不大；2010 年价格相比于 2009 年，在 1 月接近 3 元/kg，相比较于 2009 年 12 月价格约上涨了 83.33%，波动非常剧烈；另外，这一年价格起伏剧烈，最高达到 3 元/kg，最低为 2.2 元/kg，相差约为 36.36%；2011 年 1 月价格相较于 2010 年又有明显上升，虽然这一年里价格较为平稳，但是总体趋势向下；2012 年 1 月市场价格相比于 2011 年有急剧下跌的趋势，跌幅达到 50% 以上，此外价格波动起伏大，最高为 3 元/kg，最低不到 1.5 元/kg；2013 年至 2014 年，价格波动都在 50% 以上，2015 年整体趋势回归平稳状态，整体趋势向上。

总体来看，全国马铃薯价格具有以下特点。

第一，2010 年是一个节点，2010 年全国马铃薯价格急剧上涨，此后马铃薯价格一直维持在较高水平，一直在高于 2008 年和 2009 年的价格水平上波动。2010 年马铃薯价格急剧上涨的原因是多方面的，通过资料显示可以发现：2010 年东北马铃薯种植面积减少，加上天气原因，使得东北马铃薯减产近 40%；另外，南方遭受自然灾害，导致南方生产的马铃薯受灾严重，这两方面原因使得全国马铃薯供应量减少，价格飙升。

第二，价格的高峰大多集中在 3 月，低谷大多为 9 月。这是因为冬季鲜薯供给较少，全国只有包括云南在内的少数几个地方可以生产鲜薯，在需求不变的情况下，供给的减少会使价格攀升；进入夏季，大量鲜薯的上市，使得供给增加，需求不变的情况下使得价格下跌，充分说明马铃薯价格的季节性变化，每年都会有季节性价格的波动。除了季节性价格波动外，马铃薯价格近几年同一季节的价格波动也很大，从图 4-4 中可以看出，每一年第一季度与上一年的价格波动都在 50% 以上。

第三，当上一年的价格较高时，下一年的价格必然会出现大幅下降。这是由短时间内改变供给导致的，高价格会使农户盲目扩大生产，生产扩大会带来下一年的高供给量，这对于需求弹性较小的马铃薯来说，来年价格下跌是必然的。价格的下跌又会使农户缩小生产规模，又使得来年供给减少，价格上升，如此陷入一个恶性循环之中，反映出我国马铃薯产业的不完善。

二、云南与全国马铃薯价格波动对比

将近几年全国与云南马铃薯价格在一年内的波动趋势进行对比，如图 4-5 所示，反映出全国与云南马铃薯价格在一年内波动的特点。

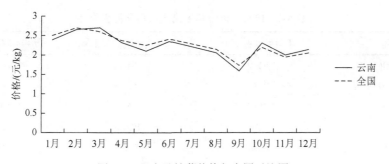

图 4-5　云南马铃薯价格与全国对比图

数据来源：中国商务信息网收集整理得出

云南马铃薯价格波动与全国马铃薯价格波动有相同之处：①整体上都是先升后降，再升，然后小幅度波动；②波峰都出现在 3 月，波谷大多在 9 月。但二者也有不同之处，由图 4-5 可以看出，前期云南马铃薯价格大多时候低于全国价格，价格优势并不明显，且后期随着山东等地马铃薯大量上市，云南马铃薯市场受到波及，马铃薯价格下降幅度较大；但是后期，随着北方鲜薯供应的减少，尤其是云南冬马铃薯上市，云南马铃薯价格不断上升，高于全国马铃薯价格。

第四节　影响云南马铃薯价格波动的因素分析

一、指标选择

根据微观经济学理论，影响价格波动的因素有很多，但根本原因是供求变动，所以影响供与求的因素经过传导最终会影响价格。此外，价格还会受到宏观经济环境的影响，因此在指标的选择上，主要从需求、供给和宏观经济环境这三个层面上进行分析。

（一）需求层面上影响马铃薯价格的因素

需求的变动影响马铃薯的价格，但是需求的变动又受很多因素的影响。例如，人口数量的变动、消费者的偏好、城镇居民的可支配收入及居民用于食品的支出等都会对需求产生影响，进而影响马铃薯价格。

1. 人口数量的变动

通常情况下，人口数量越多，对粮食的需求越大。随着生活条件的改善，云南人口死亡率越来越低，随之而来的问题是人口数量急剧增加。不断增加的人口给云南粮食安全保障带来了巨大的压力，云南每年都要从外部调运粮食且调运量连年增加，正是在此情况下，开始推行"马铃薯主粮化"战略。人口数量的增加必然会加大对粮食的需求，从而对价格产生影响。将人口因素分为城镇人口与农村人口，从表 4-4 中可以看出，云南历年农村、城镇人口与马铃薯价格的对比，其中人口数据来源于《云南省统计年鉴》，马铃薯价格根据《中国农产品成本收益资料汇编》及云南省商务厅和食品产业网的资料整理汇编得出。

表 4-4　1996～2015 年云南人口与马铃薯价格

年份	马铃薯价格/(元/t)	历年末城镇人口/万人	历年末农村人口/万人
1996	621.2	1857.4	2184.1
1997	792.1	1937.3	2156.7
1998	753.2	1951.7	2192.1
1999	821	1991.3	2201.1
2000	860.2	990.6	3250.2
2001	1010.2	1066	3221.4
2002	960.1	1127	3206.1
2003	1040.1	1163.9	3211.7
2004	1129.1	1240.7	3174.5
2005	993.3	1312.9	3137.5
2006	1147.5	1367.3	3115.7
2007	1188.3	1426.4	3087.6
2008	1404.1	1499.2	3143.8
2009	1581.6	1554.1	3016.9

续表

年份	马铃薯价格/(元/t)	历年末城镇人口/万人	历年末农村人口/万人
2010	2680.8	1601.8	2999.8
2011	1579.1	1704.2	2926.8
2012	1828.3	1831.5	2827.5
2013	2427.5	1831.1	2828.1
2014	2488.1	1967.1	2746.8
2015	2517.9	2054.6	2687.2

数据来源：《云南省统计年鉴》《中国农产品成本收益资料汇编》，以及云南省商务厅和食品产业网的资料整理得出

云南城镇人口从 1996 年的 1857.4 万人涨到 2015 年的 2054.6 万人，涨幅达到 10.62%，农村人口涨幅达到 23.03%，总人口共增长了 17.33%，与此同时，马铃薯价格由 621.2 元/t 涨到 2517.9 元/t，价格更是上涨了 305.33%，很好地说明了人口增长与价格增长的同向变动关系，人口的增长对推动马铃薯价格的上涨有很好的促进作用。

2. 消费者的偏好

消费者的偏好反映了消费者对一种商品的喜爱程度，偏好增强，必然会带来需求的上涨，在供给一定的情况下导致价格上涨；云南近年大力推行"马铃薯主粮化"战略，是基于马铃薯在云南是深受喜欢的一种食品，不仅包括鲜薯的食用，还包括薯片、薯条等附加产品。从路边的油炸马铃薯这种食品较受大家欢迎可以看出，消费者对于马铃薯偏好是较强的。

3. 居民用于食品的支出

随着经济水平的提高，居民的人均可支配收入也在不断提高，居民的消费水平也随着提高。食物的消费支出是居民的必要支出，所占比例高，说明居民用于食物支出的变化会对马铃薯价格产生影响。

表 4-5　1996～2015 年云南居民用于食品的支出

年份	农村年人均用于食品的支出/元	城镇年人均用于食品的支出/元
1996	743.33	1971.54
1997	818.51	2109.53
1998	801.99	2222.58
1999	815.67	2194.25
2000	749.22	2091.70
2001	811.71	2105.66
2002	772.61	2423.43
2003	744.58	2506.62
2004	847.24	2895.60
2005	975.72	2997.06
2006	1071.10	3102.46

年份	农村年人均用于食品的支出/元	城镇年人均用于食品的支出/元
2007	1226.70	3562.33
2008	1483.20	4272.29
2009	1410.00	4460.58
2010	1604.00	4593.49
2011	1884.00	4802.26
2012	2080.60	5468.17
2013	2092.10	5450.26
2014	2145.90	4987.40
2015	2486.70	5346.40

数据来源：《中国统计年鉴》

由表 4-5 可以看出，无论是城镇居民还是农村居民，直接用于食品的支出在绝对数值上是越来越大的，其中一个重要原因就是食品价格的上涨，当然，这其中也包括马铃薯价格的上涨。

（二）供给层面上影响马铃薯价格的因素

供给层面上影响马铃薯价格的因素众多，主要分为三大类：供给量、生产成本与自然灾害。

1. 供给量

马铃薯的供给量主要受两个方面影响：一是产量，二是播种面积。播种面积越大，产量越高，马铃薯的供给越多。一般情况下，需求一定，供给增加会导致价格下跌，供给减少会使价格上涨。根据蛛网理论，当期产量会影响当期马铃薯的价格，而当期马铃薯的价格又会影响下期马铃薯的产量，对于供给量对马铃薯价格的影响，我们可以通过历年马铃薯的产量与价格进行分析（表 4-6）。

表 4-6　1996～2015 年云南马铃薯价格、种植面积与产量

年份	马铃薯价格/(元/t)	种植面积/万亩	产量/万 t
1996	621.2	339.60	325.5
1997	792.1	344.85	324.5
1998	753.2	378.90	346.0
1999	821.0	419.25	388.5
2000	860.2	475.35	536.5
2001	1010.2	568.05	593.0
2002	960.1	522.15	607.0
2003	1040.1	629.70	697.0
2004	1129.1	666.75	774.0

年份	马铃薯价格/(元/t)	种植面积/万亩	产量/万t
2005	993.3	748.05	789.5
2006	1147.5	622.05	661.5
2007	1188.3	665.10	685.0
2008	1404.1	699.30	722.0
2009	1581.6	741.18	758.8
2010	2680.8	739.65	764.5
2011	1579.1	744.57	797.4
2012	1828.3	775.10	875.0
2013	2427.5	795.15	972.5
2014	2488.1	846.00	861.0
2015	2517.9	837.15	852.3

数据来源：中国种植业信息网

从表 4-6 中可以看出，供给量的增加并不一定使马铃薯的价格降低。首先，由于云南马铃薯产量仅仅是全国马铃薯产量中的一部分，它对价格的影响还受全国马铃薯产量的影响；其次，云南马铃薯并不仅仅满足于本省需要，同时也大量对国内外销售；最后，人均粮食消费量的增加也给粮食带来压力。这些原因共同作用使云南马铃薯出现了虽然产量增加，但价格却不降低的现象。

2. 生产成本

生产成本影响供给，在价格一定的情况下，生产成本越高，生产者愿意提供的数量越少，供给减少必然会推动价格的上涨。生产成本包括众多因素，如种薯的价格、化肥的价格、农药的价格、农膜的价格、人工成本、机械租赁成本等，每一个因素的变动都会影响生产成本，进而对马铃薯的价格产生影响。为了便于分析，我们选用农用生产资料价格总指数来反映生产成本与马铃薯价格之间的关系（表 4-7）。

表 4-7　1996～2015 年云南农用生产资料价格总指数

年份	马铃薯价格/(元/t)	农用生产资料价格总指数
1996	621.2	113.3
1997	792.1	102.4
1998	753.2	96.5
1999	821.0	98.7
2000	860.2	98.9
2001	1010.2	96.6
2002	960.1	100.4
2003	1040.1	101.9
2004	1129.1	106.3
2005	993.3	105.9

续表

年份	马铃薯价格/(元/t)	农用生产资料价格总指数
2006	1147.5	102.8
2007	1188.3	107.0
2008	1404.1	116.6
2009	1581.6	99.3
2010	2680.8	101.4
2011	1579.1	108.3
2012	1828.3	104.6
2013	2427.5	105.8
2014	2488.1	98.4
2015	2517.9	101.1

数据来源：《中国统计年鉴》

农用生产资料价格总指数反映了农业生产中物质资料投入的价格变动情况,选用农业生产资料价格总指数可以反映生产资料投入的价格变动与马铃薯价格变动的关系,计算时都是假设上一年农业生产资料价格总指数为100。

3. 自然灾害

云南马铃薯种植受自然灾害的影响较为严重,尤以旱灾的影响最为显著。2010 年云南遭遇了 60 年一遇的干旱,给马铃薯产业带来了巨大的打击,因此自然灾害对马铃薯价格的影响不容忽视。从表 4-8 中可以发现,云南是一个受自然灾害影响较大的省份,每年受灾的马铃薯面积都有 1000 多万亩,受灾面积越大的年份马铃薯价格越高。例如,2010 年受灾面积达到 4822.5 万亩,而当年的马铃薯价格也达到历史最高,为 2680.8 元/t。

表 4-8　1996～2015 年云南马铃薯受灾面积

年份	马铃薯价格/(元/t)	马铃薯受灾面积/万亩
1996	621.2	223.70
1997	792.1	273.00
1998	753.2	170.70
1999	821.0	210.81
2000	860.2	141.15
2001	1010.2	170.55
2002	960.1	216.90
2003	1040.1	223.95
2004	1129.1	156.33
2005	993.3	387.78
2006	1147.5	230.24
2007	1188.3	206.39
2008	1404.1	196.80

年份	马铃薯价格/(元/t)	马铃薯受灾面积/万亩
2009	1581.6	248.15
2010	2680.8	482.25
2011	1579.1	298.40
2012	1828.3	236.75
2013	2427.5	184.67
2014	2488.1	132.30
2015	2517.9	154.20

数据来源：中国种植业信息网

（三）宏观经济环境层面上影响马铃薯价格的因素

宏观经济环境对价格的影响较大，马铃薯的价格同样也受到宏观经济的影响，当商品价格普遍上涨时，马铃薯价格也不可避免地上涨；当商品价格下跌时，也会导致马铃薯价格下跌。

由于《中国统计年鉴》将马铃薯归于粮食一类，因此本文选用粮食价格指数来描述马铃薯价格的波动。粮食价格指数反映了不同时期粮食价格的变化情况，当粮食价格指数普遍增加时，作为粮食中一类的马铃薯的价格必然也会增加，表 4-9 反映了我国 1996～2015 年各年粮食价格指数与马铃薯价格的关系。

表 4-9　1996～2015 年全国粮食价格指数

年份	马铃薯价格/(元/t)	粮食价格指数
1996	621.2	106.5
1997	792.1	91.1
1998	753.2	96.9
1999	821	96.9
2000	860.2	88.6
2001	1010.2	99.3
2002	960.1	98.3
2003	1040.1	102.3
2004	1129.1	126.4
2005	993.3	101.4
2006	1147.5	102.7
2007	1188.3	106.3
2008	1404.1	107
2009	1581.6	105.6
2010	2680.8	111.8
2011	1579.1	112.2

续表

年份	马铃薯价格/(元/t)	粮食价格指数
2012	1828.3	104
2013	2427.5	104.6
2014	2488.1	103.1
2015	2517.9	102

数据来源：《中国统计年鉴》

　　将表 4-9 中数据绘制成折线图（图 4-6），可以发现，粮食价格指数总体趋势是上扬的，随着粮食价格指数增加，马铃薯的价格也在不断增加，二者总体上呈同向变动。

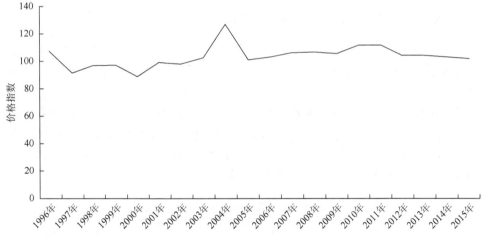

图 4-6　1996～2015 年全国粮食价格指数

二、实证分析

（一）模型运算

　　将以上数据进行汇总，为了测算出各个变量对马铃薯价格变动影响的程度，本文采用多元线性回归方法。根据多元线性回归分析，构建了如下马铃薯价格模型。

$$Y = AX_1 + BX_2 + CX_3 + DX_4 + EX_5 + FX_6 + GX_7 + HX_8$$

式中，Y 是被解释变量马铃薯价格；解释变量 X_1 是农用生产资料价格总指数；X_2 是马铃薯的产量；X_3 是城镇居民人口；X_4 是农村居民人口；X_5 是农村年人均用于食品的支出；X_6 是城镇年人均用于食品的支出；X_7 是每年的受灾面积；X_8 是粮食价格指数；A～H 分别是解释变量 X_1～X_8 的系数。运用 SPSS 软件对汇总的数据进行回归分析（表 4-10）。

　　运算之后得到调整前的 R^2 等于 0.945，说明引起马铃薯价格波动的因素中 94.5%可以由上述因素解释，为了减少样本数量对结果的影响，使用调整后的 $R^2 = 0.814$，说明模型的拟合程度较好。

　　分析之后得到各个因素对价格影响的标准系数，进而得到云南马铃薯价格波动的函数表达式，具体如下。

表4-10 马铃薯价格影响因素汇总表

年份	马铃薯价格/(元/t)	农用生产资料价格总指数	产量/万t	历年末城镇人口/万人	历年末农村人口/万人	农村年人均用于食品的支出/元	城镇年人均用于食品的支出/元	马铃薯受灾面积（万亩）	粮食价格指数
1996	621.2	113.3	65.1	1857.4	2184.1	743.33	1971.54	2237	106.5
1997	792.1	102.4	64.9	1937.3	2156.7	818.51	2109.53	2730	91.1
1998	753.2	96.5	69.2	1951.7	2192.1	801.99	2222.58	1707	96.9
1999	821.0	98.7	77.7	1991.3	2201.1	815.67	2194.25	2108.1	96.9
2000	860.2	98.9	107.3	990.6	3250.2	749.22	2091.7	1411.5	88.6
2001	1010.2	96.6	118.6	1066	3221.4	811.71	2105.66	1705.5	99.3
2002	960.1	100.4	121.4	1127	3206.1	772.61	2423.43	2169	98.3
2003	1040.1	101.9	139.4	1163.9	3211.7	744.58	2506.62	2239.5	102.3
2004	1129.1	106.3	154.8	1240.7	3174.5	847.24	2895.6	1563.3	126.4
2005	993.3	105.9	157.9	1312.9	3137.5	975.72	2997.06	3877.8	101.4
2006	1147.5	102.8	132.3	1367.3	3115.7	1071.1	3102.46	2302.4	102.7
2007	1188.3	107.0	137.0	1426.4	3087.6	1226.7	3562.33	2063.9	106.3
2008	1404.1	116.6	144.4	1499.2	3143.8	1483.2	4272.29	1968.0	107.0
2009	1581.6	99.3	151.76	1554.1	3016.9	1410.0	4460.58	2481.5	105.6
2010	2680.8	101.4	152.9	1601.8	2999.8	1604.0	4593.49	4822.5	111.8
2011	1579.1	108.3	159.47	1704.2	2926.8	1884.0	4802.26	2984	112.2
2012	1828.3	104.6	175.0	1831.5	2827.5	2080.6	5468.17	2367.5	104.0
2013	2427.5	105.8	184.32	1831.1	2828.1	2092.1	5450.26	1846.7	104.6
2014	2488.1	98.4	172.2	1967.1	2746.8	2145.9	4987.4	1323.0	103.1
2015	2517.9	101.1	170.46	2054.6	2687.2	2486.7	5346.4	1542.0	102.0

模型	R	R^2	调整 R^2
1	0.945a	0.892	0.814

$$Y = -0.253X_1 - 0.083X_2 - 0.098X_3 + 0.038X_4 + 0.947X_5 + 0.049X_6 + 0.166X_7 + 0.174X_8$$

（二）结果分析

（1）农用生产资料价格变动与马铃薯价格变动的关系

可以看出，农用生产资料价格增加1%，则马铃薯价格下降25.3%；主要是因为虽然投入成本增加，但是也带来了马铃薯产量的提高。根据调查，云南马铃薯大部分为中低产田，高产的试验田只占很少一部分。而在种植方式上，农户主要采用粗放的管理方式，这说明云南马铃薯生产过程中的投入远远不够，尤其在种薯投入方面比较显著。

（2）产量与马铃薯价格变动的关系

产量每增加1%，马铃薯价格下跌8.3%，这说明了供求的基本定理，当供给增加时会使云南马铃薯价格下跌。可以看出价格对产量变动反应比较敏感，这是因为受耕地和马铃薯生长的自然规律约束，农产品供给弹性小，价格的变动不会引起供给量剧烈变动；但是供给的变动会产生一个"放大效应"，供给的一个小幅度变化便会使价格发生剧烈改变。

（3）人口数量变化对马铃薯价格的影响

可以看出不同的人口数量对马铃薯价格的影响不同，城镇人口每增加 1%，马铃薯价格会下降 9.8%，而农村人口每增加 1%，马铃薯价格会上升 3.8%，说明人口的数量对价格的影响显著。城镇居民更多的是将马铃薯作为蔬菜食用，或者更多的是消费马铃薯的深加工产品，如薯片、薯条等，并不是将其作为主食，这就导致城镇居民消费马铃薯数量较少。而且由于蔬菜供应充足，马铃薯替代品较多，选择余地较大，需求弹性较大。在云南农村地区马铃薯消费较多，因为农村地区蔬菜供应较少并且马铃薯便于储藏，农村居民有食用马铃薯的习惯。这也与实地调研结果相吻合，农村居民马铃薯消费量普遍高于城镇居民。

（4）农村居民用于食品的支出与马铃薯价格变动的关系

农村居民直接用于食品的支出每增加 1%，马铃薯价格上升 94.7%。说明在云南，马铃薯是农民的主要粮食之一，在日常生活中占据着重要作用，尤其在以马铃薯为主食的地区，昭通地区更是如此，马铃薯的价格对提高农民收入具有重要意义。

（5）城镇居民用于食品的支出与马铃薯价格变动的关系

相比于农村居民，城镇居民用于食品的支出对马铃薯价格的影响要小得多，城镇居民每增加 1%的支出，会导致马铃薯价格上升 4.9%。因为城镇居民更多的将马铃薯作为蔬菜食用，替代品较多，可供选择的产品较多，马铃薯并不是城镇居民的主粮。

（6）自然灾害与马铃薯价格变动的关系

受灾面积每上升 1%，马铃薯价格就会上升 16.6%。云南是一个受自然灾害影响比较大的省份，尤其是旱灾对马铃薯危害最大，2010 年云南遭遇旱灾，使马铃薯价格达到历年最高，为 2680.8 元/t，可见自然灾害对马铃薯价格的影响之大。

（7）粮食价格指数与马铃薯价格变动的关系

粮食价格指数每上升 1%，会导致马铃薯价格上升 17.4%。说明当粮食价格普遍升高时，马铃薯价格也会随之升高。

第五节　马铃薯成本构成分析

价格是以生产成本为基础的，围绕着生产成本上下波动。当价格高于生产成本时会使农民获取利润，弥补生产成本的同时扩大再生产；当价格低于生产成本时，会损害农民利益，种植户便会缩小生产规模。所以研究生产成本对价格的影响具有重要意义。生产成本由众多因素构成，本节重点研究在构成生产成本的众多因素中，哪一个因素对生产成本的影响最大，从而提出降低生产成本的对策。

一、方法选择

因素分析法是利用统计指数体系分析现象总变动中各个因素影响程度的一种统计分

析方法，马铃薯的生产成本包括很多，如种薯、化肥、土地成本等，所以本节采用因素分析法将很多因素简化为几个反映事物本质特征的因素。从投入方面对影响价格的因素进行层层分解，测定各个因素的变动对成本变动的贡献。

二、实证分析

由于云南马铃薯产业起步较晚，2011 年之前马铃薯生产成本并没有细分，所以本节选取 2011～2015 年马铃薯生产成本进行分析，所有数据均来源于《全国农产品成本收益资料汇编》。

首先从大的因素进行分解，马铃薯的总成本主要由两方面构成：一方面是生产成本，另一方面是土地成本，即总成本 = 生产成本 + 土地成本（表 4-11）。

表 4-11　马铃薯总成本构成表

年份	每亩总成本/元	每亩生产成本/元	每亩土地成本/元
2011	1345.91	1228.38	117.53
2012	1730.16	1582.89	147.27
2013	1844.47	1671.92	172.55
2014	2015.26	1762.24	253.02
2015	1918.19	1720.15	198.04

数据来源：《全国农产品成本收益资料汇编》整理得出

由表 4-11 可以看出，2011～2015 年土地成本与生产成本的上升，不断将总成本曲线往上拉动。用因素替代法进行第一次分析，以 2011 年为最开始的基期，用其下每一年对比上一年分析每个因素变动对整个变动率的贡献。建立模型：$Y = A + B$，首先对 2012 年总成本进行分析。

2012 年相比于 2011 年，总成本上升了 384.25 元，测定各个因素对总变动率的贡献。2011 年为基期：$Y_0 = A_0 + B_0$，其中 A_0 代表基期每亩生产成本，B_0 代表基期每亩土地成本，Y_0 表示基期每亩总成本。具体步骤如下。

$$基期：1345.91 = 1228.38 + 117.53（元）\qquad(4\text{-}1)$$

$$第一次替代，替换每亩生产成本：1582.89 + 117.53 = 1700.42（元）\qquad(4\text{-}2)$$

式（4-1）–式（4-2）= 1700.42–1345.91 = 354.51（元），说明生产成本的上升使总成本上升了 354.51 元。

$$第二次替代，替换每亩土地成本：1582.89 + 147.27 = 1730.16（元）\qquad(4\text{-}3)$$

式（4-3）–式（4-2）= 1730.16–1700.42 = 29.74（元），说明每亩土地成本的上升使每亩总成本上升 29.74 元。可以看出，2012 年总成本的上升主要是由生产成本上升所导致的。

用同样方法计算 2013 年生产成本与土地成本对总成本的影响时，以 2012 年为基期；计算汇总 2011～2015 年生产成本与土地成本对总成本的影响（表 4-12）。

表 4-12　总成本增加构成表

年份	每亩总成本增加/元	每亩生产成本增加/元	每亩土地成本增加/元
2011	0	0	0
2012	384.25	354.51	29.74
2013	114.31	89.03	25.28
2014	170.79	90.32	80.47
2015	−97.07	−42.09	−54.98

　　总成本增加较快时，生产成本增加比土地成本增加幅度大，但是当成本下降或增长幅度放缓时，土地成本比生产成本反应剧烈。

　　产生这种现象主要是因为：生产要素相较于土地成本具有稳定性，当价格下降时，对生产规模进行调整，每亩需要的生产要素在短时间内无法改变，属于不可变成本，而土地可以及时进行调整，属于可变成本，所以当价格下降时，农户可以削减生产规模而没有去调整生产要素的配置；价格上升时，由于土地资源的有限性，为了获取更多利益，对每亩马铃薯投入较多的资源，使得生产成本增长较快。再纵向比较，分析各个成本每年的波动率（表 4-13）。

表 4-13　2011～2015 年各成本的波动率

年份	每亩总成本/元	每亩总成本增长率/%	每亩生产成本/元	每亩生产成本增长率/%	每亩土地成本/元	每亩土地成本增长率/%
2011	1345.91	0	1228.38	0	117.53	0
2012	1730.16	28.55	1582.89	28.86	147.27	25.30
2013	1844.47	6.61	1671.92	5.62	172.55	17.17
2014	2015.26	9.26	1762.24	5.40	253.02	46.64
2015	1918.19	−4.82	1720.15	−2.39	198.04	−21.73

数据来源：《全国农产品成本收益资料汇编》整理得出

　　以 2011 年为基期，3 个成本都在 2012 年出现了较大的波动，随后增长速度放缓，并且都在 2015 年出现了负增长，三者的整体趋势是一致的。当生产成本与土地成本都增加时，总成本增加；当二者都减少时，总成本下降。相较于生产成本来说，土地成本波动剧烈，反映出调节生产时，首先调节的是生产规模。

　　再对因素进行第二层次分解，即对生产成本进行分解。生产成本主要分为两部分：一部分为物质与服务费用，另一部分为人工成本；物质与服务费用主要是指投入的生产资料，人工成本主要为生产过程中耗费的劳动力成本（表 4-14）。

表 4-14　生产成本构成表

年份	每亩生产成本/元	每亩物质与服务费用/元	每亩人工成本/元
2011	1228.38	575.1	653.28
2012	1582.89	674.92	907.97
2013	1671.92	706.9	965.02
2014	1762.24	703.06	1059.18
2015	1720.15	613.23	1106.92

数据来源：《全国农产品成本收益资料汇编》整理得出

由表 4-14 可以看出，物质与服务费用呈现先增加再减少的趋势，而人工成本则一直是缓慢上升的趋势。当人工成本增加幅度大于物质与服务费用增加幅度时，抬升了生产成本。同样再纵向比较两个成本的增长率，计算增长率如表 4-15 所示。

表 4-15　各成本增长率

年份	每亩生产成本/元	每亩生产成本增长率/%	每亩物质与服务费用/元	每亩物质与服务费用增长率/%	每亩人工成本/元	每亩人工成本增长率/%
2011	1228.38	0	575.1	0	653.28	0
2012	1582.89	28.86	674.92	17.36	907.97	38.99
2013	1671.92	5.62	706.9	4.74	965.02	6.28
2014	1762.24	5.40	703.06	−0.54	1059.18	9.76
2015	1720.15	−2.39	613.23	−12.78	1106.92	4.51

数据来源：《全国农产品成本收益资料汇编》整理得出

通过取算术平均值计算得出，每亩生产成本平均增长率为 9.37%，每亩物质与服务费用增长率为 2.20%，每亩人工成本平均增长率为 14.89%。从中可以看出，经过 2012 年的大幅增长后，三者的增长率都有所放缓，说明生产要素的投入逐步稳定下来。人工成本的平均增长率远远高于物质与服务费用增长率，且一直为正，说明人工成本是不断增加的。生产成本和物质与服务费用都出现了负增长，表明生产成本和物质与服务费用都出现了下降。同理运用因素分解法，测定出每年生产成本变动中，物质与服务费用和人工成本所产生的影响（表 4-16）。

表 4-16　各成本增加表

年份	每亩生产成本增加/元	每亩物质与服务费用增加/元	每亩人工成本增加/元
2011	0	0	0
2012	354.51	99.82	254.69
2013	89.03	31.98	57.05
2014	90.32	−3.84	94.16
2015	−42.09	−89.83	47.74

数据来源：《全国农产品成本收益资料汇编》整理得出

2012 年生产成本增加了 354.51 元/亩，是由物质与服务费用增加了 99.82 元/亩，人工成本增加了 254.69 元/亩所引起。以此类推，到了 2014 年虽然物质与服务费用相比上一年下降了，出现了负增长，但是人工成本的增加依然使生产成本上升。2015 年物质与服务费用下降幅度大于人工成本上升幅度，促使生产成本下降。可以看出，生产成本受到物质与服务费用和人工成本变动的影响。

接着进行最后一次分解，将物质与服务费用和人工成本分解成具体的各个因素。将物质与服务费用分解为直接费用与间接费用，直接费用是指所有直接投入生产的生产资料；间接费用是指虽然没有直接投入生产，但是为了保障生产的进行而产生的一些费用。

从表 4-17 中可以看出，每亩的直接费用虽然在数额上是不断增长的，但是所占的比例是不断下降的，而间接费用的比例不断上升。说明云南马铃薯产业的种植投入比较合理，不必要的间接费用投入较少，但是不断上升的间接费用的比例也显示出产业还有不合理之处，需要进行调整。

表 4-17　物质与服务费用构成表

年份	每亩物质与服务费用/元	每亩直接费用/元	每亩直接费用所占比例/%	每亩间接费用/元	每亩间接费用所占比例/%
2011	575.10	570.05	99.12	5.05	0.88
2012	674.92	668.00	98.97	6.92	1.03
2013	706.90	697.68	98.70	9.22	1.30
2014	703.06	693.12	98.59	9.94	1.41
2015	613.23	602.76	98.29	10.47	1.71

数据来源：《全国农产品成本收益资料汇编》整理得出

具体内容方面，直接费用主要包括种子费用、化肥费用、农家肥费用、农药费用和其他一些直接生产的费用，如表 4-18 所示，各费用占比如表 4-19 所示。

表 4-18　直接费用构成表

年份	直接费用/元	种子费用/元	化肥费用/元	农家肥费用/元	农药费用/元	租赁作业费用/元	其他/元
2011	570.05	238.63	150.74	70.02	17.82	84.71	8.13
2012	668.00	240.60	190.92	129.35	9.46	88.03	9.64
2013	697.68	273.54	191.84	121.47	2.87	97.93	10.03
2014	693.12	283.47	180.77	122.60	3.53	93.06	9.69
2015	602.76	263.61	149.93	71.31	4.92	102.59	10.40

数据来源：《全国农产品成本收益资料汇编》整理得出

表 4-19　各直接费用占比表

年份	直接费用比例/%	种子费用比例/%	化肥费用比例/%	农家肥费用比例/%	农药费用比例/%	租赁作业费用比例/%	其他比例/%
2011	100	41.86	26.44	12.28	3.13	14.86	1.43
2012	100	36.02	28.58	19.36	1.42	13.18	1.44
2013	100	39.21	27.50	17.41	0.41	14.04	1.43
2014	100	40.90	26.08	17.69	0.51	13.43	1.39
2015	100	43.73	24.87	11.83	0.82	17.02	1.73

数据来源：《全国农产品成本收益资料汇编》整理得出

由表 4-19 可以看出，种薯一直是马铃薯物质生产资料中占比最大的一部分，保持在 40%左右，之后比例越来越高；化肥的占比排在第二位，接近 30%，近几年占比呈现下降趋势；种薯与化肥的成本占据直接生产成本的一半以上，种薯与化肥的价格变动对生产成本有很大影响。

其次是租赁作业费用，占直接费用的 14%左右；租赁作业费用主要由 3 部分构成，分别是机械作业费用、排灌费用和畜力费用，如表 4-20 所示，各费用所占比例如表 4-21 所示。

表 4-20　租赁作业费用构成表

年份	每亩租赁作业费用/元	每亩机械作业费用/元	每亩排灌费用/元	每亩畜力费用/元
2011	84.71	14.89	4.74	65.08
2012	88.03	13.21	5.65	69.17
2013	97.93	19.52	8.53	69.88
2014	93.06	15.97	8.43	68.66
2015	102.59	18.78	8.81	75.00

数据来源：《全国农产品成本收益资料汇编》整理得出

表 4-21　各租赁作业费用占比表

年份	每亩租赁作业费用比例/%	每亩机械作业费用比例/%	每亩排灌费用比例/%	每亩畜力费用比例/%
2011	100	17.58	5.59	76.83
2012	100	15.01	6.41	78.58
2013	100	19.93	8.71	71.36
2014	100	17.16	9.06	73.78
2015	100	18.31	8.58	73.11

数据来源：《全国农产品成本收益资料汇编》整理得出

但是，通过表 4-21 可以发现，在云南马铃薯的租赁作业费用的构成中，畜力费用占了绝大比例，约为 70%，且在绝对数额上是不断增长的，而机械作业费用只占有不到 20%的份额。这是由于云南马铃薯种植多以散户为主，土地分散不能连片种植，再加上马铃薯多种植于坡地，地形因素使得多以畜力耕作进行生产而不是使用更加现代化的农业机械，这也是导致马铃薯种植效率低下和人工成本居高不下的原因。

农药费用占直接费用比例最低，不到 1%，其他的一些直接生产费用比例稳定，在 1.5%左右徘徊。

分析完生产成本的第一个方面物质与服务费用之后，再对生产成本的第二个方面人工成本进行分解。在人工成本方面，人工成本由家庭用工和雇工费用构成。家庭用工主要针对种植散户，而雇工费用主要针对种植大户（表 4-22），各费用占比见表 4-23。

表 4-22　人工成本构成表

年份	每亩人工成本/元	每亩家庭用工折价/元	每亩雇工费用/元
2011	653.28	634.04	19.24
2012	907.97	871.92	36.05
2013	965.02	923.17	41.85
2014	1059.18	1026.27	32.91
2015	1106.92	1076.09	30.83

数据来源：《全国农产品成本收益资料汇编》整理得出

表 4-23　各人工成本费用占比表

年份	每亩人工成本比例/%	每亩家庭用工折价比例/%	每亩雇工费用比例/%
2011	100	97.05	2.95
2012	100	96.03	3.97
2013	100	95.66	4.34
2014	100	96.89	3.11
2015	100	97.21	2.79

数据来源:《全国农产品成本收益资料汇编》整理得出

　　表 4-22 与表 4-23 反映出在人工成本比例中,无论在绝对数额上还是在比例上,家庭用工折价都是不断上升的,比例都在 95%以上,充分印证了云南马铃薯种植是以散户为主,而没有形成规模种植这个观点。随着经济水平的提升,人工成本必然会不断增加,用机械代替人工是提高经济效益的有效措施。雇工费用主要针对马铃薯种植大户,在生产的某些阶段劳动力不足时,对外雇佣劳动力进行种植。

　　家庭用工折价主要包括两类:一类是家庭用工天数,另一类是劳动日工价。二者之间的关系为:家庭用工折价 = 家庭用工天数×劳动日工价,由于尾数的关系,对表 4-24 中家庭用工折价进行了适度调整,使因变量等于自变量乘积。

表 4-24　家庭用工折价构成表

年份	每亩家庭用工折价/元	每亩家庭用工天数/天	每亩劳动日工价/元
2011	634.00	15.85	40.0
2012	871.92	15.57	56.0
2013	923.44	13.58	68.0
2014	1025.98	13.79	74.4
2015	1076.40	13.80	78.0

数据来源:《全国农产品成本收益资料汇编》整理得出

　　利用因素分析法,分析家庭用工天数和劳动日工价对家庭用工折价的影响。用因素替代法建立模型: $Y = A \times B$ 进行分析;A 代表家庭用工天数,B 代表劳动日工价,仍然以 2011 年作为最开始的第一期,计算结果如表 4-25 所示。

表 4-25　家庭用工折价增加构成表

年份	每亩家庭用工折价增加/元	每亩家庭用工天数增加/天	每亩劳动日工价增加/元
2011	0	0	0
2012	237.92	−11.20	249.12
2013	51.52	−111.44	162.96
2014	102.54	14.28	88.26
2015	50.42	0.74	49.68

数据来源:《全国农产品成本收益资料汇编》整理得出

以 2012 年为例，家庭用工天数的减少使家庭用工成本下降了 11.20 元，但是劳动力日工价的上升却使家庭用工成本上涨了 249.12 元，综合起来使家庭用工折价比上一年增加了 237.92 元。得益于家庭用工天数与劳动力日工价的稳定，家庭用工成本数额增加缓慢。

采用同样方式分析雇工费用，由于就业方式的增多和农村劳动力的流失，当遇到劳动力不足时，雇佣劳动力成为解决劳动力不足的直接途径，雇工费用也成为影响人工成本进而影响马铃薯价格的一个重要因素。模仿对家庭用工折价的处理方法，同样对尾数进行处理，结果如表 4-26 所示。

表 4-26　雇工费用构成表

年份	每亩雇工费用/元	每亩雇工天数/天	每亩雇工工价/元
2011	19.36	0.49	39.5
2012	35.82	0.46	77.86
2013	41.95	0.44	95.34
2014	32.62	0.33	98.84
2015	30.51	0.38	80.29

数据来源：《全国农产品成本收益资料汇编》整理得出

对于种植大户，由于规模种植的优势，可以使用机械进行生产，因此雇工天数总体是下降的。由于就业机会的增多，劳动力可以做出多种选择，促使雇工工价总体是上扬的，并在 2014 年达到最高。

综上所述，物质与服务费用和人工成本影响生产成本，并通过生产成本影响总成本，最终作用于马铃薯的价格。

总成本包括生产成本和土地成本，上面分析了生产成本，下面分析总成本的第二个方面，即土地成本。土地成本也是影响总成本的重要因素之一，并通过影响总成本进而影响马铃薯的价格，表 4-27 显示了土地成本的构成内容。

表 4-27　土地成本构成表

年份	每亩土地成本/元	每亩自营地折租/元	每亩流转地租金/元
2011	117.53	115.7	1.83
2012	147.27	144.55	2.72
2013	253.34	207.69	45.65
2014	253.02	247.17	5.85
2015	198.04	193.89	4.15

数据来源：《全国农产品成本收益资料汇编》整理得出

土地成本中主要部分是自营地成本，即自己进行种植。流转地租金成本较低，但是在 2013 年出现了一个跨越式的增长，这是因为 2013 年马铃薯价格出现了一个最大峰值，达到 3.5 元/kg，净利润达到 475.29 元/亩。高额的利润促使农民扩大生产规模，如此便使土地流转租金上涨。

分析完影响总成本的各个因素后,再将所有因素综合在一起,在共同作用下计算其各自对总成本的影响。将所有因素进行汇总,测定在总成本的变动中,每个因素贡献了多少。由于因素太多,在用因素分析法时将一些数额较小的因素进行汇总,公式如下。

总成本 = 生产成本 + 土地成本

　　　　= 物质与服务费用 + 人工成本 + 土地成本

　　　　= 直接费用 + 间接费用 + 人工成本 + 土地成本

　　　　= 种子费用 + 化肥、农药费用 + 租赁作业费用 + 其他直接、间接费用 + 家庭用工天数 × 劳动日工价 + 雇工费用 + 土地成本

再以 2011 年为第一期,每一期都以上一期为基期进行比较。现建立最终模型如下。

$$Y = X_1 + X_2 + X_3 + X_4 + X_5 \times X_6 + X_7 + X_8$$

式中,Y 为被解释变量,表示平均每亩总成本;X 为解释变量,因变量,其中 X_1 表示每亩马铃薯所需种薯的价格;X_2 是一个加总变量,是化肥、农肥、农药、农膜 4 个变量的和;X_3 表示租赁作业费用;X_4 表示生产过程中其他一些直接或间接生产费用;X_5 表示家庭用工天数,X_6 表示劳动日工价,二者的乘积为家庭用工折价;X_7 表示雇工费用;X_8 表示土地成本。

用因素分析法进行实证分析:以 2011 年为基期,2012 年为报告期;用报告期每亩总成本先减去基期每亩总成本:1730.16–1345.91 = 384.25(元),说明 2012 年比 2011 年平均总成本上升了 384.25 元,分析成本上升背后各个生产要素变动的影响。

先替换变量 X_1,其他变量以基期数值计算,保持不变得到式(4-4):

$$240.60 + 238.58 + 84.71 + 13.18 + 15.85 \times 40 + 19.24 + 117.53 \qquad (4\text{-}4)$$

用式(4-4)–式(4-1)得到结果 1.97 元;说明成本上涨的 384.25 元中,种薯价格的上涨贡献了 1.97 元。

再将式(4-4)中变量 X_2 替换成报告期数据,其他变量仍保持不变,得到式(4-5):

$$240.60 + 329.73 + 84.71 + 13.18 + 15.85 \times 40 + 19.24 + 117.53 \qquad (4\text{-}5)$$

式(4-5)–式(4-4)得到结果 91.15 元,说明化肥、农肥、农药等生产要素的上涨,使成本上升了 91.15 元。

再将式(4-5)中变量 X_3 换为报告期数据,其余保持式(4-5)不变,得到式(4-6):

$$240.60 + 329.73 + 88.03 + 13.18 + 15.85 \times 40 + 19.24 + 117.53 \qquad (4\text{-}6)$$

式(4-6)–式(4-5)得到结果 3.32 元,说明租赁作业费用的上涨使成本提高了 3.32 元。

同理再替换式(4-6)中变量 X_4,其余变量不变,得到式(4-7):

$$240.60 + 329.73 + 88.03 + 16.56 + 15.85 \times 40 + 19.24 + 117.53 \qquad (4\text{-}7)$$

式(4-7)–式(4-6)得到结果 3.38 元,即其他一些生产中的直接或间接费用使成本上升了 3.38 元。

再对变量 X_5 进行替换得到式(4-8):

$$240.60 + 329.73 + 88.03 + 16.56 + 15.57 \times 40 + 19.24 + 117.53 \qquad (4\text{-}8)$$

式(4-8)–式(4-7)得到结果–11.2 元,家庭用工的天数由 2011 年的每亩 15.85 天减少为 2012 年的每亩 15.57 天,使成本每亩减少了 11.2 元。

替换变量 X_6,得到式(4-9):

$$240.60 + 329.73 + 88.03 + 16.56 + 15.57 \times 56 + 19.24 + 117.53 \qquad (4\text{-}9)$$

式（4-9）–式（4-8）得 249.12 元，家庭每亩劳动日工价由 40 元上升为 56 元，使马铃薯成本上涨了 249.12 元。

变量 X_7 替换，得到式（4-10）：

$$240.60 + 329.73 + 88.03 + 16.56 + 15.57 \times 56 + 36.05 + 117.53 \qquad (4\text{-}10)$$

式（4-10）–式（4-9）得 16.81 元，由于劳动力的不足而进行雇工，雇工费用使成本上升了 16.81 元。

替换 X_8，得到式（4-11）：

$$240.60 + 329.73 + 88.03 + 16.56 + 15.57 \times 56 + 36.05 + 147.27 \qquad (4\text{-}11)$$

式（4-11）–式（4-10）得 29.74 元，土地成本的上升，使总成本上涨了 29.74 元。

以上是对 2012 年相较于 2011 年总成本变动时背后各个因素的变动贡献的分析过程，使用此方法不断进行因素的替代计算其他几个年份，将计算结果汇总形成表 4-28，可以直观地看出总成本增加的数额中每个因素增加了多少。

表 4-28　结果汇总表

年份	总成本增加/元	种薯费用增加/元	化学、农药等费用增加/元	机械租赁费用增加/元	其他费用增加/元	家庭用工天数增加/元	劳动日工价增加/元	雇工费用增加/元	土地成本增加/元
2011	0	0	0	0	0	0	0	0	0
2012	384.25	1.97	91.15	3.32	3.38	11.20	249.12	16.81	29.74
2013	114.31	32.94	−13.55	9.9	2.69	−111.44	162.96	5.8	25.28
2014	170.79	9.93	−9.28	−4.87	0.38	14.28	88.26	−8.94	80.47
2015	−97.07	−19.86	−80.47	9.53	1.24	0.74	49.68	−2.08	−54.98

数据来源：《全国农产品成本收益资料汇编》整理得出

三、结果分析

（一）人工成本影响

从表 4-28 中可以看出，每年对总成本影响较大的是人工成本，以家庭用工成本最大。每一个小的因素发生变动便会使总成本发生巨大变化。例如，2012 年劳动日工价上升了 16 元，使成本上升 249.12 元，2013 年日工价上升 12 元，总成本上升 162.96 元。但是只要其中一个因素减小，又会使总的价格下降。例如，2013 年虽然劳动日工价上升了 162.96 元，但是用工天数的减少又使价格下降 111.44 元。而 2014 年与 2015 年，劳动日工价与用工天数相比于上一年没有明显变化，可以看出马铃薯价格相较于上一年变化幅度不大，因此稳定马铃薯价格的重中之重在于稳定人工成本，这也与实际调研相符。

（二）生产成本的影响

其次影响较大的为生产成本，包括种薯、机械、化肥投入等。在生产投入方面，种薯占了很大比例，说明云南种薯问题尤为严重。

（三）土地成本的影响

土地成本波动较大，充分说明农户根据上一期马铃薯价格来决策扩大或缩小自己的生产规模，这是直接导致马铃薯价格短期内剧烈波动的原因之一。

四、面临问题

（一）人工成本问题

人工成本居高不下的原因大致有以下几点。第一，随着经济的发展，大量劳动力进城务工，使得在农作物的种植上积累了越来越大的压力，留守农村的以老年人为主，工作效率低下，这使得马铃薯的种植成本中人力成本占了很大的比例；第二，城镇务工工资水平的提升，导致留守农村的劳动力成本上升；第三，云南马铃薯多数种植在山区、半山区，地理条件差，坡度大，道路不畅通，散户种植为主，生产规模小，不利于机械化作业，同时由于针对山区、半山区的机械化机具的研究开发不足，严重制约了云南马铃薯机械化生产的发展。根据调研显示，种植一亩马铃薯至少需要一个工人劳作一天，按照平均水平每个工人一天至少为 100 元，这就给生产带来很大的压力。即使自己进行种植，也失去了进城工作的收益，这也是一种机会成本。

（二）种薯问题

2015 年云南马铃薯平均亩产只有 1018.1kg，远远低于世界平均水平，甚至不到发达国家的一半。根据调查，种薯质量的问题是造成马铃薯产量低下的重要原因。长期以来，云南大部分地区一直采用传统粗放的自留薯种作种薯的种植方式，而自留薯种作种薯缺点显著，如图 4-7 所示。

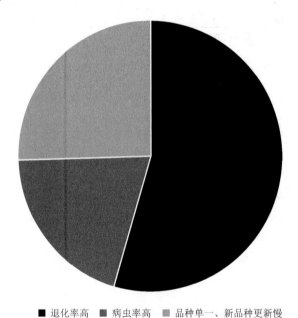

■ 退化率高　■ 病虫率高　■ 品种单一、新品种更新慢

图 4-7　自留薯种作种薯的缺点

数据来源：调查问卷整理得出

自留薯种作种薯主要的危害为退化率高，病虫率高，品种单一、新品种更新慢这三个方面。首先，长期自留种种植方式会导致病毒代代积累和传播，使马铃薯严重退化，晚疫

病、粉痂病、虫害率较高，严重影响单产和薯型，从而影响价格。其次，云南脱毒种薯产业混乱，缺乏监管机制与市场准入制度，导致无论种薯是否合格都能进入市场，质量良莠不齐，坑农、害农现象层出不穷。目前，云南80%的马铃薯种植土地长期处于低产状态，潜在产能被严重浪费，品质呈退化趋势，种薯问题亟待解决。

（三）鲜薯为主，产业附加值低

云南马铃薯销售以鲜薯为主，附加值低，当马铃薯大量上市时因其不耐储藏，农户竞相压价。马铃薯可以深加工为多种产品，不仅包括淀粉，还包括常见的休闲食品，加工后的马铃薯产品不仅利于储藏，价格也是鲜薯的好几十倍，如图4-8所示。

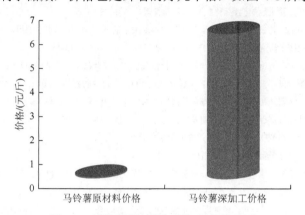

图4-8　马铃薯原材料与深加工价格比对

数据来源：中国蔬菜商情网

（四）扶持力度不够

云南马铃薯与三大主粮相比并没有最低收购价政策，如表4-29所示，所以当价格出现剧烈波动时容易增加种植户的担忧，打击种植者的信心。

表4-29　云南马铃薯与其他三大主粮的政策扶持情况

政策	最低收购价政策	临时储备政策	良种补贴	农机补贴	大县奖励制度	种粮补贴
稻谷	√	√	√	√	√	√
小麦	√	√	√	√	√	√
玉米	×	√	√	√	√	√
马铃薯	×	×	√	√	√	×

数据来源：云南省农业信息网

主要参考文献

陈国明，张德亮. 2011. 云南省马铃薯产业比较优势分析[J]. 当代经济，（02）：98-99.

丁鲲，丁福祥. 2012. 云南省马铃薯产业发展研究[J]. 云南科技管理，（3）：19-22.

付莲莲，邓群钊. 2014. 农产品价格波动影响因素的通径分析——基于2000年~2013年月度数据[J]. 经济经纬，31（06）：29-34.

高鸿业. 2005. 西方经济学（微观）[M]. 北京：中国人民大学出版社.

高明杰.2011.2011 年马铃薯滞销现象、成因与对策[J].农业消费展望,07（12）：49-51.

胡定寰.2004.近期我国粮食价格波动原因及对经济发展的影响[J].中国禽业导刊,（1）：11.

黄季.1991.中国农业资源配置效率的变化及评价[J].中国农村观察,（1）：4-11.

李华.2013.农产品价格波动的影响因素及趋势分析[D].长春：吉林大学硕士学位论文.

李勤志.2005.我国马铃薯产业的经济分析[D].武汉：华中农业大学硕士学位论文.

李松涛.2009.农产品价格与农民增收关系的研究——以新疆为例[D].乌鲁木齐：新疆大学硕士学位论文.

李伟克,马晓河.1998.中国农产品价格季节变动的分析[J].中国农村观察,（2）：26-31.

林学贵.2013.农产品价格波动国内研究现状述评[J].农业展望,（09）：30-33.

刘汉成,夏亚华.2011.现阶段农产品价格波动的实证分析与政策建议[J].生态经济,（07）：117-120.

刘晶.2005.我国农产品价格风险及其管理研究[D].济南：山东农业大学硕士学位论文.

刘淑.2002.云南省粮食生产预警系统的构建研究[J].运筹与管理,（5）：110-116.

刘勇,杜英,陈强强,等.2012.甘肃省"蛛网模型"马铃薯供求关系的分析[J].中国农学通报,28（17）：215-220.

柳俊.2011.我国马铃薯产业技术研究现状及展望[J].中国农业科技导报,（05）：13-18.

龙蔚,金璟,张德亮,等.2013.云南省马铃薯生产与市场行情分析[J].云南农业大学学报,7（2）：15-17.

罗万纯,刘锐.2010.中国粮食价格波动分析：基于 ARCH 类模型[J].中国农村经济,（04）：30-37.

潘洪刚,王礼力.2008.基于蛛网理论的农产品市场风险成因与对策研究[J].安徽农业科学,36（3）：1234-1235.

魏明.2003.云南马铃薯产业化发展存在的问题及对策[J].云南农业科技,（S1）：28-32.

徐柏园.1995.农产品批发市场研究[M].北京：中国农业大学出版社.

曾琼霞.2013.云南省马铃薯价格预警研究[J].中国市场,（9）：40-43.

张唯婧.2011.中国农产品价格波动影响因素研究——基于 VAR 模型的协整分析[J].价格月刊,（8）：32-36.

张志强.1998.中国粮食生产波动的特征及波因分析[J].北京农学院学报,（2）：81-86.

赵首军,王志强,张战勇,等.2011.公共管理视野下的"谷贱伤农"的认识——以内蒙古马铃薯滞销为例[J].财经理论研究,
　　（6）：73-77.

周健.2007.从需求弹性谈"谷贱伤农"的破解之道[J].经济分析,3（4）：3-5.

第五章 基于因子分析的云南马铃薯产业竞争力

云南作为中国马铃薯五大产区之一，有着得天独厚的马铃薯生长环境优势，在全国具有一定影响。随着国内、国际市场的变化，云南马铃薯产业也要接受来自市场的考验。如何在国内、国际市场的激烈竞争中占有一席地位，取得主动权，最根本、最有效的手段就是提高产业竞争力。本章通过分析影响马铃薯产业竞争力的因素，运用因子分析方法对马铃薯产业竞争力进行具体的评价。

第一节 云南马铃薯产业的影响因子

一、生产方面的因子

（一）气候资源

云南万山重叠，山地面积占 94%左右，由于地形地貌复杂，海拔悬殊（表 5-1），气候垂直差异十分明显，随着海拔的变化，气温、降水、日照等气象要素均发生显著的垂直变化，全省平均温度在 5～24℃，山区温度相对较低，全年温凉，气温年均差小，日均差大，热量资源充沛；马铃薯主要种植区年均日照均在 2000h 左右，光能资源丰富，光合生产潜力大；全省大部分地区年降水量在 1000mm 左右，雨量充沛，雨热同季，冬季较凉，夏季温热，配合较好，在作物生长季内有利于农业气候资源的综合开发与利用。马铃薯作为一种粮食安全作物，非常适宜于冷凉、高山气候条件下生长，因此云南山区冷凉、河谷干热的立体气候非常适宜马铃薯的生长，独特的气候条件，致使马铃薯不仅适合在云南生长，而且是多季栽培，周年生产。

表 5-1 云南马铃薯种植区代表地基本气候条件

地区	海拔/m	年均温度/℃	最高气温/℃	最低气温/℃	年均降水量/mm	年均日照/h
曲靖	695～4247	14.5	15.1	13.0	592.1	1998.12
昆明	695～4247	15	19	8	1035	2200
昭通	267～4040	11～21	20～27	1～12	760	1900
丽江	1219～5596	12.6～19.8	18.1～25.7	4～11.7	910～1040	2321～2554

数据来源：中国气象局

（二）栽培模式及技术

由于地理、气候和生态的多样性，云南在不同海拔区域采用不同的马铃薯种植模式（表 5-2），因地制宜地使用不同的栽培技术。利用生物多样性缓解用地矛盾，实现优势互补，提高单位产量和效益。另外，在马铃薯的栽培技术方面，运用地膜覆盖栽培技术，使土塘增温、保湿、防除杂草，对云南早春和大春马铃薯种植能达到早熟、高产、优质、高效的要求，并且可以提早上市满足市场需要。运用滴灌、微喷技术，不仅节水、节肥、省工显著，而且可以防止病害的发生，从而提高种植规模和效益，实现增产，达到高产、高效的目的。根据地形的平整程度，还不同程度地使用了机械化作业，如用机械化追肥及中耕培土，用机械化马铃薯茎叶枯黄灭秧，用机械化进行收获、分级包装。发展多种马铃薯栽培模式和栽培技术，不仅可以增加农民收入，而且能够提高马铃薯产业的竞争力和加工企业的效益。

表 5-2　云南马铃薯不同种植模式及其优势

栽培模式	选种	优点
高垄双行	会-2、合作 88、丽薯 6 号、中甸红、米拉	改善中后期田间透风透光条件，减轻隐蔽，提高光合效率；覆土深厚，土层松软有利于地下块茎生长，结薯多又大；有利于机械化作业；田面受光面积大，利于提高早期地温，提早出苗，遇涝时易于排水，避免烂薯
玉米间作	会-2、合作 23	充分利用秋季光、热、水等自然资源，合理地间套轮作，能有效地协调土壤养分的供应，发挥土壤增产潜力和改善土壤理化性状
甘蔗间作	云引 18 号、云引 42 号、粤糖 93/159	马铃薯根系可以疏松土壤，改善土壤的理化性质，从而达到用地养地的目的，再加上合理的套种技术，使马铃薯与甘蔗双双获得增产
烤烟后间作	会-2、合作 88	充分利用烤烟余肥、垄埆，减少生产投入

（三）劳动力资源

近年来，随着城镇化步伐的加快，云南城镇人口逐年上升，由 1991 年的 1555 万人增加到 2015 年的 2055 万人，城镇人口净增加了 500 万人，由 1991 年的占总人口的 41.1%到 2015 年的占总人口的 43.3%；农村人口由 1991 年的 2227 万人增加到 2015 年的 2687 万人，净增加 460 万人，1991 年的农村人口占总人口的 58.9%，2015 年的农村人口占总人口的 56.7%，虽然百分率有所下降，但与城镇人口相比，农村人口明显高于城镇人口，而且云南工业不发达，有大量的闲散劳动力，为马铃薯种植产业提供了丰富的劳动力资源。

（四）科技支撑

云南在科技合作方面也拥有着很大的优势，在与国外的一些组织进行合作的过程中（表 5-3），马铃薯的品种选育、实生种子开发利用、病虫害研究和防治、脱毒种薯的繁育、栽培技术等各方面的科学技术水平有了显著的提升。不仅在"建设成为面向南亚、东南亚辐射中心"的战略中，马铃薯产业和科学技术已经走出国门面向世界，而且与外国的一些科研合作提高了科学技术对云南马铃薯产业发展的支撑作用。

表 5-3　云南与国外有关马铃薯的合作项目表

年份	项目	成果
1996	云南与越南签订了"中越脱毒马铃薯生产技术合作项目"	云南与荷兰、加拿大、美国、日本、澳大利亚等国的大学和科研机构进行马铃薯病毒学、马铃薯生产技术、马铃薯基因组学、分子生物学技术等的研究并取得较大突破。吸引了世界知名马铃薯淀粉生产、炸薯片等跨国公司和外资企业在云南投资建厂
1999	云南与 CIP 签订了《云南省人民政府与国际马铃薯中心开展农业科学技术交流合作协议书》及《合作项目议定书》	云南在马铃薯的品种选育、实生种子的开发利用、病虫害研究和防治、脱毒种薯繁育、栽培技术等各方面的科学技术水平有了显著的提升
2008	正式启动大湄公河次区域农业科技交流合作组	相继设立了包括马铃薯在内的农业经济专业组
2009	成立"东南亚保护农业协作网"	云南选育的马铃薯品种被周边国家引进并示范和推广
2010	云南分别在老挝、柬埔寨、缅甸设立农业科技示范园	推广马铃薯新品种、栽培技术等科技成果，取得显著增产示范效果
2011	"云南-东南亚国际农业培训中心"正式揭牌	来自大湄公河次区域（The Great Mekong Sub region，GMS）国家的数十名专家和学员分别考察了陆良、会泽等地的马铃薯品种选育基地
2014	云南倡导成立了"中国-南亚农业科技交流合作组"	该合作组是目前中国与南亚国家农业科技领域内的首个多边合作机制与平台
2015	"第二届中国-南亚农业科技合作交流研讨会"在昆明举办	成功举办中国-南亚农业科技合作对接，通过对接，就马铃薯等主粮食作物在人员交流培训、种质资源交换、作物生产技术、信息交流等多方面达成初步合作意向

云南马铃薯产、学、研与大专院校及国内的科研、教学和生产单位建立了密切的关系，并得到国家和各省区市的技术支持。主要在种质资源的收集、评价和利用，品种的引进，病虫害的基础研究和防控技术，抗旱性研究，转基因和分子生物学技术等领域开展了合作研究并获得成果。

（五）农业机械动力

农业机械动力主要是指用于农、林、牧、渔业的各种动力机械的总和，包括耕作机械、排灌机械、收获机械、农用运输机械、植物保护机械、牧业机械、林业机械、渔业机械和其他农业机械。云南 2015 年总农业机械动力为 3333.04 万 kW，人均农业机械动力为 0.7kW。

（六）生产能力的测算

1. 国内区域比较优势分析方法

我们把云南马铃薯的单产及种植规模作为马铃薯区域比较优势测定的关键指标，建立 3 个马铃薯比较优势测定指数：规模优势指数（scale advantage index，SAI）、生产效率优势指数（efficiency advantage idex，EAI）、综合优势指数（comprehensive advantage idex，AAI）。

（1）规模优势指数（SAI）

主要从云南马铃薯种植规模的角度来分析马铃薯的规模比较优势，以云南马铃薯种植面积占该地区所有农作物种植面积的比例与全国该比例平均水平的对比关系来反映云南马铃薯生产的相对规模优势。计算公式如下。

$$SAI_{ij} = \frac{GS_{ij}/GS_j}{GS_{IJ}/GS_J}$$

式中，SAI_{ij} 是指云南马铃薯的生产规模优势指数；GS_{ij} 是指云南马铃薯的种植面积；GS_j 是指云南所有农作物种植面积之和；GS_{IJ} 是指全国马铃薯种植面积；GS_J 是指全国所有农作物种植面积之和。若 $SAI_{ij}>1$，说明云南马铃薯在生产规模上具有比较优势；若 $SAI_{ij}<1$，则说明云南马铃薯在生产规模上处于劣势地位。SAI_{ij} 值越大，表明马铃薯生产规模优势越明显，SAI_{ij} 值越小，则马铃薯生产规模劣势越明显。

（2）生产效率优势指数（EAI）

主要通过分析云南马铃薯这一特定的农作物产出量与该地区所有农作物平均产出量的相对水平及与全国该比率平均水平的对比关系，从而考察云南马铃薯在生产上的生产效率相对优势。计算公式如下。

$$EAI_{ij} = \frac{AP_{ij}/AP_j}{AP_{IJ}/AP_J}$$

式中，EAI_{ij} 是指云南马铃薯的生产效率优势指数；AP_{ij} 是指云南马铃薯的单产；AP_j 是指云南所有农作物平均单产；AP_{IJ} 是指全国马铃薯平均单产；AP_J 是指全国所有农作物平均单产。若 $EAI_{ij}>1$，说明云南马铃薯的生产效率与全国平均水平相比具有比较优势；若 $EAI_{ij}<1$，则说明云南马铃薯的生产效率与全国平均水平相比处于劣势地位。EAI_{ij} 值越大，表明马铃薯生产效率优势越明显，EAI_{ij} 值越小，则马铃薯生产效率劣势越明显。

（3）综合优势指数（AAI）

从生产效率、生产规模优势指数两个方面，综合衡量云南马铃薯生产的综合比较优势，能较全面地反映云南马铃薯的生产优势。计算公式如下。

$$AAI_{ij} = \sqrt{EAI_{ij} \times SAI_{ij}}$$

式中，AAI_{ij} 是指云南马铃薯综合优势指数。若 $AAI_{ij}>1$，表明与全国综合平均水平相比，云南马铃薯具有比较优势；若 $AAI_{ij}<1$，则表明与全国综合平均水平相比，云南马铃薯没有比较优势。AAI_{ij} 值越大，优势越显著；AAI_{ij} 值越小，则劣势越明显。

2. 国内主产区比较优势分析结果

我国马铃薯主要分布在甘肃、云南、贵州、内蒙古、四川等 20 多个省（自治区、直辖市），除了部分地区的马铃薯播种面积较小外，其他地区的马铃薯种植面积都比较大。我国已成为世界上最大的马铃薯生产基地。

从表 5-4 可以看出，全国马铃薯四大主产区云南、内蒙古、甘肃和贵州的规模优势指数（SAI）均远大于 1，其中甘肃的规模优势指数（5.05）最为突出，为云南和内蒙古规模优势指数的 2 倍多，居全国首位，贵州（4.72）也远高于云南，内蒙古（2.52）也要比云南略高出 0.03。全国四大马铃薯主产区中，云南规模优势指数（2.49）最低，说明云南的种植规模在主产区中处于劣势。生产效率优势指数（EAI），甘肃为最高，达到了 1.50，云南位居第二，为 1.33，明显高于内蒙古和贵州的平均水平，具有明显优势，且从表 5-4 中可以看到，2011 年贵州的生产效率优势指数高达 1.57，但 2005 年、2010 年均低于 1，不仅总体平均优势小，而且波动较大，而云南的生产效率优势相对比较稳定，而且优势比较均衡。云南的综合优势指数（1.82）大于 1，明显具有优势，但是比较其他主产区的综合优势指数来看，虽然高于内蒙古（1.63），但是还是落后于甘肃（2.74）和贵州（2.34），因此，说明云南虽然具有明显的综合优势，但是在四大主产区中并不占上风，仅位列第三。

表 5-4　2005～2015 年云南马铃薯与全国马铃薯主产区优势指数比较

年份	云南			内蒙古			甘肃			贵州		
	SAI	EAI	AAI	SAI	EAI	AAI	SAI	EAI	AAI	SAI	EAI	AAI
2005	2.50	1.42	1.88	2.70	1.14	1.75	4.39	1.77	2.79	5.23	0.84	2.11
2006	2.57	1.42	1.87	2.94	1.26	1.92	5.56	1.62	3.00	5.21	1.05	2.34
2007	2.65	1.37	1.91	2.86	1.12	1.79	5.84	1.66	3.11	5.11	1.00	2.26
2008	2.61	1.36	1.88	2.96	1.11	1.81	5.61	1.61	3.01	4.75	1.02	2.20
2009	2.52	1.38	1.86	2.63	1.09	1.69	5.04	1.52	2.77	4.56	1.04	2.18
2010	2.44	1.37	1.83	2.62	0.99	1.61	4.86	1.33	2.54	4.49	0.95	2.07
2011	2.34	1.32	1.76	2.62	1.02	1.63	4.87	1.50	2.70	4.45	1.57	2.64
2012	2.36	1.35	1.78	2.45	0.95	1.53	4.85	1.41	2.62	4.45	1.19	2.30
2013	2.35	1.42	1.83	2.17	1.14	1.57	4.87	1.38	2.59	4.41	1.46	2.54
2014	2.53	1.16	1.71	1.94	0.96	1.36	4.86	1.34	2.55	4.54	1.39	2.51
2015	2.55	1.17	1.73	1.84	0.92	1.30	4.79	1.32	2.51	4.68	1.41	2.57
平均数	2.49	1.33	1.82	2.52	1.06	1.63	5.05	1.50	2.74	4.72	1.22	2.34

资料来源：根据中国种植业信息网（http://zzys.agri.gov.cn/nongqing.aspx）相关数据计算得出

3. 云南省内四大农作物比较优势分析结果

马铃薯在云南不仅作为优势农作物之一，而且与玉米、小麦、稻谷并称为主粮。在此利用比较优势的分析方法对云南的四大农作物进行分析，了解马铃薯在云南省内的生产情况。

由表 5-5 可以明显看出，云南四大作物生产规模优势指数为：马铃薯（2.49）＞玉米（1.09）＞稻谷（0.92）＞小麦（0.47），说明云南马铃薯的生产规模具有明显优势，而且生产规模优势较其他三大农作物明显，稻谷和小麦的生产规模较全国平均水平偏低，小麦甚至都不到国家水平的一半。生产效率优势指数为：马铃薯（1.33）＞稻谷（1.20）＞玉米（1.02）＞小麦（0.53），明显可以看出，云南马铃薯在这四大农作物中生产效率优势最为明显，稻谷位列第二，小麦的生产效率低于全国平均水平。最后，云南四大农作物综合优势指数为：马铃薯（1.82）＞玉米（1.05）＝稻谷（1.05）＞小麦（0.50），说明综合来看，云南马铃薯具有明显优势，而且最为明显，小麦的生产综合优势指数低于全国平均水平，而且只有全国平均水平的一半。

表 5-5　2005～2015 年云南马铃薯、玉米、稻谷和小麦优势指数比较

年份	马铃薯			玉米			稻谷			小麦		
	SAI	EAI	AAI	SAI	EAI	AAI	SAI	EAI	AAI	SAI	EAI	AAI
2005	2.50	1.42	1.88	1.10	0.94	1.01	0.89	1.28	1.07	0.57	0.61	0.59
2006	2.57	1.36	1.87	1.15	0.94	1.04	0.93	1.24	1.07	0.48	0.61	0.54
2007	2.65	1.37	1.91	1.15	0.98	1.06	0.91	1.20	1.04	0.48	0.60	0.54
2008	2.61	1.36	1.88	1.16	0.96	1.05	0.91	1.24	1.06	0.47	0.55	0.51
2009	2.52	1.38	1.86	1.13	0.99	1.06	0.91	1.21	1.06	0.46	0.58	0.52
2010	2.44	1.37	1.83	1.12	1.10	1.11	0.88	1.28	1.06	0.45	0.31	0.38
2011	2.34	1.32	1.76	1.07	0.99	1.03	0.91	1.24	1.07	0.46	0.62	0.54
2012	2.36	1.35	1.78	1.05	1.09	1.07	0.91	1.17	1.03	0.46	0.53	0.50
2013	2.35	1.42	1.83	1.03	1.08	1.05	0.95	1.14	1.04	0.45	0.48	0.47
2014	2.53	1.16	1.71	1.03	1.09	1.06	0.94	1.11	1.03	0.45	0.48	0.46
2015	2.55	1.17	1.73	1.01	1.09	1.05	0.95	1.11	1.03	0.45	0.51	0.48
平均数	2.49	1.33	1.82	1.09	1.02	1.05	0.92	1.20	1.05	0.47	0.53	0.50

资料来源：根据中国种植业信息网（http://zzys.agri.gov.cn/nongqing.aspx）相关数据计算得出

4. 结论

通过以上分析，云南马铃薯的生产情况与其他三大主产区相比，总体水平较低，位列第三，生产方面竞争力较弱；但生产综合方面具有明显的比较优势，位列第一，具有较强的竞争力。云南省内四大农作物中，马铃薯具有明显的综合优势。

二、需求方面的因子

（一）地理区位

地处东亚、东南亚和南亚接合部的云南，为"三亚"枢纽。从云南向东可与珠三角、长三角经济圈相连；向南延伸，可通过建设中的泛亚铁路东、中、西三线直达河内、曼谷、新加坡和仰光；向北可通向四川和中国内陆腹地；向西可经缅甸直达孟加拉国吉大港沟通印度洋，经过南亚次大陆，连接中东，到达土耳其的马拉蒂亚分岔，转西北进入欧洲，往西南进入非洲。由此可以看出，云南有着优越的区位优势，交通十分便利，为云南马铃薯的国内、国外销售创造了良好的条件，从而促进了商品薯生产能力和水平的提高，增强了云南马铃薯的市场竞争力。

（二）市场因素

冬季由于北方气候寒冷，大田无法种植马铃薯，马铃薯比较匮乏，而云南这个季节仍可种植马铃薯，且生产成本也远远低于北方利用大棚种植的马铃薯。另外，马铃薯较其他蔬菜更适宜长途运输，因此，云南冬马铃薯具有巨大的市场潜力。

云南优越的自然条件加上马铃薯悠久的种植历史，有利于种植出品质较高的马铃薯，从而在省内外有较好的市场口碑。另外，马铃薯主产区积极打造具有地区优势的产品"品牌"，宣威、昭通等地的马铃薯鲜薯已在广东等地获得地域品牌的认同，年交易量超过百万吨，70%的马铃薯销售至广东。云南的"子弟""天使""鲁咪啦"等薯片已成为全国知名品牌，在国内外市场具有一定的占有率。

（三）价格因素

云南是农业大省，而马铃薯的种植区域覆盖了云南的大部分种植区域，很多山区居民都依其维持生计，是农民脱贫致富的重要产业，云南马铃薯产业是否能够健康稳定的发展，与云南农业经济发展有着密切的联系。在市场经济中，价格是市场经济中的重要变量，云南马铃薯的价格直接关系到云南市场的稳定性与云南农民收入等一系列问题，同时，也影响着马铃薯加工企业的生产成本及收益情况。

从 2010 年 1 月～2016 年 12 月近 5 年的云南马铃薯月价格走势来看，近年来，云南马铃薯市场批发价格出现频繁波动的趋势，2016 年 4 月突然上涨，每千克达到 5.4 元；2012 年 4 月马铃薯的价格为每千克 1.42 元，是近年来月价格的最低值；到 2013 年价格再上涨，2013 年是近几年云南马铃薯价格较高的年份，2013 年 3 月每千克价格达到 3.54 元，之后又开始明显下跌，循环往复，出现了过山车现象。这种马铃薯价格剧烈波动的情况不仅影响农民的收入，而且会挫伤农民种植马铃薯的积极性。

三、相关产业发展状况

云南具备全年供给鲜薯的能力，保障了马铃薯加工企业的持续生产，云南马铃薯加工企业的开工时间达到了每年 8 个月以上，开工率达 60%～70%，较北方大多数生产厂家 2～3 个月的开工时间长得多，因此在对外商业和供给粗加工原料方面具有明显优势。而且加工企业的专业化程度较高，如昆明子弟食品有限公司、云南天使食品有限责任公司、云南嘉华食品有限公司和昆明上好佳食品工业有限公司均以生产薯片为主；宣威鑫海食品有限责任公司以生产速冻薯条为主。

四、机遇

2015 年 1 月 6 日，国家正式提出"马铃薯主粮化"战略，这是我国第一次正式提出将马铃薯作为主粮食用。马铃薯是世界多数国家公认的第四大粮食作物，近些年来，因其绿色健康的饮食特点，马铃薯产业在世界各地迅速发展，各国的马铃薯加工企业不断发展壮大，制作出各式各样符合本国饮食习惯的马铃薯加工产品。在"马铃薯主粮化"这一战略背景机遇下，马铃薯产业发展前景将更加广阔。马铃薯作为主粮，不但可大大提高云南粮食自给率，而且对于整个云南马铃薯产业及马铃薯相关产业的发展都是很好的机会。

五、机制及政府因素

近年来，政府加大对马铃薯产业工作的重视，在科研、生产和加工等方面都有资金的投入，以此来加快马铃薯产业的发展。2015 年云南扶持种植项目的政府文件中，明确提出对于马铃薯原种的补贴，补贴对象是马铃薯脱毒种薯生产，主要包括原原种（微型薯）、原种、利用原种扩繁种薯等生产环节，其中前两个环节生产的主体是企业和单位，最后一个环节生产的主体是农民。一是对利用微型薯生产原种进行补贴，补贴对象是企业、单位；二是对利用原种生产脱毒种薯进行补贴，补贴对象是农民。目的是推动马铃薯脱毒种薯的生产和推广应用，增加脱毒种薯供应量，提高马铃薯脱毒良种覆盖率，促进马铃薯产业持续健康发展。

第二节　因子分析模型介绍

一、理论基础

因子分析最初是由英国心理学家 Charles Spearman 提出的。他发现学生的各科成绩之间存在着一定的相关性，一科成绩好的学生，往往其他各科成绩也比较好，从而推想是否存在某些潜在的共性因子，或称某些一般智力条件影响着学生的学习成绩。因此，在 1904 年美国的心理学刊物上，Charles Spearman 发表了《对智力测验得分进行统计分析》的文章，是第一篇有关因子分析的文章。因子分析可在许多变量中找出隐藏的具有代表性的因子。将相同本质的变量归入一个因子，可减少变量的数目，还可检验变量间关系的假设。以后逐渐扩展到各个学科领域，成为现代统计学的重要分支，因此 Charles Spearman 被公认为因子分析之父。

因子分析在某种程度上可以被看作主成分分析的推广和扩展，它对问题的研究更为深入，是将具有错综复杂关系的变量综合为数量较少的几个因子，以再现原始变量与因子之间的相互关系，探讨多个能够直接测量，并且具有一定相关性的实测指标是如何受少数几个内在的独立因子所支配的，同时根据不同因子，还可以对变量进行分类，属于多元分析中处理降维的一种统计方法。

因子分析是通过研究多个变量间相关系数矩阵（或协方差矩阵）的内部依赖关系，找出能综合所有变量的少数几个随机变量，这几个随机变量是不可测量的，通常称为因子。然后根据相关性的大小把变量分组，使同组内的变量之间相关性较高，但不同组的变量相关性较低。各个因子间互不相关，所有变量都可以表示成公因子的线性组合。因子分析的目的就是减少变量的数目，用少数因子代替所有变量去分析整个经济问题。

二、因子分析的数学模型

1. 构建模型

设有 m 个样本，p 个指标，$X = (x_1, x_2, \cdots, x_p)'$ 为可观察的随机变量，寻找的公因子为 $F = (f_1, f_2, \cdots, f_m)'$，公因子为不可观测的变量，则模型如下。

$$\begin{cases} x_1 = a_{11}f_1 + a_{12}f_2 + \cdots + a_{1m}f_m + \varepsilon_1 \\ x_2 = a_{21}f_1 + a_{22}f_2 + \cdots + a_{2m}f_m + \varepsilon_2 \\ \qquad\qquad\vdots \\ x_p = a_{p1}f_1 + a_{p2}f_2 + \cdots + a_{pm}f_m + \varepsilon_p \end{cases}$$

以上模型称为因子模型，矩阵 $A = \begin{bmatrix} a_{11} & \cdots & a_{1m} \\ \vdots & \ddots & \vdots \\ a_{p1} & \cdots & a_{pm} \end{bmatrix}$ 称为因子载荷矩阵，a_{ij} 为因子载荷，其实质就是变量 x_i 与公因子 f_j 的相关系数，反映了第 i 个变量第 j 个公因子的相关重要性。

绝对值越大，相关的密切程度越高。ε_i 为特殊因子，代表公因子以外的影响因素，实际分析时忽略不计。

并且满足以下条件。

1）$m \leqslant p$。

2）$\mathrm{Cov}(F, \varepsilon) = 0$，即公因子与特殊因子是不相关的。

3）$D_F = D(F) = \begin{bmatrix} 1 & \cdots & 0 \\ \vdots & \ddots & \vdots \\ 0 & \cdots & 1 \end{bmatrix} = I_m$，即各个公因子不相关，且方差为 1。

4）$D_\varepsilon = D(\varepsilon) = \begin{bmatrix} \sigma_1^2 & \cdots & 0 \\ \vdots & \ddots & \vdots \\ 0 & \cdots & \sigma_p^2 \end{bmatrix}$，即各个特殊因子不相关，方差不要求相等，$\varepsilon_i \sim N(0, \sigma_i^2)$。

2. 因子载荷矩阵的求解

因子载荷矩阵的求解方法有很多，最为常用的为主成分分析法。

设随机向量 $X = (x_1,\ x_2,\ \cdots,\ x_p)'$ 的均值为 μ，协方差为 Σ，$\lambda_1 \geqslant \lambda_2 \geqslant \cdots \geqslant \lambda_p \geqslant 0$ 为 Σ 的特征根，μ_1，μ_2，$\cdots$，μ_p 为对应的标准化特征向量，则

$$\Sigma = U \begin{bmatrix} \lambda_1 & \cdots & 0 \\ \vdots & \ddots & \vdots \\ 0 & \cdots & \lambda_p \end{bmatrix} U' = AA' + D$$

$$[\mu_1\ \ \mu_2\ \cdots\ \mu_p] \begin{bmatrix} \lambda_1 & \cdots & 0 \\ \vdots & \ddots & \vdots \\ 0 & \cdots & \lambda_p \end{bmatrix} \begin{bmatrix} u_1' \\ u_2' \\ \vdots \\ u_p' \end{bmatrix} = \lambda_1 \mu_1 \mu_1' + \lambda_2 \mu_2 \mu_2' +$$

$$\cdots + \lambda_m \mu_m \mu_m' + \lambda_{m+1} \mu_{m+1} \mu_{m+1}' + \cdots + \lambda_p \mu_p \mu_p' =$$

$$[\sqrt{\lambda_1} \mu_1\ \ \sqrt{\lambda_2} \mu_2\ \cdots \sqrt{\lambda_p} \mu_p] \begin{bmatrix} \sqrt{\lambda_1} \mu_1' \\ \sqrt{\lambda_2} \mu_2' \\ \vdots \\ \sqrt{\lambda_p} \mu_p' \end{bmatrix}$$

上式给出的 Σ 表达式是精确的，然而，它实际上是毫无价值的，由于目的是寻求用少数的几个公因子解释，故略去后面的 $m+1$ 到 p 项的贡献。

$$\Sigma \approx \hat{A}\hat{A}' + \hat{D} = \lambda_1 \mu_1 \mu_1' + \lambda_2 \mu_2 \mu_2' + \cdots + \lambda_m \mu_m \mu_m' + \hat{D}$$

其中，$\hat{D} = \mathrm{diag}(\sigma_1^2, \sigma_2^2, \cdots, \sigma_p^2)$

$$\sigma_i^2 = S_{ii} - \sum_{i=1}^{p} a_{ij}^2$$

上式有一个假定，模型中的特殊因子是不重要的，因而 Σ 分解中忽略了特殊因子的方差。

3. 因子荷载矩阵的统计意义

（1）因子载荷（ a_{ij} ）

a_{ij} 为因子载荷，其实质就是变量 x_i 与公因子 f_j 的相关系数，反映了第 i 个变量第 j 个公因子的相关重要性。绝对值越大，相关的密切程度越高。

（2）变量共同度

变量 x_i 的变量共同度是因子载荷矩阵的第 i 行的元素的平方和。记为 $h_i^2 = \sum_{j=1}^{m} a_{ij}^2$ 。对 $x_i = a_{i1}f_1 + a_{i2}f_2 + \cdots + a_{im}f_m + \varepsilon_i$ 两边求方差，得

$$Var(x_i) = a_{i1}Var(f_1) + a_{i2}Var(f_2) + \cdots + a_{im}Var(f_m) + Var(\varepsilon_i)$$

进而得到 $1 = \sum_{j=1}^{m} a_{ij}^2 + \sigma_i^2$ ，所有的公因子和特殊因子对变量 x_i 的贡献为 1。如果 $\sum_{j=1}^{m} a_{ij}^2$ 非常靠近 1， σ_i^2 非常小，则因子分析的效果好，从原变量空间到公因子空间的转化性质好。

（3）公因子（ f_j ）方差贡献

因子载荷矩阵中各列原始的平方和 $S_j = \sum_{i=1}^{p} a_{ij}^2$ ，为所有 $f_j(j = 1, \cdots, m)$ 对 x_i 的方差贡献的总和，衡量 f_j 的相对重要性。在实际应用中，通常确认因子提取个数的方法为：仅提取方差贡献大于 1 的因子，即特征根大于 1 的因子。利用因子的累积方差贡献率来确定公因子提取的个数。

三、变量指标的选取

马铃薯产业竞争力是一个庞大的系统，采用因子分析来评价马铃薯产业竞争力的指标越全面越好。但是由于数据收集的限制，本文只能选取一些具有代表性的指标（表 5-6）。评价指标选取依据全面性原则、可比性原则、可操作性原则和系统性原则，争取能够准确和客观地反映马铃薯产业的综合实力。

表 5-6　马铃薯产业竞争力评价指标

指标	命名
马铃薯总播种面积（ $\times 10^3 hm^2$ ）	X_1
马铃薯产量（万 t）	X_2
马铃薯单位面积产量（ kg/hm^2 ）	X_3
资源禀赋系数	X_4
规模优势指数	X_5
生产效率优势指数	X_6
综合优势指数	X_7
马铃薯市场占有率	X_8
农业机械总动力	X_9

各省马铃薯总播种面积（$\times 10^3 \text{hm}^2$），各省马铃薯产量（万 t），各省马铃薯单位面积产量（kg/hm^2），用这 3 个指标来反映马铃薯产业的生产规模、产量和单位面积产量。

资源禀赋系数（EF_i）：通常反映一个国家或地区某种资源的相对丰富程度。计算公式如下。

$$\text{EF}_i = (V_i / V_w) / (Y_i / Y_w)$$

式中，EF 为资源禀赋系数；V_i 为各省的马铃薯产量；V_w 为全国的马铃薯产量；Y_i 为各省的农业生产总值；Y_w 为全国的农业生产总值。

规模优势指数（SAI）：反映该区域马铃薯产业发展具有的规模优势和专业化程度。计算公式见本章第一节。

生产效率优势指数（EAI）：从反映资源内涵生产力的角度来反映农作物的比较优势。计算公式见本章第一节。

综合优势指数（AAI）：生产效率优势指数和规模优势指数的综合结果，能够更为全面地反映一个地区某种农产品生产的优势度。计算公式见本章第一节。

马铃薯市场占有率：在不考虑进出口的情况下，采用某省马铃薯产量占全国马铃薯产量的比例来表示。

农业机械总动力：反映农业机械化综合水平。

第三节　马铃薯产业竞争力的定量分析

一、数据来源

马铃薯产业竞争力评价指标的数据来源于国家统计局，本节选取 2010～2015 年 31 个省份的年度数据进行分析，详细数据见附录。分析软件采用 SPSS 22.0。

二、分析过程

首先进行 KMO（Kaiser-Meyer-Olkin）球形检验，看是否可以进行因子分析。KMO 值越大，变量间的相关性越强，越适合进行因子分析。根据 SPSS 22.0 的统计结果可知，KMO 的统计量为 0.754（表 5-7），说明 KMO 值大于 0.7，变量的相关性比较强，Bartlett 球形检验的 P 值为 0.000，说明可以进行因子分析。

表 5-7　KMO 和 Bartlett 检验

Kaiser-Meyer-Olkin Measure of Sampling Adequacy（KMO 值）		0.754
Bartlett's test of sphericity（Bartlett 球形检验）	Approx. Chi-Square（近似卡方）	3 028.777
	Df（自由度）	36
	Sig.（P 值）	0.000

由表 5-8 的统计结果可知，前三个公因子的特征值大于 1，因此选取前三个公因子的累积方差的解释率为 89.468%，占了绝大部分的信息。

表 5-8　方差贡献率

成分	初始特征值			提取载荷平方和			旋转载荷平方和		
	总计	方差百分比	累积贡献率/%	总计	方差百分比	累积贡献率/%	总计	方差百分比	累积贡献率/%
1	5.23	58.116	58.116	5.23	58.116	58.116	4.602	1.134	51.134
2	1.692	18.806	76.922	1.692	18.806	76.922	1.813	20.147	71.281
3	1.129	12.546	9.468	1.129	12.546	89.468	1.637	18.187	89.468
4	0.636	7.065	96.533						
5	0.214	2.379	98.912						
6	0.065	0.719	99.631						
7	0.016	0.173	99.804						
8	0.015	0.169	99.973						
9	0.002	0.027	100						

碎石图（图 5-1）表示各公因子的重要程度，横坐标表示公因子的成分数，纵坐标表示特征根的特征值。特征根从大到小排列，可以非常直观地反映哪些公因子是最主要的因子。进一步说明了提取前三个公因子就可以反映所有评价的信息。

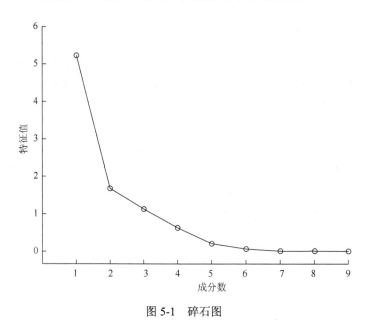

图 5-1　碎石图

本文采用最大方差法对因子载荷矩阵进行旋转变换（表 5-9），旋转成分矩阵使因子载荷矩阵中的系数更加显著，解释力更强。

表 5-9　旋转成分矩阵

指标	公因子 F_1	公因子 F_2	公因子 F_3
X_1	0.970	0.082	0.023
X_8	0.956	0.161	−0.040
X_2	0.956	0.161	−0.046
X_7	0.799	0.147	0.514
X_5	0.754	−0.041	0.599
X_4	0.743	0.004	0.575
X_3	0.004	0.954	0.073
X_6	0.264	0.878	0.186
X_9	0.075	−0.223	−0.799

提取方法：主成分分析。

旋转方法：Kaiser 标准化最大方差法。

旋转在 6 次迭代后已收敛。

由旋转后的因子载荷矩阵可以看出，第一个公因子为 X_1 [马铃薯总播种面积（×10³hm²）]、X_8（马铃薯市场占有率）、X_2 [马铃薯产量（万 t）]、X_7（综合优势指数）、X_5（规模优势指数）、X_4（资源禀赋系数），这些指标是从多个方面反映各省马铃薯产业发展的综合生产实力的核心指标，命名为生产实力因子。第一个因子的方差贡献率为 58.116%，占一半以上，需要重点考虑。

第二个公因子为 X_3 [马铃薯单位面积产量（kg/hm²）]、X_6（生产效率优势指数），这两个指标是效益的核心指标，命名为效益因子。第二个因子的方差贡献率为 18.806%。

第三个公因子为 X_9（农业机械总动力），这个指标反映农业机械化综合水平，命名为农业机械化因子。第三个因子的方差贡献率为 12.546%。

根据因子得分系数矩阵算出各省马铃薯产业竞争力的因子得分及综合得分。由表 5-10 因子得分系数矩阵可知，采用回归方法得到因子得分，以各因子的方差贡献率占 3 个因子总方差贡献率的比例作为权重进行加权汇总，得到各省的综合得分 F。

$$F_1 = 0.259 \times X_1 + 0.264 \times X_2 - 0.069 \times X_3 + 0.096 \times X_4 + 0.097 \times X_5 - 0.014 \times X_6 + 0.115 \times X_7 + 0.263 \times X_8 + 0.185 \times X_9$$

$$F_2 = -0.010 \times X_1 + 0.047 \times X_2 + 0.568 \times X_3 - 0.112 \times X_4 - 0.143 \times X_5 + 0.493 \times X_6 - 0.021 \times X_7 + 0.046 \times X_8 - 0.041 \times X_9$$

$$F_3 = -0.176 \times X_1 - 0.237 \times X_2 - 0.061 \times X_3 + 0.311 \times X_4 + 0.333 \times X_5 - 0.012 \times X_6 + 0.234 \times X_7 - 0.233 \times X_8 - 0.615 \times X_9$$

$$F = (58.116\% \times F_1 + 18.806\% \times F_2 + 12.546\% \times F_3)/(58.116\% + 18.806\% + 12.546\%)$$

表 5-10　因子得分系数矩阵

指标	公因子 F_1	公因子 F_2	公因子 F_3
X_1	0.259	−0.01	−0.176
X_2	0.246	0.047	−0.237
X_3	−0.069	0.568	−0.061

续表

指标	公因子 F_1	公因子 F_2	公因子 F_3
X_4	0.096	−0.112	0.311
X_5	0.097	−0.143	0.333
X_6	−0.014	0.493	−0.012
X_7	0.115	−0.021	0.234
X_8	0.263	0.046	−0.233
X_9	0.185	−0.041	−0.615

三、分析结果

（一）马铃薯产业生产实力因子（F_1）排名

马铃薯生产实力因子（F_1）主要是从 X_1（马铃薯总播种面积）、X_8（马铃薯市场占有率）、X_2［马铃薯产量（万 t）］、X_7（综合优势指数）、X_5（生产规模优势指数）、X_4（资源禀赋系数）这几个方面体现的。2010~2013 年，甘肃的 F_1 都是排名第一；2014 年和 2015 年，四川的 F_1 排名第一。从 F_1 的得分和排名（表 5-11）来看，甘肃、四川、贵州、内蒙古、云南牢牢占据前五位，表明这 5 个省（自治区）是中国的马铃薯主产区，其生产实力方面具有明显的竞争优势。

表 5-11　F_1 得分和排名

地区	2010 年		2011 年		2012 年		2013 年		2014 年		2015 年	
	得分	排名	得分	排名	得分	排名	得分	排名	得分	排名	得分	排名
北京	−0.95	28	−0.95	28	−0.95	28	−0.95	27	−0.95	27	−0.96	28
天津	−0.93	27	−0.93	27	−0.93	27	−0.93	26	−0.93	26	−0.93	26
河北	0.20	11	0.24	11	0.31	9	0.32	9	0.28	9	0.35	7
山西	−0.21	13	−0.20	13	−0.19	13	−0.17	13	−0.15	13	−0.15	13
内蒙古	1.79	3	1.99	3	1.81	4	1.77	4	1.37	5	1.23	5
辽宁	−0.59	20	−0.58	21	−0.62	20	−0.61	21	−0.54	21	−0.57	21
吉林	−0.27	15	−0.42	17	−0.39	17	−0.46	17	−0.46	18	−0.45	17
黑龙江	0.51	7	0.57	7	0.54	7	0.42	7	0.38	7	0.31	9
上海	−0.96	29	−0.96	29	−0.96	29	−0.96	28	−0.96	28	−0.96	29
江苏	−0.73	22	−0.72	24	−0.71	24	−0.70	24	−0.69	24	−0.69	24
浙江	−0.56	19	−0.55	19	−0.57	19	−0.56	20	−0.54	20	−0.53	20
安徽	−0.83	26	−0.56	20	−0.70	23	−0.65	22	−0.63	22	−0.63	22
福建	−0.52	18	−0.52	18	−0.51	18	−0.50	18	−0.49	19	−0.47	19
江西	−0.74	23	−0.84	26	−0.77	25	−0.97	29	−0.97	29	−0.95	27
山东	−0.27	14	−0.24	14	−0.22	14	−0.20	14	−0.18	14	−0.16	14
河南	−0.35	17	−0.33	15	−0.31	15	−0.29	15	−0.27	16	−0.26	16
湖北	−0.01	12	0.08	12	0.09	12	0.16	12	0.17	12	0.25	10

续表

地区	2010 年		2011 年		2012 年		2013 年		2014 年		2015 年	
	得分	排名	得分	排名	得分	排名	得分	排名	得分	排名	得分	排名
湖南	−0.32	16	−0.34	16	−0.34	16	−0.30	16	−0.23	15	−0.24	15
广东	−0.68	21	−0.72	23	−0.66	22	−0.68	23	−0.69	23	−0.67	23
广西	−0.75	24	−0.63	22	−0.66	21	−0.54	19	−0.46	17	−0.47	18
海南	−1.18	31	−1.10	30	−1.11	31	−1.11	31	−1.10	31	−1.08	30
重庆	0.82	6	0.80	6	0.79	6	0.81	6	0.83	6	0.89	6
四川	1.94	2	1.76	4	2.37	2	2.43	2	2.56	1	2.71	1
贵州	1.68	4	2.03	2	1.87	4	2.09	3	2.19	3	2.25	3
云南	1.33	5	1.31	5	1.42	5	1.54	5	1.45	4	1.44	4
西藏	−1.13	30	−1.13	31	−1.10	30	−1.10	30	−1.06	30	−1.09	31
陕西	0.23	10	0.24	10	0.21	10	0.25	10	0.35	8	0.34	8
甘肃	2.08	1	2.39	1	2.43	1	2.45	1	2.38	2	2.27	2
青海	0.34	9	0.29	9	0.16	11	0.24	11	0.25	11	0.24	11
宁夏	0.50	8	0.47	8	0.41	8	0.40	8	0.26	10	0.17	12
新疆	−0.81	25	−0.73	25	−0.83	26	−0.82	25	−0.79	25	−0.83	25

2010 年，F_1 的排名为：甘肃第一，四川第二，内蒙古第三，其中云南排名第五。

2011 年，F_1 的排名为：甘肃第一，贵州第二，内蒙古第三，其中云南排名第五。

2012 年，F_1 的排名为：甘肃第一，四川第二，贵州第三，其中云南排名第五。

2013 年，F_1 的排名为：甘肃第一，四川第二，贵州第三，其中云南排名第五。

2014 年，F_1 的排名为：四川第一，甘肃第二，贵州第三，其中云南排名第四。

2015 年，F_1 的排名为：四川第一，甘肃第二，贵州第三，其中云南排名第四。

横向方面，在 2010～2013 年，甘肃的公因子（F_1）都是排名第一；2014 年和 2015 年，四川的公因子（F_1）得分分别为 2.56 和 2.71，排名第一；而云南 2010～2013 年在生产实力公因子（F_1）得分 1.33、1.31、1.42、1.54，均排名第五。云南的马铃薯播种面积与马铃薯产量基本明显低于四川、甘肃、贵州和内蒙古 4 省，虽然在资源禀赋和综合优势方面略高于四川，但是在市场占有率方面又低于甘肃和四川，可见云南马铃薯生产实力因子（F_1）总的排名相对五大产区来讲还是靠后。纵向来看，云南 2014 年和 2015 年生产实力公因子（F_1）得分分别为 1.45、1.44，排名均在第四，相对 2010～2013 年上升了一名，说明在生产实力方面 2014 年、2015 年有所提升，虽然相对于全国马铃薯五大产区生产实力还是较低，但相对于全国所有省份还是具有一定的竞争实力的。

（二）马铃薯产业效益因子（F_2）排名

马铃薯效益因子（F_2）主要从 X_3（马铃薯单位面积产量）、X_6（生产效率优势指数）两方面来体现。从 F_2 的得分和排名（表 5-12）来看，效益因子（F_2）在 2012 年、2014 年和 2015 年排在第一的都是吉林，且其他年份都排在前三，说明吉林的效益优势非常明显。

此外，辽宁、江西、广西、西藏的效益优势也较为突出。而内蒙古、甘肃、四川、贵州、云南这五大主产区均排名在 10 以后，反映出中国马铃薯生产实力与效益不匹配，主产区效益上升将对全国马铃薯产业竞争力提升产生较大影响。

表 5-12　F_2 得分和排名

地区	2010 年		2011 年		2012 年		2013 年		2014 年		2015 年	
	得分	排名	得分	排名	得分	排名	得分	排名	得分	排名	得分	排名
北京	−1.58	26	−1.58	26	−1.58	27	−1.58	27	−1.58	27	−1.58	27
天津	−1.59	27	−1.59	27	−1.59	28	−1.59	28	−1.59	28	−1.59	28
河北	−0.08	16	−0.21	19	0.26	16	0.20	16	0.14	16	0.09	17
山西	−0.39	23	−0.40	23	−0.33	24	−0.28	23	−0.26	23	−0.29	24
内蒙古	−0.16	19	−0.17	18	−0.08	19	0.10	17	0.04	17	0.02	19
辽宁	1.26	5	1.25	2	0.63	10	0.87	8	1.31	4	1.06	6
吉林	1.79	3	1.04	3	1.74	1	1.31	2	1.83	1	1.73	1
黑龙江	0.89	7	0.90	4	0.98	6	0.55	9	0.66	9	0.73	8
上海	−1.58	25	−1.58	25	−1.58	26	−1.58	26	−1.58	26	−1.58	26
江苏	−1.63	29	−1.63	28	−1.63	29	−1.64	29	−1.64	29	−1.64	29
浙江	0.05	15	0.24	12	0.32	13	0.37	11	0.32	11	0.30	12
安徽	2.76	1	−1.65	29	1.57	2	0.09	18	0.02	18	0.08	18
福建	0.16	14	0.17	14	0.24	17	0.25	13	0.26	12	0.29	13
江西	−1.63	28	0.31	10	1.28	4	1.43	1	1.49	2	1.36	2
山东	−1.73	31	−1.74	31	−1.74	31	−1.75	31	−1.75	31	−1.76	31
河南	−1.71	30	−1.72	30	−1.72	30	−1.73	30	−1.73	30	−1.73	30
湖北	0.24	13	0.17	15	0.27	15	0.25	14	0.24	13	0.20	14
湖南	0.29	11	0.26	11	0.30	14	0.24	15	0.19	14	0.35	11
广东	0.82	8	0.80	5	0.85	8	0.87	7	0.95	6	0.88	7
广西	0.68	9	0.54	8	1.28	3	1.11	4	1.01	5	1.08	5
海南	1.98	2	0.72	6	0.91	7	0.97	5	0.76	8	0.46	9
重庆	−0.16	17	−0.14	16	−0.12	21	−0.12	22	−0.13	22	−0.09	21
四川	0.64	10	0.35	9	0.35	12	0.33	12	0.33	10	0.40	10
贵州	−0.28	22	−0.25	21	−0.22	23	−0.05	19	0.00	19	0.09	16
云南	0.25	12	0.24	13	0.45	11	0.47	10	0.17	15	0.16	15
西藏	1.32	4	1.40	1	1.10	5	1.19	3	0.91	7	1.23	4
陕西	−0.16	18	−0.16	17	−0.05	18	−0.09	20	−0.05	20	−0.08	20
甘肃	−0.27	21	−0.21	20	−0.11	20	−0.12	21	−0.11	21	−0.12	22
青海	−0.23	20	−0.29	22	−0.21	22	−0.29	24	−0.29	24	−0.28	23
宁夏	−0.70	24	−0.74	24	−0.66	25	−0.64	25	−0.47	25	−0.47	25
新疆	1.16	6	0.55	7	0.72	9	0.92	6	1.31	3	1.31	3

2010 年，F_2 的排名为：安徽第一，海南第二，吉林第三，其中云南排名第 12。

2011 年，F_2 的排名为：西藏第一，辽宁第二，吉林第三，其中云南排名第 13。

2012 年，F_2 的排名为：吉林第一，安徽第二，广西第三，其中云南排名第 11。

2013 年，F_2 的排名为：江西第一，吉林第二，西藏第三，其中云南排名第 10

2014 年，F_2 的排名为：吉林第一，江西第二，新疆第三，其中云南排名第 15。

2015 年，F_2 的排名为：吉林第一，江西第二，新疆第三，其中云南排名第 15。

横向来看，马铃薯产业效益因子（F_2）在 2012 年、2014 年和 2015 年排在第一的都是吉林，在其他年份也都排在前三，说明吉林的效益优势非常明显，而云南均排在 10 名以外。云南马铃薯单位面积产量和效率明显高于甘肃、贵州、内蒙古，说明在全国马铃薯五大产区中还是具有一定竞争力的，但是相对全国而言，云南马铃薯单位面积产量明显低于吉林、江西、辽宁、安徽、新疆、西藏等地，云南马铃薯的效益水平在全国只占到中等偏上水平。纵向来看，云南马铃薯 2010～2015 年的效益因子（F_2）得分分别为 0.25、0.24、0.45、0.47、0.17、0.16，明显在 2013 年得分和排名都有所提升，但是到 2014 年和 2015 年反而下降了，说明云南马铃薯生产效益还不稳定。

（三）马铃薯农业机械化因子（F_3）排名

从 F_3 的得分和排名（表 5-13）来看，在 2010～2015 年，马铃薯农业机械化因子（F_3）的排名都是青海第一，宁夏第二，2010 年贵州第三，2011～2015 年重庆都是第三，说明这几个省份的农业机械化因子优势非常明显。五大主产区中甘肃基本稳定在前 5 位，贵州在 2010～2012 年的排名还在第三或第四名，2014 年、2015 年就下降至第 14 名，内蒙古、四川、云南基本在 20 名之后。

表 5-13　F_3 得分和排名

地区	2010 年		2011 年		2012 年		2013 年		2014 年		2015 年	
	得分	排名	得分	排名	得分	排名	得分	排名	得分	排名	得分	排名
北京	0.48	9	0.48	8	0.49	8	0.49	6	0.50	6	0.50	6
天津	0.42	10	0.42	9	0.42	9	0.42	9	0.42	8	0.43	8
河北	−1.63	30	−1.68	30	−1.80	30	−1.84	30	−1.83	30	−1.86	30
山西	0.42	11	0.35	12	0.31	12	0.27	13	0.25	12	0.26	12
内蒙古	0.03	17	−0.17	21	−0.16	19	−0.33	21	−0.28	21	−0.27	20
辽宁	0.00	19	−0.09	20	−0.02	16	−0.04	17	−0.12	18	−0.11	17
吉林	−0.09	21	−0.04	18	−0.20	21	−0.14	19	−0.26	20	−0.32	22
黑龙江	−0.71	26	−0.88	27	−1.00	27	−0.90	27	−0.97	27	−1.00	27
上海	0.51	7	0.51	6	0.51	6	0.51	5	0.51	5	0.51	4
江苏	−0.25	23	−0.29	22	−0.31	22	−0.35	22	−0.40	23	−0.40	23
浙江	0.22	14	0.18	14	0.18	14	0.20	14	0.22	13	0.24	13
安徽	−0.74	27	−0.63	26	−0.77	26	−0.75	26	−0.78	26	−0.83	26

续表

地区	2010 年		2011 年		2012 年		2013 年		2014 年		2015 年	
	得分	排名	得分	排名	得分	排名	得分	排名	得分	排名	得分	排名
福建	0.53	6	0.50	7	0.49	7	0.48	7	0.47	7	0.47	7
江西	−0.23	22	−0.41	24	−0.50	24	0.00	16	−0.03	15	−0.05	15
山东	−1.79	31	−1.88	31	−1.95	31	−2.01	31	−2.09	31	−2.14	31
河南	−1.50	29	−1.57	29	−1.64	29	−1.70	29	−1.76	29	−1.81	29
湖北	−0.28	24	−0.34	23	−0.38	23	−0.45	24	−0.47	24	−0.50	24
湖南	−0.53	25	−0.60	25	−0.66	25	−0.69	25	−0.74	25	−0.79	25
广东	0.00	18	−0.03	16	−0.04	17	−0.06	18	−0.07	16	−0.08	16
广西	−0.02	20	−0.08	19	−0.14	18	−0.17	20	−0.19	19	−0.26	19
海南	0.25	13	0.32	13	0.29	13	0.29	12	0.30	10	0.31	10
重庆	0.99	4	0.88	3	0.85	3	0.83	3	0.83	3	0.82	3
四川	−1.02	28	−0.99	28	−1.30	28	−1.35	28	−1.43	28	−1.56	28
贵州	1.05	3	0.87	4	0.63	4	0.44	8	0.17	14	−0.04	14
云南	0.13	15	−0.03	17	−0.19	20	−0.37	23	−0.31	22	−0.30	21
西藏	0.36	12	0.35	11	0.39	10	0.37	10	0.40	9	0.38	9
陕西	0.50	8	0.41	10	0.34	11	0.32	11	0.29	11	0.30	11
甘肃	0.93	5	0.72	5	0.62	5	0.54	4	0.52	4	0.50	5
青海	3.12	1	3.01	1	2.74	1	2.84	1	2.88	1	2.87	1
宁夏	2.54	2	2.42	2	2.36	2	2.30	2	2.10	2	1.98	2
新疆	0.10	16	0.12	15	0.07	15	0.00	15	−0.10	17	−0.13	18

2010 年，F_3 的排名为：青海第一，宁夏第二，贵州第三，其中云南排名第 15。

2011 年，F_3 的排名为：青海第一，宁夏第二，重庆第三，其中云南排名第 17。

2012 年，F_3 的排名为：青海第一，宁夏第二，重庆第三，其中云南排名第 20。

2013 年，F_3 的排名为：青海第一，宁夏第二，重庆第三，其中云南排名第 23。

2014 年，F_3 的排名为：青海第一，宁夏第二，重庆第三，其中云南排名第 22。

2015 年，F_3 的排名为：青海第一，宁夏第二，重庆第三，其中云南排名第 21。

横向来看，在 2010~2015 年，马铃薯农业机械化因子（F_3）的排名都是青海第一，宁夏第二，2010 年贵州第三，2011~2015 年都是重庆第三，说明这几个省份的农业机械化因子优势非常明显，云南农业机械总动力明显低于全国大部分省份，说明云南的农业机械普及水平比较低。纵向来看，2010~2015 年，云南马铃薯农业机械化因子（F_3）排名基本都在中等偏下水平，整体上先上升后下降，在 2015 年排在第 21 名。

（四）马铃薯综合竞争力（F）排名

综合因子得分和排名（表 5-14）显示，甘肃、四川、贵州、内蒙古、云南完全占据前 5 位，表明五大主产区省份马铃薯的综合竞争力优势非常明显，这与现实情况极为吻合。

表5-14 综合因子（F）得分和排名

地区	2010年		2011年		2012年		2013年		2014年		2015年	
	得分	排名	得分	排名	得分	排名	得分	排名	得分	排名	得分	排名
北京	−0.88	30	−0.88	30	−0.88	30	−0.88	30	−0.88	30	−0.88	30
天津	−0.88	31	−0.88	31	−0.88	31	−0.88	31	−0.88	31	−0.88	31
河北	−0.12	15	−0.13	14	0.01	13	−0.01	12	−0.05	13	−0.01	13
山西	−0.16	16	−0.16	15	−0.15	14	−0.13	14	−0.12	15	−0.12	15
内蒙古	1.13	4	1.23	3	1.13	4	1.12	4	0.86	5	0.77	5
辽宁	−0.12	14	−0.13	13	−0.27	20	−0.22	17	−0.09	14	−0.16	16
吉林	0.19	10	−0.06	12	0.08	11	−0.04	13	0.05	12	0.03	12
黑龙江	0.42	9	0.43	9	0.42	9	0.26	9	0.25	10	0.21	10
上海	−0.88	29	−0.88	29	−0.88	29	−0.88	29	−0.88	29	−0.88	29
江苏	−0.85	28	−0.85	28	−0.85	28	−0.85	28	−0.85	28	−0.85	28
浙江	−0.32	22	−0.28	18	−0.28	21	−0.26	19	−0.25	19	−0.24	19
安徽	−0.06	13	−0.80	26	−0.23	17	−0.51	25	−0.52	25	−0.51	24
福建	−0.23	18	−0.23	16	−0.21	16	−0.21	16	−0.20	17	−0.18	17
江西	−0.85	27	−0.53	24	−0.30	22	−0.33	21	−0.32	22	−0.34	22
山东	−0.79	25	−0.78	25	−0.78	26	−0.78	26	−0.78	26	−0.77	26
河南	−0.80	26	−0.80	27	−0.79	27	−0.79	27	−0.79	27	−0.79	27
湖北	0.01	12	0.04	11	0.06	12	0.09	11	0.10	11	0.13	11
湖南	−0.22	17	−0.25	17	−0.25	18	−0.24	18	−0.22	18	−0.19	18
广东	−0.27	20	−0.30	19	−0.26	19	−0.27	20	−0.25	20	−0.26	20
广西	−0.34	23	−0.31	20	−0.18	15	−0.14	15	−0.12	16	−0.11	14
海南	−0.32	21	−0.52	23	−0.49	25	−0.47	24	−0.51	24	−0.56	25
重庆	0.64	6	0.61	6	0.61	6	0.62	6	0.63	6	0.67	6
四川	1.25	2	1.08	4	1.43	2	1.46	2	1.54	2	1.63	1
贵州	1.18	3	1.39	2	1.26	3	1.41	3	1.45	3	1.47	3
云南	0.94	5	0.89	5	0.99	5	1.05	5	0.93	4	0.93	4
西藏	−0.41	24	−0.39	22	−0.43	24	−0.41	23	−0.44	23	−0.40	23
陕西	0.18	11	0.18	10	0.18	10	0.19	10	0.26	9	0.25	9
甘肃	1.42	1	1.61	1	1.64	1	1.64	1	1.59	1	1.52	2
青海	0.61	7	0.55	7	0.45	8	0.49	7	0.51	7	0.50	7
宁夏	0.53	8	0.49	8	0.46	7	0.45	8	0.36	8	0.29	8
新疆	−0.27	19	−0.34	21	−0.38	23	−0.34	22	−0.25	21	−0.28	21

2010年，F 的排名为：甘肃第一，四川第二，贵州第三，其中云南排名第5。

2011年，F 的排名为：甘肃第一，贵州第二，内蒙古第三，其中云南排名第5。

2012 年，F 的排名为：甘肃第一，四川第二，贵州第三，其中云南排名第 5。

2013 年，F 的排名为：甘肃第一，四川第二，贵州第三，其中云南排名第 5。

2014 年，F 的排名为：甘肃第一，四川第二，贵州第三，其中云南排名第 4。

2015 年，F 的排名为：甘肃第一，四川第二，贵州第三，其中云南排名第 4。

由表 5-14 可知，甘肃的综合因子（F）都是排名第一。四川除了 2011 年掉出前三外，在其他年份都排名第二，贵州在 2011 年排行第二，其他年份都排第三，说明这三个省份在马铃薯的综合实力方面优势非常明显。结合其他因子可知，云南的效益优势和农业机械化因子都有下降，生产实力的提升从而使云南的综合因子有所提升。云南马铃薯的综合因子在 2014 年和 2015 年有所提升，较其他 4 年上升了一名，仅次于甘肃、四川、贵州三省，高于全国大部分地区，表明云南马铃薯产业具备很高的竞争力。

主要参考文献

蔡海龙. 2013. 我国马铃薯价格波动的原因分析[J]. 价格理论与实践，（9）：64-65.

段伟伟，胡丽君. 2012. 马铃薯贮藏技术的研究现状[J]. 农业科技通讯，（4）：21-23.

冯涛，张德亮. 2012. 云南马铃薯产业外贸浅析——以东南亚市场为例[J]. 当代经济，（2）：23-24.

郭华春. 2015. 云南省马铃薯不同种植模式的产量及效益分析[J]. 生物技术世界，（06）：46-47.

贺小刚. 2006. 企业持续竞争优势的资源观现实[J]. 南开经济评论，（6）：43-45.

胡瑞法，冷燕. 2006. 中国主要粮食作物的投入与产出研究[J]. 农业技术经济，（3）：2-7.

金璟，龙蔚，张德亮，等. 2012. 浅析云南马铃薯加工业发展[J]. 中小企业管理与科技（下旬刊），（5）：194-195.

李道亮. 2012. 农业物联网导论[M]. 北京：科学出版社.

李孟刚，蒋志敏. 2008. 产业经济学[M]. 北京：高等教育出版社：319-350.

李云海，李灿辉，陈丽华，等. 2003. 云南省马铃薯加工专用型品种的开发应用现状和发展前景[J]. 云南农业科技，增刊：106-111.

李志勤. 2008. 中国马铃薯生产的经济分析[D]. 武汉：华中农业大学博士学位论文.

刘静. 2014. 我国农产品电子商务发展现状及其对策研究[D]. 武汉：华中师范大学硕士学位论文.

刘俊霞. 2012. 中国马铃薯国际贸易研究[D]. 咸阳：西北农林科技大学博士学位论文.

龙蔚，金璟，张德亮，等. 2013. 云南省马铃薯生产与市场行情分析[J]. 云南农业大学学报（社会科学），7（2）：15-17.

鲁述霞. 2010. 马铃薯的加工现状及发展前景[J]. 农业科技与信息，1：30-31.

马旺林. 2012. 甘肃省马铃薯产业竞争力及其影响因素研究[D]. 雅安：四川农业大学硕士学位论文.

迈克尔·波特. 2002. 国家竞争优势[M]. 北京：华夏出版社.

秦军红. 2011. 马铃薯膜下滴灌增产效应的研究[J]. 中国农学通报，27（18）：204-208.

邱敦莲. 2004. 国内外马铃薯生产、加工市场需求现状[J]. 四川农业科技，（3）：7-8.

屈冬玉，金黎平. 2010. 中国马铃薯产业 10 年回顾[M]. 北京. 中国农业科学技术出版社.

孙东升. 2009. 中国马铃薯加工现状和发展趋势[J]. 农业展望，11：20-22.

唐子永，郭艳梅. 2014. 马铃薯高产栽培技术[M]. 北京：中国农业科学技术出版社.

王伶. 2009. 我国马铃薯国际竞争力的比较分析[J]. 国际商务（对外经济贸易大学学报），6：32-36.

王孟宇. 2010. 云南农业气候资源的现状及综合利用对策[J]. 西南农业学报，23（2）：598-601.

王文腾. 2012. 中国马铃薯产业化的发展现状与政策研究[D]. 武汉：华中师范大学硕士学位论文.

薛薇. 2006. 基于 SPSS 的数据分析[M]. 北京：中国人民大学出版社：352-367.

杨双旭，2010. 茶产业竞争力评价模型的构建[D]. 北京：中国农业科学院硕士学位论文.

杨映明. 2003. 大力发展云南马铃薯特色优势产业[J]. 云南农业科技，（4）：56-57.

杨勇，白永平. 2008. 中国马铃薯生产省域优势比较分析[J]. 中国马铃薯，22（3）：144-147.

袁照年. 2003. 中国各种区马铃薯生产现状及发展对策[M]. 哈尔滨：哈尔滨工业大学出版社：358-361.

云南统计局. 2010～2015 年云南马铃薯的生产统计资料[A].

曾琼霞，张德亮. 2013. 云南省马铃薯价格预警研究[J]. 中国市场，（9）：40-43.

张海青. 2004. 中国棉花产区比较优势研究[D]. 北京：中国农业科学院硕士学位论文.

张晓菊. 2009. 甘肃省定西市马铃薯竞争力分析[D]. 兰州：甘肃农业大学硕士学位论文.

赵生山，钟乐华. 2008. 马铃薯贮藏中存在的问题及对策[J]. 农业科技与信息，（7）：56-57.

赵永平，韩建. 2005. 甘肃马铃薯产业竞争力分析[J]. 甘肃农业大学学报，（2）：250-255.

郑明身. 2002. 企业组织创新与竞争力[J]. 经济管理，（11）：6-11.

钟伟章. 2002. 云南马铃薯产业的现状与发展对策[J]. 云南科技管理，2：15-17.

朱小娟. 2004. 产业竞争力研究的理论、方法和应用[D]. 北京：首都经济贸易大学博士学位论文.

第六章 云南不同区域的马铃薯产业竞争力分析与评价

云南有 16 个地州，除了个别地州马铃薯种植较少外，绝大部分地州都有一定规模的马铃薯种植，各个地州马铃薯种植的规模、技术、效率及地方政府的重视程度有明显的区别，其马铃薯产业的竞争力也有着明显的差别，本章运用层次分析法对云南不同区域的马铃薯产业竞争力进行分析和评价。

第一节 分 析 方 法

层次分析法是产业竞争力评价的主要方法之一。本节主要介绍层次分析法的定义、优缺点和基本步骤。

一、层次分析法的定义

层次分析法（analytic hierarchy process，AHP）是美国运筹学家托马斯·塞蒂（T. L. saaty）于 20 世纪 70 年代初正式提出的。在为美国国防部研究"根据各个工业部门对国家福利的贡献大小而进行电力分配"课题时，应用网络系统理论和多目标综合评价方法，提出的一种层次权重决策分析方法。

层次分析法的定义有以下几种。

1）层次分析法是将与决策总是有关的元素分解成目标、准则、方案等层次，在此基础之上进行定性和定量分析的决策方法。

2）层次分析法是指将一个复杂的多目标决策问题作为一个系统，将目标分解为多个目标或准则，进而分解为多指标（或准则、约束）的若干层次，通过定性指标模糊量化方法算出层次单排序（权数）和总排序，以作为目标（多指标）、多方案优化决策的系统方法。

3）层次分析法是将决策问题按总目标、各层子目标、评价准则直至具体的备择方案的顺序分解为不同的层次结构，然后用求解判断矩阵特征向量的办法，求得每一层次的各元素对上一层次某元素的优先权重，最后再用加权求和的方法，递阶归并各备择方案对总目标的最终权重，此最终权重最大者即为最优方案。这里所谓"优先权重"是一种相对的量度，它表明各备择方案在某一特点的评价准则或子目标下，优越程度的相对量度，以及各子目标对上一层目标而言重要程度的相对量度。层次分析法比较适合于具有分层交错评价指标的目标系统，而且目标值又难于定量描述的决策问题。其用法是构造判断矩阵，求出其最大特征值及其所对应的特征向量，归一化后，即为某一层次指标对于上一层次某相关指标的相对重要性权值。

二、层次分析法的优点和缺点

（一）层次分析法的优点

1. 系统性的分析方法

层次分析法把研究对象作为一个系统，按照分解、比较判断、综合的思维方式进行决策，成为继机理分析、统计分析之后发展起来的系统分析的重要工具。系统的思想在于不割断各个因素对结果的影响，而层次分析法中每一层的权重设置最后都会直接或间接影响到结果，而且在每个层次中的每个因素对结果的影响程度都是量化的，非常清晰、明确。这种方法尤其可用于对无结构特性的系统评价及多目标、多准则、多时期等的系统评价。

2. 简洁实用的决策方法

这种方法既不单纯追求高深数学，又不片面地注重行为、逻辑、推理，而是把定性方法与定量方法有机地结合起来，使复杂的系统分解，能将人们的思维过程数学化、系统化，便于人们接受，且能把多目标、多准则又难以全部量化处理的决策问题化为多层次单目标问题，通过两两比较确定同一层次元素相对上一层次元素的数量关系后，最后进行简单的数学运算。即使是具有中等文化程度的人也可了解层次分析的基本原理和掌握它的基本步骤，计算也经常简便，并且所得结果简单明确，容易为决策者了解和掌握。

3. 所需定量数据信息较少

层次分析法主要是从评价者对评价问题的本质、要素的理解出发，比一般的定量方法更讲求定性的分析和判断。层次分析法是模拟人们决策过程的思维方式的一种方法，把判断各要素的相对重要性的步骤留给了大脑，只保留人脑对要素的印象，化为简单的权重进行计算。这种思想能处理许多用传统的最优化技术无法着手的实际问题。

（二）层次分析法的缺点

1. 不能为决策提供新方案

层次分析法的作用是从备选方案中选择较优者。这个作用正好说明了层次分析法只能从原有方案中进行选取，而不能为决策者提供解决问题的新方案。这样，在应用层次分析法的时候，可能会有这样一个情况，就是我们自身的创造能力不够，造成了我们尽管在想出来的众多方案里选了一个最好的出来，但其效果仍然不如企业所做出来的效果好。而对于大部分决策者来说，如果一种分析工具能分析出在已知方案里的最优者，然后指出已知方案的不足，甚至再提出改进方案的话，这种分析工具才是比较完美的。但显然，层次分析法还没能做到这点。

2. 定量数据较少，定性成分多，不易令人信服

在如今对科学方法的评价中，一般都认为一门科学需要比较严格的数学论证和完善的定量方法。但现实世界的问题和人脑考虑问题的过程很多时候并不能简单地用数字来说明一切。层次分析法是一种可以模拟人脑决策方式的方法，因此必然带有较多的定性色彩。这样，当一个人应用层次分析法来做决策时，其他人就会说：为什么会是这样？能不能用数学方法来解释？如果不可以的话，你凭什么认为你的这个结果是对的？你说你在这个问题上认识比较深，但我认为我的认识也比较深，可我和你的意见是不一致的，以我的观点做出来的结果和你的也不一致。这个时候该如何解决？

例如，对于一件衣服，我认为评价的指标是舒适度、耐用度，然而这样的指标对于女

士来说，估计是比较难以接受的，因为女士对衣服的评价一般美观度是最主要的，对耐用度的要求比较低，甚至可以忽略不计，因为一件便宜又好看的衣服，穿一次也值了，根本不考虑它是否耐穿。这样，对于"购买衣服时的选择方法"的题目，充其量也就只是"男士购买衣服的选择方法"了。也就是说，定性成分较多的时候，可能这个研究最后能解决的问题就比较少了。

对于上述这样的问题，其实也是有办法解决的。如果说评价指标太少了，那就把美观度加进去，如果指标还是不够，可以不断增加指标，但当指标太多了，反而会更难确定方案了。这就引出了层次分析法的第三个不足之处。

3. 指标过多时数据统计量大，且权重难以确定

当我们希望能解决较普遍的问题时，指标的选取数量很可能也就随之增加。这就像系统结构理论里，要分析一般系统的结构，要搞清楚关系环，就要分析到基层次，而要分析到基层次上的相互关系时，需要确定的关系就非常多了。指标的增加就意味着要构造层次更深、数量更多、规模更庞大的判断矩阵。那么就需要对许多指标进行两两比较。一般情况下，对层次分析法进行两两比较时用 1～9 来说明其相对重要性，如果指标越多，那么对每两个指标之间的重要程度的判断可能就出现困难，甚至会对层次单排序和总排序的一致性产生影响，使一致性检验不能通过。也就是说，由于客观事物的复杂性或对事物认识的片面性，通过所构造的判断矩阵求出的特征向量（权值）不一定是合理的。不能通过，就需要调整，在指标数量多的时候这是个很痛苦的过程，因为根据人的思维定式，很难重新调整两个指标的相对重要关系，同时，也不容易发现指标的相对重要性的取值里到底哪个指标有问题。这就可能花了很多时间，仍然是不能通过一致性检验，而更糟糕的是，根本不知道哪里出了问题。也就是说，层次分析法没有办法指出判断矩阵里哪个元素出了问题。

4. 特征值和特征向量的精确求法比较复杂

在求判断矩阵的特征值和特征向量时，所用的方法和多元统计所用的方法是一样的。在二阶、三阶的时候，还比较容易处理，但随着指标的增加，阶数也随之增加，在计算上也变得越来越困难。不过幸运的是这个缺点比较好解决，有三种比较常用的近似计算方法：第一种就是和法，第二种是幂法，第三种是开根法。

三、层次分析法的基本步骤

1. 建立层次结构模型

在深入分析实际问题的基础上，将有关的各个因素按照不同属性自上而下地分解成若干层次，同一层的诸因素从属于上一层的因素或对上层因素有影响，同时又支配下一层的因素或受到下层因素的作用。最上层为目标层，通常只有一个因素，最下层通常为方案或对象层，中间可以有一个或几个层次，通常为准则或指标层。当准则过多时（如多于 9 个）应进一步分解出子准则层。

2. 构造成对比较阵

从层次结构模型的第二层开始，对于从属于（或影响）上一层每个因素的同一层诸因素，用成对比较法和 1～9 比较尺度构造成对比较阵，直到最下层。

3. 计算权向量并做一致性检验

对于每一个成对比较阵计算最大特征根及对应特征向量，利用一致性指标、随机一致性指标和一致性比率做一致性检验。若检验通过，特征向量（归一化后）即为权向量；若不通过，需重新构造成对比较阵。

4. 计算组合权向量并做组合一致性检验

计算最下层对目标的组合权向量，并根据公式做组合一致性检验，若检验通过，则可按照组合权向量表示的结果进行决策，否则需要重新考虑模型或重新构造那些一致性比率较大的成对比较阵。关于判断矩阵权重计算的方法有两种，即几何平均法（根法）和规范列平均法（和法）。

（1）几何平均法（根法）

第一，计算判断矩阵 A 各行各个元素 m_i 的乘积；第二，计算 m_i 的 n 次方根；第三，对向量进行归一化处理；第四，该向量即为所求权重向量。

（2）规范列平均法（和法）

第一步是计算判断矩阵 A 各行各个元素 m_i 的和；第二步是将 A 的各行元素的和进行归一化；第三步是该向量即为所求权重向量。

四、应用层次分析法的注意事项

如果所选的要素不合理，其含义混淆不清，或要素间的关系不正确，都会降低 AHP 法的结果质量，甚至导致 AHP 法决策失败。

为保证递阶层次结构的合理性，需把握以下原则：①分解简化问题时把握主要因素，不漏不多；②注意相比较元素之间的强度关系，相差太悬殊的要素不能在同一层次比较。

第二节　竞争力评价指标和权重设定

本节根据云南马铃薯产业数据的特点，构建了马铃薯竞争力评价方面的关于生产、加工、市场、科研和政策 5 个方面近 37 个指标，并用专家群决策法对各个指标进行了权重设定。

一、云南马铃薯竞争力评价体系及指标的确定

根据产业竞争力的描述，学者在以定量分析为主要研究工具完成产业竞争力研究的基础上，用定量分析中使用的具有数量表征特性的竞争力指标体系来解释产业竞争力的形成机制。竞争力指标有两类：一类是分析性指标，这类指标是反映竞争力形成原因的指标；另一类是显示性指标，是反映竞争力结果的指标。按照"间接因素指标→直接因素指标→显示性指标"的逻辑顺序勾画出产业竞争力的形成机制：竞争潜力→竞争实力→竞争力的实现。将现代计量经济学分析方法引入产业竞争力理论研究，就可以形成产业竞争力的计量分析理论。产业竞争力计量分析的一般思路是：首先，合理选择评价指标，并对各指标科学分配权重，构建求和模型；然后，按各指标采集数据，经标准化处理后套入求和公式，即得竞争力量化评估水平。产业竞争力计量分析须解决两个关键问题：一个是评价指标的

选取和指标体系的建立；另一个是对各指标科学地赋予权重。其中，在指标赋权方面，可以直接借用统计学中的赋权理论，既可以采用传统赋权方法，也可以采用主成分分析法等现代数学计量方法。中国有学者将产业竞争力评价指标分为两类：一类是显示性指标，主要反映市场占有率和利润率；另一类是分析性指标，又进一步分为直接原因指标和间接原因指标，直接原因指标主要反映生产率和企业营销管理效率等，间接原因指标大体相当于波特的"国家竞争优势四要素"。在指标赋权问题上，他们既采用传统经验法则，也采用现代统计学中的主成分分析法。

（一）评价指标体系的构建

本节构建了云南马铃薯产业竞争力评价指标体系，主要考虑对应马铃薯产业中种植、加工、销售及相应的支撑体系等方面，指标体系包括生产竞争力、加工竞争力、市场竞争力、科研竞争力和政策支持力度竞争力 5 个方面的评价指标（图 6-1）。

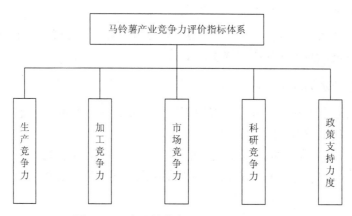

图 6-1　云南马铃薯产业竞争力评价体系

（二）生产竞争力评价指标

马铃薯产业在生产方面的竞争力主要体现在耕地数量、耕地质量、基础设施和种薯资源 4 个方面。

首先是耕地数量，即种植规模，用常用耕地面积、可扩种马铃薯面积比例及马铃薯种植面积三个指标反映。常用耕地面积反映了当地的农业规模，可扩种马铃薯面积比例反映了马铃薯可扩大发展的程度，马铃薯种植面积反映了当地马铃薯的发展规模，这几个指标越大，说明当地越有种植规模方面的优势。

其次是耕地质量，用旱地面积占耕地比例、马铃薯单产和自然灾害的面积比例三个指标表示。旱地面积越大，灌溉条件较差，耕地质量越差，因此这是个负指标，在参与竞争力评价时，需要将其正向化；马铃薯单产除了体现当地的种植水平外，还体现了当地耕地质量的好坏，种植在土壤肥沃、灌溉有保障的耕地上的马铃薯单产相对较高，而种植在土壤贫瘠、生产条件较差的耕地上的马铃薯单产相对较低；自然灾害的面积比例反映了当地耕地的自然条件，自然灾害频发，且占总耕地面积比例较大者，说明耕地质量相对较差。

　　再次是基础设施，反映了耕地人工条件和农业劳动力资源，可用单位耕地农业机械动力、可灌溉耕地面积、农业机械数量和农业人口密度4个指标表示。单位耕地农业机械动力和农业机械数量越大，表示马铃薯种植实现机械化的可能性越大，越有可能降低生产成本，增加产业竞争力；可灌溉耕地面积越大，说明农业生产（包括马铃薯生产）抗击自然灾害（旱灾）的能力越强，在马铃薯种植方面的竞争力就越强；农业人口密度反映了农业生产可用的劳动力资源，随着劳动力转移的深入，农村劳动力减少甚至缺乏的现象逐渐显现，农村劳动力充足也有利于农业生产的发展，降低劳动力成本，增加马铃薯产业竞争力。

　　最后是种薯资源，反映种薯资源的指标是适于本地种植的马铃薯品种资源个数，该指标反映了马铃薯种植的品种资源优势方面的竞争力（图6-2）。

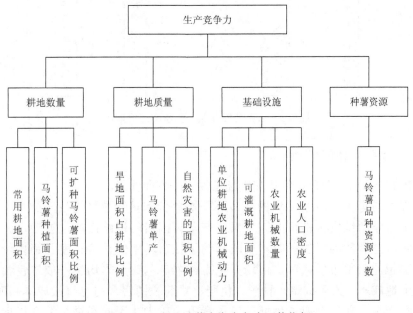

图6-2　云南马铃薯生产竞争力评价指标

（三）加工竞争力评价指标

　　马铃薯产业加工竞争力主要从加工数量和加工质量两个方面来评价。加工数量反映了马铃薯加工业的发展规模，加工质量反映了马铃薯加工业的发展质量。

　　马铃薯加工数量主要用马铃薯加工产品品种数量和用于加工的马铃薯产量两个指标反映。马铃薯加工产品品种数量越多，一方面说明当地能有效对马铃薯加工进行研发，另一方面说明当地能充分挖掘市场对马铃薯加工品的需求，有利于扩大当地的马铃薯加工发展，马铃薯加工的竞争力越强；用于加工的马铃薯产量越大，说明马铃薯加工品有较好的市场需求，马铃薯加工品的销售量越大，表明加工竞争力越强。

　　马铃薯加工质量用马铃薯加工产值和加工品外销比例两个指标来衡量。如果马铃薯加工量反映马铃薯加工品的数量指标，马铃薯加工品产值则反映了加工品的价值指标，两者相辅相成，加工品产值越大，加工竞争力越强。加工品外销比例反映了马铃薯加工产品区域外的市场竞争力，外销比例越大，说明马铃薯加工的竞争力越强（图 6-3）。

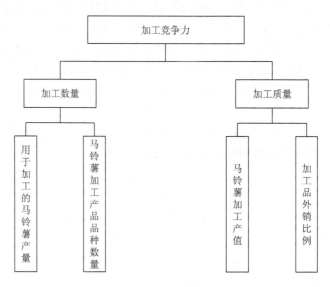

图 6-3　云南马铃薯加工竞争力评价指标

（四）市场竞争力评价指标

市场竞争力主要从效益、销售和市场条件三个方面体现。

效益方面的竞争力由近 5 年的马铃薯平均单价和马铃薯平均生产成本两个指标来衡量。由于每年的销售价格可能因气候、产量等因素的影响而产生波动，5 年的平均价格可消除这些偶然因素的影响，反映马铃薯在市场中的认可程度。销售价格越高，说明马铃薯越能获得市场认可，市场竞争力越强。马铃薯平均生产成本包含了马铃薯种植中的土地成本、人工成本、种子、化肥、农药和销售费用等直接成本和间接成本，该指标是负指标，即生产成本越低，市场竞争力越大，因此在进行综合指标评价时，需将其正向化。

销售情况的竞争力由马铃薯商品率和马铃薯外销率两个指标来衡量。由于各种因素的限制，云南有部分山区的马铃薯用于自产自销，无法形成商品，这些地区的马铃薯市场竞争力相对较弱，马铃薯的商品率越高，其市场竞争力则越强。马铃薯外销率反映了在区域外的市场竞争力，很多种植大区的马铃薯产量远远大于本地消费的数量，只有通过向外销售实现马铃薯的商品化，因此，外销率越高，说明马铃薯的市场竞争力越强。

市场条件主要体现为交通条件，由境内高速公路里程、境内未通公路的乡村数和境内铁路里程数三个指标构成。交通越发达，越有利于实现产品的商品化，越有利于市场竞争。因此，境内高速公路和铁路里程数越多，市场的竞争力越强；而未通公路的乡村数是个负指标，数目越多，说明交通越不发达，越不利于马铃薯的商品化，越不利于市场竞争，因此，在分析时，需将其正向化（图 6-4）。

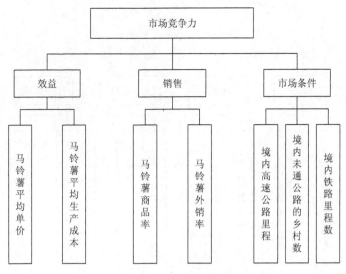

图 6-4　云南马铃薯市场竞争力评价指标

（五）科技竞争力

科技竞争力体现在科技人员、科技机构、科研经费和科研成果 4 个方面。

科技人员的竞争力既体现为科技人员的数量，也体现为科技人员的质量。用农业科技人员数量指标体现农业科技人员的人数，农业科技人员数量越大，说明科技竞争力越强。高级职称以上比例，即拥有高级职称的科研人员在总科研人员中的比例，这一指标越高说明科技人员的质量相对越高。

科技机构也是科技竞争力的重要因素之一。马铃薯在科技机构方面的竞争力可以用独立农业研究机构数目及是否有马铃薯科研机构两个指标来衡量。农业研究机构的数目越多，说明农业科研分工越细化，农业科技力量相对较强，科技竞争力更强。如果还拥有专门的马铃薯科研机构，说明当地对马铃薯的科研比较重视，相对于没有科研机构的地区而言，马铃薯的科技竞争力则更强。

科研经费反映了政府对农业及马铃薯的科技支持力度。有的地区虽没有明确到马铃薯的科研经费，但在农业的科技支持中不排除对马铃薯进行研究的经费。因此，在用科研经费衡量马铃薯科技竞争力时，采用了农业科研平均经费和马铃薯科研平均经费（近 5 年）两个指标，考虑到明确马铃薯研究经费对马铃薯科技支撑的作用明显大于不明确的农业科研经费，这种差别在层次分析中通过权重来体现。总而言之，科研经费越高，体现的科技竞争力则越强。

科研成果是衡量一个地区马铃薯科技水平的最终指标，在此使用研发认定的马铃薯品种数量和规模推广种植品种数两个指标来表示。研发认定的马铃薯品种数量指标反映该地区研发认定的新品种数目；规模推广种植品种数指标反映了新品种中可推广种植的品种数，衡量了该地区的科技转换率（图 6-5）。

（六）政策支持力度竞争力

政府政策对一个产业的支持力度将极大地影响这个产业的发展状况，政府政策支持力

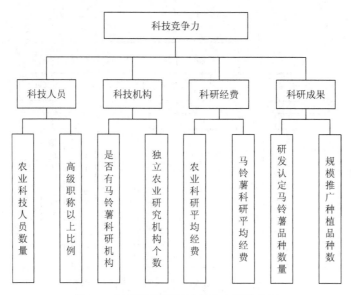

图 6-5　云南马铃薯科技竞争力评价指标

度竞争力越大，产业发展越好，越具有竞争力。在此，从发展政策和补贴政策两方面分析政府对马铃薯产业的支持力度。

发展政策主要是看政府在马铃薯种植方面是否有规模发展计划、是否有鼓励加工政策。有则促进马铃薯产业的发展，使其更具竞争力，没有的地区相对于有的地区，发展规模和发展进程将相对较弱。

补贴政策主要是看政府在马铃薯生产到销售过程中的几个成本较高环节是否给予补贴，如马铃薯良种补贴、机耕补贴、窖藏补贴、运输补贴与其他补贴等。有补贴的地区相对无补贴的地区更具竞争力（图 6-6）。

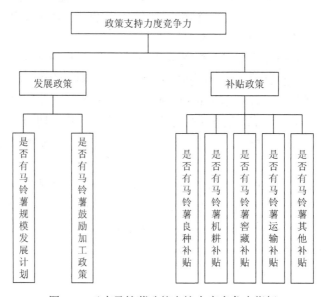

图 6-6　云南马铃薯政策支持力度竞争力指标

二、马铃薯产业竞争力评价指标权重设定

对于马铃薯产业竞争力评价在层次分析法中指标权重的设定，本书采用群决策法。即根据预先设定的马铃薯产业竞争力评价指标体系的层次模型，生成调查表（附录 3），邀请了云南马铃薯产业相对比较有权威的 10 位专家，根据专家自身对指标相对重要性的判断，对指标权重进行设定，出现非一致的权重设定时，反馈给专家进行重新设定，直到所有专家的指标权重都满足一致性后，将各位专家的指标进行平均后的结果，作为最终马铃薯产业竞争力评价指标的权重。

经过多次与专家确认，在此采用的群决策专家数据集结方法为各专家判断矩阵加权算术平均。群决策形成的层次模型权重由方案层、第二个中间层及第一个中间层组成，方案层由最基本的评价指标组成，具体如下。

（一）第一个中间层对决策层的权重

在影响马铃薯产业竞争力的 5 个方面中，第一是生产竞争力的权重，现阶段马铃薯产业链主要集中在生产种植上，因此生产竞争力给出较高权重，符合当前马铃薯产业的现实。第二是市场竞争力的权重，市场竞争力体现了马铃薯成本控制与获利能力，体现了农户能否通过商品化实现其价值并致富的能力，因此，市场竞争力也是马铃薯产业中非常重要的部分。第三是科技竞争力的权重，马铃薯能否实现高质高产、能否提高商品薯在产品中的比例，这些都需要科技的支撑，因此，科技竞争力也是马铃薯产业重要的竞争力。第四是加工竞争力的权重，加工竞争力的权重相对较低，是因为马铃薯在云南乃至我国仍以鲜食为主要消费手段，加工业发展不管从产量还是产值来看，在整个产业链中的比例不大，因此权重相对较小。第五是政策支持力度竞争力的权重，政策因素尽管会影响马铃薯产业的发展，但比起其他方面专家给出的权重相对较小（表 6-1）。

表 6-1 第一个中间层中要素对决策目标的权重排序

中间层要素	权重
生产竞争力	0.3655
市场竞争力	0.2762
科研竞争力	0.1998
加工竞争力	0.1123
政策支持力度竞争力	0.0462

（二）第二个中间层中要素对决策目标的权重

各位专家对中间层的各个要素在生产竞争力中的平均权重表明，马铃薯效益指标的权重最大，即能否实现较好的收益是市场竞争力的重要体现，也是马铃薯竞争力比较重要的方面。其次是耕地数量的权重，耕地数量既包括了马铃薯种植面积，也包含了可扩种马铃薯面积；既体现了马铃薯的种植规模，也体现了马铃薯未来发展的潜力，因此专家认为规模是生产竞争力的一个比较重要的问题。再者是耕地质量，体现了自然生产条件，很大程

度上与马铃薯的单产和生产成本有关。排在第四位的是科研成果，是科技竞争力的重要因素。从第二个中间层要素的权重排序来看，基本体现了第一个中间层的权重排序。生产竞争力的相应要素——耕地数量、耕地质量、基础设施的权重都排在前面；市场竞争力要素中最重要的效益要素排在了第一，而销售和市场条件排在相对中后的位置；科技竞争力要素中科研要素排在了相对靠前的位置，其他要素如科研经费、科技人员也排在了中后的位置（表 6-2）。

表 6-2　第二个中间层中要素对决策目标的权重排序

中间层要素	权重
效益	0.1709
耕地数量	0.1310
耕地质量	0.1253
科研成果	0.0864
基础设施	0.0747
销售	0.0739
加工数量	0.0576
科研经费	0.0567
加工质量	0.0547
科技人员	0.0415
种薯资源	0.0345
市场条件	0.0314
补贴政策	0.0232
发展政策	0.0231
科技机构	0.0152

（三）方案层中要素对决策目标的权重排序

在方案层中，显示了群决策专家给出的各个最终指标权重的均值。从权重排序来看，专家认为影响马铃薯效益的价格和成本是评价市场竞争力乃至马铃薯产业竞争力最重要的指标，还有就是反映马铃薯种植水平和规模的马铃薯单产和马铃薯种植面积，也是马铃薯产业竞争力比较重要的指标。在科技竞争力中，主要体现了马铃薯推广种植的品种数量，即马铃薯科研能力越强，马铃薯可推广种植的好品种越多。马铃薯加工竞争力的马铃薯加工产值和用于加工的马铃薯产量也获得相对较高的权重（表 6-3）。

表 6-3　方案层中要素对决策目标的权重排序

备选方案	权重
马铃薯平均单价	0.0962
马铃薯单产	0.0845
马铃薯平均生产成本	0.0747

备选方案	权重
马铃薯种植面积	0.0665
规模推广种植品种数	0.0665
马铃薯商品率	0.0491
马铃薯加工产值	0.0441
用于加工的马铃薯产量	0.0417
可灌溉耕地面积	0.0412
常用耕地面积	0.0362
马铃薯科研平均经费	0.0360
马铃薯品种资源个数	0.0345
高级职称以上比例	0.0308
可扩种马铃薯面积比例	0.0283
马铃薯外销率	0.0248
旱地面积占耕地比例	0.0247
农业科研平均经费	0.0207
研发认定马铃薯品种数量	0.0199
境内高速公路里程	0.0198
农业机械数量	0.0193
是否有马铃薯规模发展计划	0.0170
自然灾害的面积比例	0.0161
马铃薯加工产品品种数量	0.0158
是否有马铃薯良种补贴	0.0111
农业科技人员数量	0.0107
加工品外销比例	0.0106

第三节 云南各地州马铃薯产业生产及发展分析

通过对云南各地州进行马铃薯产业情况问卷调查，获得了较为翔实的马铃薯生产、加工、销售、科技和政策支撑的数据，现对一些相对比较重要的指标进行统计分析比较。

一、云南各地州马铃薯产业问卷调查

围绕云南马铃薯产业竞争力问题，设计了"云南各地州马铃薯竞争力指标调查表"。此调查表包括各地州的生产要素、马铃薯加工、科技支持、马铃薯生产成本、马铃薯市场和市场条件几个方面，每个方面都围绕本书构建的指标体系设计的指标进行相应调查。问卷发放至各地州农业局，由各地州农业局相关部门填答完成。发放 16 份问卷，收回 16 份，收回问卷中的怒江地区由于马铃薯种植较少，缺失数据较多，作为无效问卷处理，有效问卷 15 份。问卷见附录 1。

二、云南各地州的农业基础条件比较

（一）常用耕地面积比较

从耕地资源总量来看，曲靖的耕地数量远远高于其他地州，达838万亩，其次是昭通、临沧、普洱的耕地数量处于中上水平，在400万亩以上，怒江、西双版纳、丽江、大理和昆明的耕地数量都在200万亩以下（图6-7）。

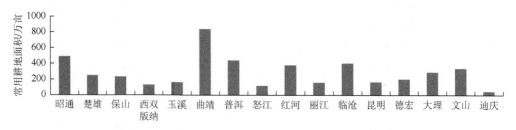

图6-7　云南各地州常用耕地面积比较

（二）有效灌溉面积占常用耕地面积的比例比较

从耕地质量来看，尽管曲靖的常用耕地面积远远高于其他地州，但其有效灌溉面积占耕地面积的比例不足40%。云南有3个地州的有效灌溉面积比例超过70%，即红河、德宏和文山。另外，楚雄、西双版纳、玉溪、丽江的有效灌溉面积比例超过了50%（图6-8）。

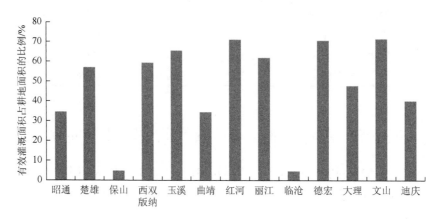

图6-8　云南各地州有效灌溉面积占常用耕地的比例

（三）单位耕地农业机械动力比较

单位耕地农业机械动力反映了当地机械化利用程度和使用水平的高低。云南各地州中昆明的单位耕地农业机械动力最高，其次是玉溪、迪庆和楚雄，再者是大理和西双版纳。由此可见，单位耕地农业机械动力与各地农村经济发展水平紧密相关。农村经济发展水平相对较高的地区，单位耕地农业机械动力也较大（图6-9）。

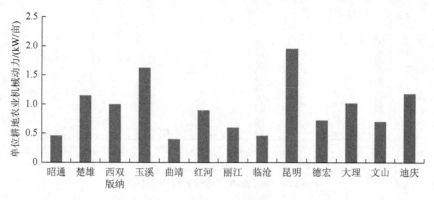

图 6-9　云南各地州单位耕地农业机械动力

（四）旱地占耕地面积的比例比较

旱地由于缺水，灌溉条件差，土壤容易板结，属于耕地质量相对较差的土质。旱地占耕地面积的比例反映了各地州自然耕种条件的优劣。从图 6-10 可知，曲靖、昭通和临沧的旱地占耕地面积的比例都比较高，在 70%以上。西双版纳、普洱和大理是云南省自然条件相对较好的地州，旱地占耕地面积比例相对较低，低于 40%。

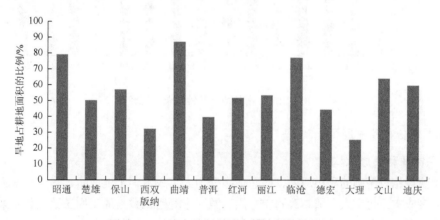

图 6-10　云南各地州旱地占耕地面积的比例

三、云南各地州马铃薯产业情况比较

（一）马铃薯种植面积比较

在云南各地州都有马铃薯种植，共 935 万亩。其中昭通和曲靖是云南的马铃薯重点种植区域，两个地区马铃薯种植面积都接近 300 万亩，占云南马铃薯种植面积的近 65%。其次是昆明，近 70 万亩；红河近 50 万亩，其余各地州由于气候条件的不同，种植面积都在 40 万亩以下，西双版纳全州仅 1 万多亩（图 6-11）。

（二）马铃薯单产比较

云南马铃薯单产平均约为 1560kg/亩。大部分地州马铃薯单产在 1100～1600kg/亩。马

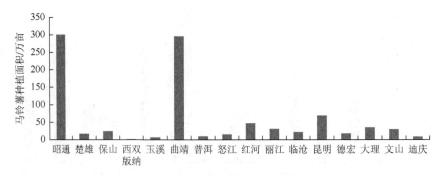

图 6-11 云南各地州马铃薯种植面积比较

铃薯单产最高的是冬作区的红河，约 2400kg/亩，其次是玉溪和楚雄，约为 1850kg/亩。单产较低的主要是大春马铃薯，昭通仅为 550kg/亩（图 6-12）。

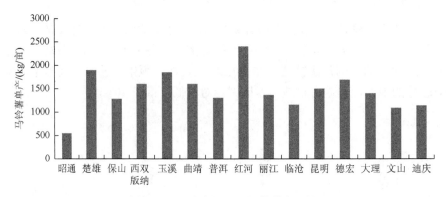

图 6-12 云南各地州马铃薯单产比较

（三）马铃薯种植成本比较

1. 马铃薯种植成本构成

为了获得相对精确的种植成本，将总成本分为人工成本、土地成本、物资与服务的直接成本和间接成本。每亩人工成本为每亩总用工数（家庭用工数与雇工用工数之和）乘以雇工平均价格。每亩土地成本为流转土地平均价格乘以流转土地数目占总土地数目（自营地数目与流转土地数目之和）的比例。物质与服务的直接成本等于种子费、化肥费、农家肥费、农药费、农膜费、燃料动力费、技术服务费、工具材料费、维护修理费和其他直接费用之和。物质与服务的间接成本为固定资产折旧、保险、管理费、财务费和销售费之和（表 6-4）。

表 6-4 马铃薯种植成本构成表

总成本	人工成本	家庭用工数
		雇工用工数
		雇工平均价格
	土地成本	自营地数目
		流转土地数目
		流转土地平均价格

续表

总成本	物质与服务的直接成本	种子费
		化肥费
		农家肥费
		农药费
		农膜费
		燃料动力费
		技术服务费
		工具材料费
		维护修理费
		其他直接费用
	物质与服务的间接成本	固定资产折旧
		保险
		管理费
		财务费
		销售费

2. 云南各地州马铃薯投入成本比较

云南各地州马铃薯投入成本差别较大，平均投入成本约为 2800 元/亩。投入较少的为楚雄、文山和丽江，投入成本约为 2000 元/亩，投入较高的是玉溪、德宏和红河，投入成本都在 3500 元/亩以上。由此可见，投入较高的一般为马铃薯冬作区，由于冬马铃薯价格高，收益好，农户愿意多投入。大春马铃薯普遍投入成本在 2000~3000 元/亩（图 6-13）。

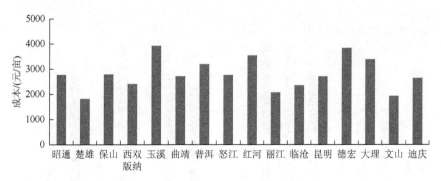

图 6-13　云南各地州马铃薯成本比较

人工成本占总成本的 44%。在马铃薯种植的投入成本中，人工成本仍然占比较大的比例。现阶段，马铃薯耕、播和收的机械化技术已经成熟，随着劳动力价格的不断上涨，将不断增加马铃薯的人工成本，机械化的普及也将降低机器成本，逐步用机械取代人工，实现马铃薯种植的机械化将成为未来发展的趋势。

物资与服务成本占总成本的近 53%。其中，马铃薯种薯成本占物资与服务成本的 36%，占总成本的 19%；化肥与农药占物资与服务成本的 42%，占总成本的 22%。通过科学手段增加化肥与农药的使用效率，降低其施用总量，不仅有利于生态环境的保护，也有助于降低云南马铃薯的种植成本。

四、云南各地州农业科技实力比较

（一）云南各地州马铃薯研究机构情况

云南各地州对马铃薯科技研究比较重视。由于云南各地州都有马铃薯种植，且大都具有一定的种植规模，因此，各地州对马铃薯种薯和种植的科技研究比较重视，云南的 16 个地州中有 12 地州设有专门的马铃薯研究机构或研究团队。曲靖作为云南马铃薯种植面积最广的地区之一，拥有 4 个马铃薯研究机构。

这些马铃薯研究机构中，有 9 个机构培育或选育了马铃薯本地品种，共 50 余种，其中曲靖已经培育了 21 个马铃薯本地品种，迪庆培育了 10~12 个马铃薯本地品种，临沧培育了 9 个马铃薯本地品种。

（二）农业技术人员职称结构比较

云南农业技术人员中高级职称、中级职称和其他职称的农业技术人员比例为 19：39：42。高级职称的比例偏低，中级职称仅为 39%，其他职称的农业技术人员比例偏高。这一比例表明，云南农业科技人员队伍总体还需要进一步充实一些学历和职称较高的人员。

从高级职称农业技术人员占总农业技术人员的比例来看，各地州差异比较明显。昆明、玉溪和曲靖三地的高级职称农业技术人员占比近 50%，保山和临沧高级职称比例不足 20%（图 6-14）。

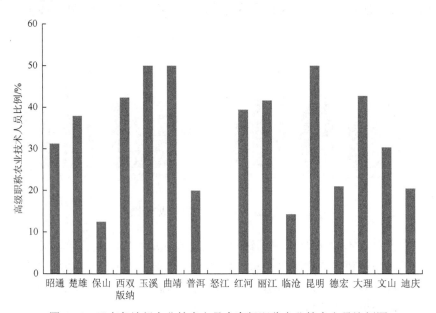

图 6-14　云南各地州农业技术人员中高级职称农业技术人员比例图

五、云南各地州对马铃薯产业政策支持比较

云南作为我国第四大马铃薯产地，其中政府对马铃薯产业发展的支持功不可没。除了不太适于种植马铃薯的怒江和西双版纳没有制定马铃薯产业发展规划外，其余 14 个地州政府都制定了马铃薯产业发展规划。在马铃薯种植面积和产量都相对较大的昭通和曲靖，以及经济发展较好的玉溪还制定了鼓励马铃薯加工的政策。经济发展较好及农业规模相对较大的地州如大理、楚雄、玉溪和临沧还提供了马铃薯良种补贴，玉溪、曲靖和临沧政府为了促进马铃薯种植的机械化，还提供了马铃薯机耕补贴。

第四节　云南各地州马铃薯产业竞争力分析及评价

本节将根据前文构建的马铃薯产业竞争力评价指标体系，利用云南各地州马铃薯产业问卷调查数据，基于层次分析法分别对云南各地州马铃薯产业的生产、加工、市场、科研和政策支持力度方面的竞争力进行比较，同时也对云南各地州马铃薯产业的综合竞争力进行比较。

一、云南各地州马铃薯生产竞争力比较

生产竞争力主要体现在耕地数量、耕地质量、基础设施和种薯资源 4 个方面。耕地数量用各地州的"常用耕地面积""马铃薯种植面积"和"可扩种马铃薯面积比例"三个指标来反映。耕地质量用各地州的"马铃薯单产""水田、水浇地占常用耕地面积的比例"（1-"旱地面积占耕地比例"）和"自然灾害的面积比例"三个指标来反映，"自然灾害的面积比例"是逆指标，因此在测量时，需将其正向化处理，用 1 减去"受灾面积在常用耕地面积中的比例"，即非受灾面积在常用耕地面积中的比例。基础设施用"单位耕地农业机械动力""可灌溉耕地面积""农业机械数量"和"农业人口密度"等指标来反映，"单位耕地农业机械动力"用农业机械总动力与常用耕地面积的比值来表示，"农业人口密度"用农村从业人员与常用耕地面积的比值来表示。种薯资源用"马铃薯品种资源个数"指标来衡量。在测算竞争力前，所有指标都进行了标准化，使其取值为 0～1，标准化公式如下。

$$z_i = \frac{x_i - \min(x)}{\max(x) - \min(x)} \tag{6-1}$$

式中，x_i 为指标 x 的第 i 个取值；z_i 为 x_i 标准化后的取值；$\min(x)$ 为 x 的最小值；$\max(x)$ 为 x 的最大值。

（一）耕地数量竞争力指数

根据群决策专家数据集结方法获得的权重（见附录 2 的附表 2-7），并综合"常用耕地数量""马铃薯种植面积"和"可扩种马铃薯面积"三个指标获得的各地州耕地数量竞争力指数，如表 6-5 所示。表 6-5 显示曲靖和昭通名列第一和第二，曲靖和昭通不仅耕地面积远远高于其他地州，就马铃薯种植面积和产量而言，也是云南最大的马铃薯主产区。

表 6-5　云南各地州马铃薯耕地数量竞争力指数表

地区	耕地数量竞争力指数	排序	地区	耕地数量竞争力指数	排序
曲靖	0.9112	1	保山	0.2639	9
昭通	0.6099	2	德宏	0.2517	10
红河	0.3304	3	玉溪	0.2407	11
普洱	0.3176	4	西双版纳	0.2355	12
临沧	0.3171	5	丽江	0.2266	13
文山	0.3040	6	昆明	0.2095	14
大理	0.2904	7	迪庆	0.1647	15
楚雄	0.2684	8			

（二）耕地质量竞争力指数

利用群决策专家数据集结方法获得的权重（见附表 2-8）和各地州的"马铃薯单产""旱地面积占耕地比例"及"自然灾害的面积比例"指标的数值，测得各地州马铃薯耕地质量竞争力指数，如表 6-6 所示。由表可知，玉溪、红河、楚雄和德宏的马铃薯单产较高及水田、水浇地占比较高（即旱地占比较低），且这两个指标权重相对较高，因此，耕地质量竞争力相对其他地州更高。昭通相对其他地区马铃薯单产水平低，主要是因为其以山地和旱地为主，因此，相对其他地州排名靠后。

表 6-6　云南各地州马铃薯耕地质量竞争力指数表

地区	耕地质量竞争力指数	排序	地区	耕地质量竞争力指数	排序
玉溪	0.7997	1	保山	0.5018	9
红河	0.7687	2	普洱	0.4367	10
楚雄	0.6514	3	昆明	0.4267	11
德宏	0.6459	4	临沧	0.4005	12
丽江	0.6146	5	迪庆	0.3441	13
大理	0.5804	6	文山	0.3160	14
西双版纳	0.5610	7	昭通	0.1134	15
曲靖	0.5313	8			

（三）基础设施竞争力指数

耕地质量是衡量马铃薯种植的自然条件，而基础设施是衡量马铃薯种植过程中可投入马铃薯种薯的人力、物力条件。根据群决策专家数据集结方法获得的权重（见附表 2-9）和各地州的"单位耕地农业机械动力""可灌溉耕地面积""农业机械数量"及"农业人口密度"各指标的数值，测得各地州基础设施竞争力指数，如表 6-7 所示。由表可知，红河、曲靖、文山和昆明可投入的人力和物力相对其他地州而言具有比较优势。

表 6-7　云南各地州马铃薯基础设施竞争力指数表

地区	基础设施竞争力指数	排序	地区	基础设施竞争力指数	排序
红河	0.7796	1	德宏	0.4103	9
曲靖	0.7029	2	普洱	0.3252	10
文山	0.6629	3	西双版纳	0.3158	11
昆明	0.5861	4	丽江	0.2962	12
玉溪	0.5339	5	迪庆	0.2005	13
楚雄	0.5312	6	临沧	0.1439	14
大理	0.5149	7	保山	0.0269	15
昭通	0.4546	8			

（四）种薯资源竞争力

这个指标用来衡量各地州拥有的马铃薯种薯数量，种薯数量越多，越具有通过人工培育筛选获得优良马铃薯种薯资源的潜力。各地州马铃薯种薯资源竞争力指数，如表 6-8 所示。昆明、曲靖和迪庆拥有的马铃薯种薯资源数量最多，而红河和临沧没有任何种薯资源，因此种薯资源竞争力指数为零。

表 6-8　云南各地州马铃薯种薯资源竞争力指数表

地区	马铃薯种薯资源竞争力指数	排序	地区	马铃薯种薯资源竞争力指数	排序
昆明	1.0000	1	普洱	0.0187	9
曲靖	0.9358	2	德宏	0.0134	10
迪庆	0.8021	3	楚雄	0.0027	11
丽江	0.2861	4	西双版纳	0.0027	12
玉溪	0.1123	5	文山	0.0027	13
昭通	0.0802	6	红河	0.0000	14
大理	0.0722	7	临沧	0.0000	15
保山	0.0267	8			

（五）生产竞争力指数

利用群决策专家数据集结方法获得的权重（见附表 2-2）和各地州测量得到的耕地数量、耕地质量、基础设施及种薯资源竞争力的指数值，计算出各地州马铃薯生产方面的综合竞争力指数，如表 6-9 所示。

曲靖生产竞争力排名第一。曲靖是云南马铃薯主产区之一，在耕地数量、基础设施和种薯资源方面相对于其他地州都具有较明显的比较优势。

红河生产竞争力排名第二。红河是冬马铃薯的主要产区。虽然在种薯资源方面不具有比较优势，但在耕地数量、耕地质量和基础设施方面都具有比较优势。

玉溪生产竞争力排名第三。玉溪虽然不是马铃薯的主产区，但其耕地质量竞争力排名第一，基础设施和种薯资源的竞争力相对其他地州也具有相对优势。在马铃薯生产方面具有较大发展潜力。

马铃薯主产区昭通的生产竞争力指数排到了第九位。尽管昭通在耕地数量方面的竞争力具有相对比较优势，但其耕地质量竞争力名排在最后，另外，昭通的基础设施竞争力和种薯资源竞争力在各地州中并不具有明显相对优势。

表 6-9　云南各地州马铃薯生产竞争力指数表

地区	生产竞争力指数	排序	地区	生产竞争力指数	排序
曲靖	0.7407	1	昭通	0.3579	9
红河	0.5412	2	文山	0.3530	10
玉溪	0.4801	3	西双版纳	0.3414	11
昆明	0.4356	4	普洱	0.3317	12
楚雄	0.4283	5	迪庆	0.2937	13
大理	0.4150	6	临沧	0.2803	14
德宏	0.3967	7	保山	0.2746	15
丽江	0.3795	8			

二、云南各地州马铃薯加工竞争力比较

马铃薯加工是马铃薯产业链中比较重要的环节，马铃薯加工竞争力主要从加工数量和加工质量两个方面来衡量。加工数量主要用各地州每年"用于加工的马铃薯产量"和"马铃薯加工产品品种数量"来度量，加工质量主要用"马铃薯加工产值"和"加工品外销比例"来度量。在测算竞争力前，所有指标都使用式（6-1）进行标准化，使其取值为 0～1。

（一）马铃薯加工数量竞争力指数

从加工数量来看，云南马铃薯加工产业仍处于初级阶段。云南每年仅有 6% 的马铃薯产量用于加工，仅有大理和曲靖每年用于加工的马铃薯超过 30 万 t，昭通和昆明每年用于加工的马铃薯都少于 10 万 t，丽江每年用于加工的马铃薯仅有 1000t 左右，其他地区用于加工的马铃薯量均为零。适于加工的马铃薯品种昭通和曲靖分别有 9 个和 8 个，大理、昆明、德宏、丽江、楚雄为 3 个左右，玉溪、红河和临沧仅 2 个，而西双版纳、普洱和文山州一个适于加工的马铃薯品种都没有。

由群决策专家数据集结方法获得的权重（见附表 2-11）和各地州测量得到的"用于加工的马铃薯数量""马铃薯加工产品品种数量"数据，计算得到马铃薯加工数量竞争力指数（表 6-10），显示曲靖、大理、昭通和昆明在加工数量方面相对于云南其他地州具有比较竞争力。西双版纳、普洱、文山、迪庆的马铃薯加工产业仍处于未开发阶段，这与当地马铃薯产量相对较低，且对加工资源储备不重视有关。

表 6-10　云南各地州马铃薯加工数量竞争力指数表

地区	加工数量竞争力指数	排序	地区	加工数量竞争力指数	排序
曲靖	0.9044	1	玉溪	0.0612	8
大理	0.8165	2	红河	0.0612	8
昭通	0.4092	3	临沧	0.0612	8
昆明	0.1411	4	西双版纳	0.0000	9
德宏	0.1223	5	普洱	0.0000	9
丽江	0.0937	6	文山	0.0000	9
楚雄	0.0917	7	迪庆	0.0000	9
保山	0.0917	7			

（二）马铃薯加工质量竞争力指数

马铃薯加工质量在此用"马铃薯加工产值"和"加工品外销比例"两个指标来衡量。由于云南马铃薯加工产业发展尚在起步阶段，因此各地州的马铃薯加工产值也比较低，除了曲靖产值在 10 亿元以上外，昭通、大理、昆明和丽江都在 1 亿元以下，其他地区马铃薯加工产值仅为 0。曲靖、昭通、大理的马铃薯加工品外销率达 80%以上，昆明和丽江的外销率在 50%以下。

使用群决策专家数据集结方法获得的权重（见附表 2-12）和上面两个指标加权获得加工质量竞争力指数，如表 6-11 所示。由表可知，曲靖的加工质量竞争力远远高于其他地州，昭通、大理、昆明的加工竞争力基本持平，丽江有少量的马铃薯加工产值和少量外销，其他地区的马铃薯加工产值均为 0。

表 6-11　云南各地州马铃薯加工质量竞争力指数表

地区	加工质量竞争力指数	排序	地区	加工质量竞争力指数	排序
曲靖	1.0000	1	玉溪	0.0000	6
昭通	0.1922	2	普洱	0.0000	6
大理	0.1784	3	红河	0.0000	6
昆明	0.1286	4	临沧	0.0000	6
丽江	0.0548	5	德宏	0.0000	6
楚雄	0.0000	6	文山	0.0000	6
保山	0.0000	6	迪庆	0.0000	6
西双版纳	0.0000	6			

（三）马铃薯加工竞争力指数

使用群决策专家数据集结方法获得的权重（见附表 2-3）综合加工数量竞争力指数和加工质量竞争力指数，获得云南各地州马铃薯加工综合竞争力，如表 6-12 所示。曲靖、大理、昭通和昆明具有比较竞争优势。从以上对加工数量和质量竞争力的分析可知，云南马铃薯加工产业发展总体较弱，仅有 4 个地州实现了具有一定规模的马铃薯加工，其他地州基本没有马铃薯加工，也仅有部分地州保有适于马铃薯加工的品种。云南马铃薯加工产业仍有待进一步的开发和发展。

表 6-12　云南各地州马铃薯加工竞争力指数表

地区	马铃薯加工竞争力指数	排序	地区	马铃薯加工竞争力指数	排序
曲靖	0.9510	1	玉溪	0.0314	8
大理	0.5056	2	红河	0.0314	8
昭通	0.3034	3	临沧	0.0314	8
昆明	0.1350	4	西双版纳	0.0000	9
丽江	0.0748	5	普洱	0.0000	9
德宏	0.0627	6	文山	0.0000	9
楚雄	0.0470	7	迪庆	0.0000	9
保山	0.0470	7			

三、云南马铃薯市场竞争力

马铃薯市场竞争力主要从效益指标（马铃薯平均单价和马铃薯平均生产成本）、销售指标（马铃薯商品率和马铃薯外销率）及市场条件指标（境内高速公路里程、境内铁路里程数和境内未通公路的乡村数）三个方面来衡量。其中平均生产成本为逆指标，使用式（6-2）对其进行逆化和标准化处理，使之取值在 0～1。其余指标使用式（6-1）进行标准化处理，使其取值为 0～1。

$$z_i = \frac{\max(x) - x_i}{\max(x) - \min(x)} \tag{6-2}$$

（一）马铃薯效益竞争力指数

马铃薯效益竞争力反映的是马铃薯成本与收益，利用群决策专家数据集结方法获得的权重（见附表 2-13）计算得到马铃薯效益竞争力指数，如表 6-13 所示。由表可知，红河、西双版纳、楚雄、文山和临沧这些能够种植冬马铃薯的地区效益较好。德宏也是冬马铃薯的主产区，其马铃薯种植收入与各地州相比，排名第三，仅次于玉溪和普洱，但其生产成本过高，导致其效益竞争力排名靠后。玉溪也属于同样情况，种植收入很高但种植成本也很高。昭通地区由于耕地质量限制，其马铃薯单产过低，导致其马铃薯种植收入较低。

表 6-13　云南各地州马铃薯效益竞争力指数表

地区	效益竞争力指数	排序	地区	效益竞争力指数	排序
红河	0.7329	1	文山	0.5281	4
西双版纳	0.6098	2	临沧	0.5181	5
楚雄	0.5947	3	迪庆	0.4937	6

地区	效益竞争力指数	排序	地区	效益竞争力指数	排序
丽江	0.4814	7	保山	0.3378	12
普洱	0.4373	8	大理	0.3367	13
昆明	0.3848	9	德宏	0.3343	14
曲靖	0.3667	10	昭通	0.2812	15
玉溪	0.3390	11			

（二）马铃薯销售竞争力指数

马铃薯销售竞争力指数反映了实现马铃薯商品化的程度和区域外的市场竞争力。利用群决策专家数据集结方法获得的权重（见附表2-14），对马铃薯商品率和外销率进行加权得到销售竞争力指数，如表6-14所示。由表可知，马铃薯主要冬作区德宏和红河，其马铃薯商品率和外销率都很高，因此，销售竞争力具有比较竞争力；城市经济效应明显、交通条件便利的玉溪和昆明，其马铃薯商品率和外销率也是比较高的地区，其销售竞争力排名靠前。

表6-14　云南各地州马铃薯销售竞争力指数表

地区	销售竞争力	排序	地区	销售竞争力	排序
德宏	0.9904	1	西双版纳	0.6486	9
红河	0.9361	2	临沧	0.6005	10
玉溪	0.8882	3	文山	0.5894	11
昆明	0.8402	4	保山	0.5047	12
曲靖	0.7811	5	普洱	0.4249	13
楚雄	0.7125	6	丽江	0.3881	14
迪庆	0.6964	7	昭通	0.0479	15
大理	0.6843	8			

（三）马铃薯市场条件竞争力指数

通过调查数据显示，随着云南近年乡村公路建设项目的展开，目前已经不存在不通公路的村庄。境内高速公路和铁路里程数是衡量云南各地州市场条件竞争力的指标。利用群决策专家数据集结方法获得的权数（见附表2-15），对各地州高速公路和铁路里程进行加权得到市场条件竞争力指数，如表6-15所示。由表可知，昆明作为云南的省会，交通便利，商品流通快，最具市场条件竞争力；其次是曲靖、丽江，这两个地区高速公路和铁路里程相对于其他地州略显优势；至今为止，临沧和迪庆仍没有高速公路和铁路，这两个地州的市场条件竞争力排在了最后。

表 6-15　云南各地州马铃薯市场条件竞争力指数表

地区	市场条件竞争力指数	排序	地区	市场条件竞争力指数	排序
昆明	0.7741	1	保山	0.2700	9
曲靖	0.6717	2	玉溪	0.2219	10
丽江	0.5278	3	德宏	0.1800	11
楚雄	0.3598	4	普洱	0.1197	12
文山	0.3568	5	西双版纳	0.0900	13
红河	0.3506	6	临沧	0.0000	14
大理	0.2978	7	迪庆	0.0000	14
昭通	0.2884	8			

（四）马铃薯市场竞争力指数

利用群决策专家数据集结方法获得的权重（见附表 2-4），对各地州的效益竞争力指数、销售竞争力指数和市场条件竞争力指数进行加权，得到马铃薯市场竞争力指数，如表 6-16 所示。冬马铃薯主产区红河相比其他各地州最具市场竞争力，另一冬马铃薯主产区德宏排在了第 7。大春马铃薯主产区昆明、曲靖和昭通分别排在了第 4、第 6 和第 15。这些主产区之所以排名靠后是因为效益竞争力比较弱，德宏冬马铃薯收入虽高，但成本控制缺乏，导致效益竞争力排名靠后。大春马铃薯主产区昆明、曲靖主要是因为大春马铃薯价格不高，同时两地经济相对发达，其成本也相对较高，因此，市场竞争力不明显。昭通主要是因其耕地质量偏低，马铃薯单产相对其他地州较低，大春马铃薯价格偏低，马铃薯收入偏低，其效益竞争力相对较弱，且昭通马铃薯的商品率和外销率偏低，其销售竞争力也较弱。因此，尽管昭通是云南马铃薯最大的主产区之一，但其综合市场竞争力相对较弱。

表 6-16　云南各地州马铃薯市场竞争力指数表

地区	市场竞争力指数	排序	地区	市场竞争力指数	排序
红河	0.7438	1	临沧	0.4812	9
楚雄	0.5995	2	玉溪	0.4726	10
西双版纳	0.5610	3	丽江	0.4617	11
昆明	0.5509	4	大理	0.4253	12
文山	0.5250	5	普洱	0.3978	13
曲靖	0.5123	6	保山	0.3747	14
德宏	0.4923	7	昭通	0.2196	15
迪庆	0.4918	8			

四、云南马铃薯科研竞争力

马铃薯科研竞争力主要由科技人员指标（农业科技人员数量、高级职称以上比例）、科技机构指标（是否有马铃薯科研机构、独立农业研究机构个数）、科研经费指标（农业科研平均经费和马铃薯科研平均经费）和科研成果指标（研发认定的马铃薯品种数量、规模推广种植品种数）来测量。"是否有马铃薯科研机构"用0、1表示，1表示有，0表示没有。其余指标使用式（6-1）进行标准化处理，使其取值为0~1。需要特殊说明的是，昆明是云南的省会，尽管有多所省属农业研究机构设立在昆明，但在统计中没有将设立在昆明的省属机构、人员、经费和成果纳入昆明的科研机构、人员、经费和成果中，在此仅统计了昆明市属农业研究机构、人员、经费和成果。

（一）科技人员竞争力指数

利用群决策专家数据集结方法获得的权重（见附表2-16），对各地州的"农业科技人员数量"和"高级职称以上占比"进行加权，得到马铃薯科技人员竞争力指数，如表6-17所示。由表可知，曲靖、玉溪、昆明、昭通和大理排在前五位，这些地区科研机构的科技人员高级职称比例较高。临沧、保山和普洱的科研人员竞争力相对其他地州较弱，尽管科技人员数量不少，但高级职称比例偏低。

表 6-17　云南各地州马铃薯科技人员竞争力指数表

地区	科技人员竞争力指数	排序	地区	科技人员竞争力指数	排序
曲靖	1.0000	1	楚雄	0.3937	8
玉溪	0.5017	2	文山	0.3261	9
昆明	0.5017	2	德宏	0.2426	10
昭通	0.4633	3	迪庆	0.2378	11
大理	0.4370	4	临沧	0.1824	12
西双版纳	0.4329	5	保山	0.1661	13
丽江	0.4271	6	普洱	0.0671	14
红河	0.4072	7			

（二）科研机构竞争力指数

利用群决策专家数据集结方法获得的权重（见附录2-17），对各地州的"独立农业研究机构个数"和"是否有马铃薯科研机构"进行加权，得到马铃薯科研机构竞争力指数，如表6-18所示。由表可知，曲靖独占鳌头，排在了第一，主要是因为曲靖设立了4个独立的农业科研机构，其他地州都仅设立了1个独立的农业科研机构。所有地州中除了楚雄、西双版纳和普洱没有专门的马铃薯研究机构外，其他地州都有专门的马铃薯研究机构。

表 6-18　云南各地州马铃薯科技机构竞争力指数表

地区	科研机构竞争力指数	排序	地区	科研机构竞争力指数	排序
曲靖	1	1	德宏	0.3818	2
昭通	0.3818	2	大理	0.3818	2
保山	0.3818	2	文山	0.3818	2

续表

地区	科研机构竞争力指数	排序	地区	科研机构竞争力指数	排序
玉溪	0.3818	2	迪庆	0.3818	2
红河	0.3818	2	楚雄	0	3
丽江	0.3818	2	西双版纳	0	3
临沧	0.3818	2	普洱	0	3
昆明	0.3818	2			

（三）科研经费竞争力指数

在此仅以各地农业科研经费的数额标准化后的数据作为衡量标准。云南各地州投入农业科研经费最高的大理，平均每年近2000万；楚雄平均每年近900万；文山平均每年近250万；曲靖、昆明近100万；保山、红河每年平均50万；其他地州昭通、西双版纳、玉溪、普洱、丽江、临沧和德宏仅为20万，因此，标准化后并列排在了最后（表6-19）。

表6-19   云南各地州马铃薯科研经费竞争力指数表

地区	科研经费竞争力指数	排序	地区	科研经费竞争力指数	排序
大理	1.0000	1	昭通	0.0000	8
楚雄	0.4414	2	西双版纳	0.0000	8
文山	0.1182	3	玉溪	0.0000	8
迪庆	0.0909	4	普洱	0.0000	8
曲靖	0.0556	5	丽江	0.0000	8
昆明	0.0429	6	临沧	0.0000	8
保山	0.0152	7	德宏	0.0000	8
红河	0.0152	7			

（四）科研成果竞争力指数

利用群决策专家数据集结方法获得的权重（见附表2-19），对各地州的"研发认定马铃薯品种数量"和"规模推广种植品种"进行加权，得到马铃薯科研究成果竞争力指数，如表6-20所示。由表可知，曲靖在马铃薯品种认定方面的成果遥遥领先于其他地州，有21个认定品种和4个规模推广品种；丽江有9个认定品种和3个规模推广品种；昆明有5个认定品种和2个规模推广品种；昭通有3个认定品种和1个规模推广品种；迪庆虽有11个认定品种，但没有规模推广品种；红河、德宏、大理都有2个认定品种，而无规模推广品种；楚雄和普洱都有1个推广品种，无规模推广品种；剩下的地州既无认定品种，也无推广品种。

表6-20　云南各地州马铃薯科研成果竞争力指数表

地区	科研成果竞争力指数	排序	地区	科研成果竞争力指数	排序
曲靖	1.000 00	1	楚雄	0.010 98	7
丽江	0.675 88	2	普洱	0.010 98	7
昆明	0.439 60	3	保山	0.000 00	8
昭通	0.225 29	4	西双版纳	0.000 00	8
迪庆	0.120 79	5	玉溪	0.000 00	8
红河	0.021 96	6	临沧	0.000 00	8
德宏	0.021 96	6	文山	0.000 00	8
大理	0.021 96	6			

（五）科研竞争力指数

利用群决策专家数据集结方法获得的权重（见附表 2-5），对各地州的科技人员竞争力指数、科技机构竞争力指数、科研经费竞争力指数和科技成果竞争力指数进行加权，得到马铃薯科研竞争力指数，如表 6-21 所示。云南马铃薯科研综合竞争力最强的是曲靖，除了科研经费竞争力排名第五外，其他科研竞争力均排名第一。其次是大理，其马铃薯成果排名虽然靠后，但其科研经费充足，且科技人员竞争力也相对较强。丽江和昆明在科技人员竞争力和科研成果竞争力方面很具比较优势。科研竞争力较弱的是普洱、临沧和保山。

表6-21　云南各地州马铃薯科研竞争力指数表

地区	科研竞争力指数	排序	地区	科研竞争力指数	排序
曲靖	0.731 88	1	文山	0.095 90	9
大理	0.378 84	2	红河	0.092 95	10
丽江	0.375 48	3	西双版纳	0.055 35	11
昆明	0.301 00	4	德宏	0.054 51	12
昭通	0.188 20	5	保山	0.033 43	13
楚雄	0.177 33	6	临沧	0.032 52	14
迪庆	0.122 05	7	普洱	0.018 67	15
玉溪	0.098 77	8			

五、云南马铃薯政策竞争力

政府对产业的支持将极大地促进产业的发展。政府对产业的支持主要体现在产业发展政策和产业补贴政策两方面。马铃薯产业发展政策包括"是否有马铃薯规模发展计划"和"是否有马铃薯鼓励加工政策"两个指标。马铃薯产业补贴政策包括"是否有马铃薯良种补贴""是否有马铃薯机耕补贴""是否有马铃薯运输补贴""是否有马铃薯窖藏补贴"及"是否有马铃薯其他补贴"5 个指标。这些指标取值为 0 和 1，1 表示有，0 表示无。因此，不再进行标准化处理。

（一）发展政策竞争力指数

利用群决策专家数据集结方法获得的权重（见附表 2-21），对各地州的"是否有马铃薯规模发展规划"和"是否有马铃薯鼓励加工政策"进行加权，得到马铃薯发展政策竞争力指数，如表 6-22 所示。昭通、玉溪和曲靖是云南既有马铃薯产业发展规划又有马铃薯加工支持政策的三个地州。西双版纳、昆明和迪庆三个地州既没有马铃薯产业发展规划也没有马铃薯加工支持政策。其他地州都只有马铃薯产业发展规划，而没有马铃薯加工支持政策。

表 6-22　云南各地州马铃薯发展政策竞争力指数表

地区	发展政策竞争力指数	排序	地区	发展政策竞争力指数	排序
昭通	1	1	临沧	0.7363	2
玉溪	1	1	德宏	0.7363	2
曲靖	1	1	大理	0.7363	2
楚雄	0.7363	2	文山	0.7363	2
保山	0.7363	2	西双版纳	0.0000	3
普洱	0.7363	2	昆明	0.0000	3
红河	0.7363	2	迪庆	0.0000	3
丽江	0.7363	2			

（二）补贴政策竞争力指数

利用群决策专家数据集结方法获得的权重（见附表 2-20），对各地州的"是否有马铃薯良种补贴""是否有马铃薯机耕补贴""是否有马铃薯窖藏补贴""是否有马铃薯运输补贴"和"是否有马铃薯其他产业相关补贴"5 个指标进行加权，得到马铃薯补贴政策竞争力指数，如表 6-23 所示。玉溪市政府为马铃薯产业提供了良种补贴、机耕补贴和其他补贴。临沧市政府为马铃薯产业提供了良种补贴和机耕补贴。楚雄和大理两地的政府提供了马铃薯良种补贴，曲靖和红河两地的政府提供了机耕补贴。其他地州的政府都没有任何对马铃薯产业的补贴。

表 6-23　云南各地州马铃薯补贴政策竞争力指数表

地区	补贴政策竞争力指数	排序	地区	补贴政策竞争力指数	排序
玉溪	0.7851	1	西双版纳	0.0000	5
临沧	0.7211	2	普洱	0.0000	5
楚雄	0.4805	3	丽江	0.0000	5
大理	0.4805	3	昆明	0.0000	5
曲靖	0.2406	4	德宏	0.0000	5
红河	0.2406	4	文山	0.0000	5
昭通	0.0000	5	迪庆	0.0000	5
保山	0.0000	5			

（三）政策支持力度竞争力指数

利用群决策专家数据集结方法获得的权重（见附表 2-6），对各地州的马铃薯产业发展政策竞争力指数和补贴政策竞争力指数进行加权，得到马铃薯产业政策支持力度竞争力指数（表 6-24）。玉溪作为云南财政实力较强的地级市，政府对农业发展非常重视，在农业产业发展规划的制定和加工产业的政策支持方面都做得非常到位，政府也愿意拿出资金通过政府补贴的方式促进农业产业的发展。临沧尽管地方财政实力不及云南其他某些地州，但从农业发展规划和农业补贴方面可以看出地方政府对马铃薯产业发展的重视。曲靖作为云南马铃薯最大产区之一，制定马铃薯产业发展政策和相关补贴政策也应是政府发展农业经济的重要内容。昆明作为云南的省会，农业并非其主要产业，因此政府在农业发展规划和农业补贴政策方面考虑较少。西双版纳和迪庆的马铃薯种植面积和产量都非常有限，因此，政府在马铃薯产业的发展和补贴政策方面几乎没有任何考虑。

表 6-24　云南各地州马铃薯产业政策支持力度竞争力指数表

地区	政策支持力度竞争力指数	排序	地区	政策支持力度竞争力指数	排序
玉溪	0.8927	1	普洱	0.3687	7
临沧	0.7287	2	丽江	0.3687	7
曲靖	0.6208	3	德宏	0.3687	7
楚雄	0.6086	4	文山	0.3687	7
大理	0.6086	4	西双版纳	0.0000	8
昭通	0.5007	5	昆明	0.0000	8
红河	0.4888	6	迪庆	0.0000	8
保山	0.3687	7			

六、马铃薯产业综合竞争力指数

利用群决策专家数据集结方法获得的权重（见附表 2-1），对各地州的马铃薯生产竞争力指数、加工竞争力指数、市场竞争力指数、科研竞争力指数和政策支持力度竞争力指数进行加权，得到云南各地州的马铃薯产业综合竞争力指数（表 6-25，表 6-26）。曲靖的马铃薯产业竞争力最强，其次是红河、大理和楚雄。作为大春主产区的昆明和昭通的竞争力排在了第 5 和第 11 位。作为冬马铃薯主产区的德宏和临沧分别排在了第 8 位和第 12 位。

表 6-25　云南各地州马铃薯产业竞争力指数表

地区	马铃薯产业竞争力指数	排序	地区	马铃薯产业竞争力指数	排序
曲靖	0.6939	1	玉溪	0.3705	6
红河	0.4479	2	丽江	0.3667	7
大理	0.4297	3	德宏	0.3159	8
楚雄	0.3909	4	文山	0.3102	9
昆明	0.3867	5	西双版纳	0.2908	10

续表

地区	马铃薯产业竞争指数	排序	地区	马铃薯产业竞争指数	排序
昭通	0.2863	11	普洱	0.2519	14
临沧	0.2790	12	保山	0.2328	15
迪庆	0.2676	13			

表 6-26　云南各地州马铃薯产业竞争力排名表

地区	产业竞争力排序	生产竞争力排序	加工竞争力排序	市场竞争力排序	科研竞争力排序	政策支持力度竞争力排序
曲靖	1	1	1	6	1	3
红河	2	2	8	1	10	6
大理	3	6	2	12	2	4
楚雄	4	5	7	2	6	4
昆明	5	4	4	4	4	8
玉溪	6	3	8	10	8	1
丽江	7	8	5	11	3	7
德宏	8	7	6	7	12	7
文山	9	10	9	5	9	7
西双版纳	10	11	9	3	11	8
昭通	11	9	3	15	5	5
临沧	12	14	8	9	14	2
迪庆	13	13	9	8	7	8
普洱	14	12	9	13	15	7
保山	15	15	7	14	13	7

　　曲靖作为云南第二大的大春马铃薯主产区，在马铃薯生产竞争力、加工竞争力和科研竞争力三个方面都居云南各地州之首，其政府对马铃薯产业的支持力度仅排在玉溪与临沧之后。其相对较弱的竞争力体现在市场竞争力方面，主要是因为其生产的大春马铃薯的收获期正是全国大春马铃薯上市季节，马铃薯效益相比冬马铃薯产区单位面积收入相对偏低，单位生产成本相对某些地州偏高。且全国各地都有新鲜马铃薯上市，很难外销到其他地方，其外销率也比较低。

　　红河在市场竞争力方面相对其他地州具有比较优势。红河是冬马铃薯的主产区，冬马铃薯价格明显高于大春马铃薯，加上能较好控制成本，其效益明显，冬马铃薯主要销售至省外，其商品率和外销率都很高。红河的生产竞争优势也比较明显，仅次于曲靖，红河在马铃薯种植方面的耕地数量、耕地质量和基础设施方面都具有明显的比较优势。红河略显不足的在科研、加工和政策竞争力方面。科研方面主要是科技人员数量及高级职称比例较低，科研经费保障相对较少。加工产业基本没有形成，政府仅制定了马铃薯发展规划和机耕补贴政治，没有其他相应的政策支持。

大理是云南农业相对较发达的地区。其科研和加工方面在云南各地州都具有比较优势。其科研人员的数量和高级职称比例与云南其他地州相比具有一定优势，其最大的优势在于其科研经费相对于其他地州而言非常充裕。大理的马铃薯加工仅次于曲靖，是云南马铃薯加工发展比较快速的地州。但其市场竞争力方面相对较弱，主要体现在种植成本相对较高、商品率不高、外销率较低等方面。

昆明作为云南的省会和大春马铃薯主产区之一，无论是生产条件、加工技术水平，还是市场和科研方面，昆明本应最具良好的竞争力，但从昆明产业结构发展来看，农业并非主要产业，因此，在政府对马铃薯产业没有任何政策性支持的情况下，其马铃薯生产竞争力、加工竞争力、市场竞争力和科研竞争力都排在第四。

昭通是云南马铃薯种植面积最大的产区，由于自然条件限制，其耕地质量相对其他地州较差，因此其马铃薯单产过低，效益相对其他地州较差。大春马铃薯的商品率和外销率也相对较低，因此其生产竞争力和市场竞争力排名相对靠后。昭通比较有竞争力的是马铃薯加工，是云南除曲靖、大理外具有相对规模的加工产业发展的地州。

主要参考文献

李丰玉，董子铭. 2014. 基于层次分析法（AHP）的休闲农业产业集群竞争力评价指标体系[J]. 江苏农业科学，42（12）：484-486.

赵静. 2000. 数学建模与数学实验[M]. 北京：高等教育出版社.

庄倩. 2016. 基于 AHP 的江苏省高标准农田综合生产能力评价[J]. 江苏农业科学，44（6）：511-515.

第七章　云南马铃薯生产竞争力的全国比较

本章收集了我国马铃薯主产区 13 个省区市 2011～2015 年的数据,利用时序全局主成分分析法,在马铃薯种植规模、效益、生产条件、种植水平和自然灾害 5 个方面,将云南与其他省份的竞争力进行了比较。

第一节　时序全局主成分分析模型及其基本步骤

时序全局主成分分析法是在经典的主成分分析方法对空间测度的基础上,增加了对时间的测度,适用于对面板数据进行分析处理,是对经典主成分分析方法的发展。

一、主成分分析模型

要了解时序全局主成分分析法首先要对经典的主成分分析法作一个介绍,主成分分析法的核心思想可以归纳为两个字:降维。在经济和社会研究中,我们经常会碰到存在很多变量的数据,这些数据之间往往存在着相关关系。我们希望在不损失原始数据信息的前提下,能找到较少的几个变量来对它们进行描述。主成分分析法就是一种数学变换,将原始数据通过线性变换转化成另一组两两线性无关的变量,但在变换过程中原始数据的总方差不变。将得到的新变量按照方差大小降序排列,排在第一位的便是第一主成分,排在第二位的便是第二主成分⋯⋯以此类推。选取前几个主成分以达到一定程度的累计方差贡献率,便可以认为这几个主成分是能够解释原始数据大部分信息的综合指标。可见,通过主成分分析法来研究多变量问题,可以大幅度地简化计算和分析过程,同时不改变结论的有效性。

经典主成分分析的数学模型如下。

假设原始数据由 n 个 m 维向量组成,变量矩阵为 $X = (x_1, x_2, \cdots, x_m)^T$。主成分分析的目标就是寻找到 $k(k < m)$ 个新变量使 $P_1, P_2, \cdots, P_k$ 能够在信息损失量不大的情况下解释原始数据大部分方差所包含的信息,从而达到降维的目的。而新变量可以表示原始变量的线性组合,故称为主成分。主成分与原始变量的关系如下。

$$P_{k \times i} = L_{k \times m} \times X_{m \times i} \tag{7-1}$$

式中,P 为主成分矩阵;L 为系数矩阵;X 为原始变量。

主成分确定的原则如下。

1)P 是 X 的线性函数,要求 $P_i = L_i X$,L_i 是 m 维常数向量,$i = 1, 2, \cdots, k$。

2)要求 P_i 的方差尽可能大,即 P_i 能够充分反映变化情况,$i = 1, 2, \cdots, k$。

3)要求 $P_1, P_2, \cdots, P_k$ 互不相关,即从 $\text{Cov}(P_i, P_j) = 0, i \neq j$,或者说 $P_1, P_2, \cdots, P_k$ 之间尽量不含重复信息。

由于仅仅用少数几个主成分就能包含原始变量的大部分信息,而且主成分彼此之间相互正交，有效地减少了信息的重叠，因此经典主成分分析可以大大简化分析过程。

二、时序全局主成分分析法及分析基本步骤

经典主成分分析法研究的只是由样本和样本指标所组成的截面数据，并未加入时间序列。然而，在现实生活中，随着时间向前推进，数据也在不断积累，因此拥有了大量的以时间顺序排列的截面数据表序列，并且所有数据表有完全相同的样本点和完全同名的变量指标。如果对每张截面数据表进行经典的主成分分析，由于不同的数据表具有不同的主平面，而无法对同一样本在不同时间点上的分析结果进行纵向对比。为了克服系统分析的统一性、整体性和可比性的难题，从而对其进行主成分分析，就需要将不同时间点的截面数据表整合成统一的立体时序数据表，然后用经典的主成分分析方法进行分析，从而寻找到对于时序立体数据表来说的统一简化子空间，并将每张数据表在该空间上的投影得到近似表达，得到统一的主成分公因子，迅速提取时序立体数据表的重要信息，进而实现对样本点的动态分析评价。而且从全局看，该子空间的综合效果是最佳的。这种加入时间序列的主成分分析即时序全局主成分分析法。

时序全局主成分分析的基本步骤如下。

若统计 n 个样本点，每个样本点使用 p 个相同的指标变量来描述，记原数据表为 $X = (x_{ij})_{n \times p}$，其中 n 为样本点个数，p 为指标变量个数。每年有一张截面数据表，T 年共有 T 张截面数据表，可以构成一个"时序立体数据表" $X = (x_{ij})_{nT \times p}$。

1）数据的标准化：将坐标原点移到数据中心，同时，进行压缩变换消除量纲影响。

$$X'_{ij} = \frac{x_{ij} - \bar{x}_j}{s_j} \quad i = 1, 2, \cdots, n; j = 1, 2, \cdots, p \qquad (7\text{-}2)$$

式中，$\bar{x}_j = \sum \frac{1}{n} x_{ij}$；$s_j = \frac{1}{n-1} \sum (x_{ij} - \bar{x}_j)^2$，为方便起见，仍记标准化后的数据表为 X。

2）计算矩阵 X 的协方差阵 R。

3）求 R 的前 m 个特征值 $\lambda_1 \geqslant \lambda_2 \geqslant \cdots \geqslant \lambda_m$，以及对应的特征向量 $u_1, u_2, \cdots, u_m$，它们标准正交，$u_1, u_2, \cdots, u_m$ 称为主轴。

4）由于是中心化的，则第 k 主成分为 $F_k = X' u_k$。

因此，主成分模型为

$$X' = A_{p \times m} F'_{m \times n} + D_{p \times m} U \qquad (7\text{-}3)$$

式中，$A_{p \times m}$ 为主成分载荷矩阵；U 为特征向量矩阵；若残差 $D_{p \times m} U$ 的影响很小可以忽略不计，则数学模型变为 $X' = A_{p \times m} F'_{m \times n}$，且式（7-3）满足以下条件。

$$\begin{cases} E(F) = 0, \operatorname{Var}(F) = I_m \\ E(U) = 0 \\ \operatorname{Cov}(F, U) = 0 \end{cases}$$

第二节　指标选择与对比分析

基于数据可得原则，从马铃薯种植规模、效益、生产条件、种植水平和自然灾害 5 个方面选取了 11 个指标，对云南与我国马铃薯种植面积相对较大的 12 个省份的部分主要指标进行了对比分析。

一、马铃薯生产竞争力比较的指标选择

由于收集其他省份的科研数据和政策数据存在一定的困难，因此仅选择了我国部分马铃薯种植面积相对较大的 12 个省份与云南马铃薯生产方面的竞争力进行比较。生产竞争力比较主要从马铃薯种植规模、土地质量、生产条件和种植效益等几个方面进行考虑。马铃薯种植规模选择了马铃薯种植面积和马铃薯产量；土地质量选择了水土流失面积、受灾面积和马铃薯单产；生产条件选择了农业机械总动力、有效灌溉面积和排涝面积；种植效益选择了种植成本、销售收入和商品率（图 7-1）。本书收集了包括云南在内的 13 个省份 2011～2015 年的数据。数据来源于国家统计局网站的年度数据和农业部（2018 年 3 月改为"中华人民共和国农业农村部"）每年发布的《农产品成本收益资料汇编》。

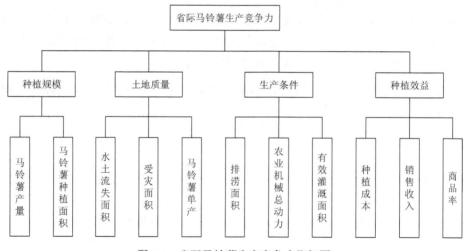

图 7-1　省际马铃薯生产竞争力指标图

二、各省马铃薯竞争力主要指标对比分析

在进行对比时，使用各省 2011～2015 年各指标的均值。

（一）马铃薯的种植面积和产量对比

云南种植面积和产量相对较多。从我国主要马铃薯产区来看，全国马铃薯种植面积最大、产量（用折粮系数计算后的产量）最多的是四川。种植面积位于第二、第三的分别是贵州和甘肃。马铃薯产量位于第二、第三的分别是甘肃和贵州。云南的马铃薯种植面积和产量均排在全国第 5 位（图 7-2）。

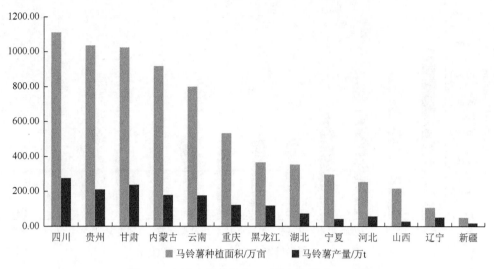

图7-2　全国马铃薯主产区种植面积和产量比较

（二）马铃薯单产比较

云南马铃薯单产水平在主产区中相对较低。我国马铃薯主产区中，辽宁的马铃薯单产（折粮后的产量）最高，其次是新疆、黑龙江和四川。云南马铃薯单产位于主产区中的第8位。从单产排名来看，单产高的省份自然条件都比较好，这些地区拥有广袤的平原和肥沃的土地。云南、贵州和宁夏都属于土地比较贫瘠的省份，单产相对较低（图7-3）。

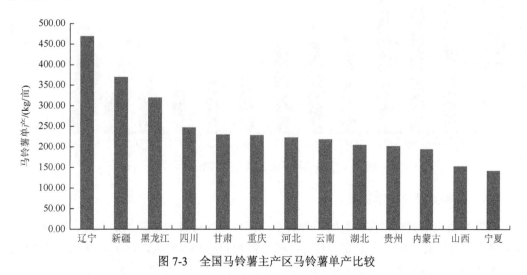

图7-3　全国马铃薯主产区马铃薯单产比较

（三）水土流失面积比较

云南属于水土流失面积较多的省份。马铃薯主产区中，水土流失面积较大的是内蒙古、甘肃和四川。云南的水土流失面积排在第4位。云南不仅土壤贫瘠，而且水土流失面积也较大，这是云南马铃薯单产较低的原因之一（图7-4）。

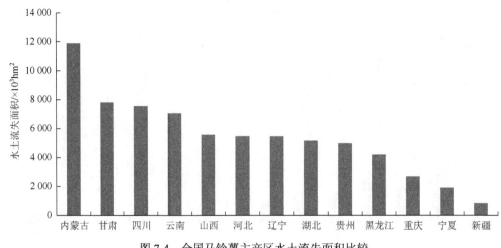

图 7-4　全国马铃薯主产区水土流失面积比较

（四）有效灌溉面积比较

就灌溉面积而言，云南不具备比较优势。全国马铃薯主产区中，灌溉条件最好的是黑龙江，其次是新疆、河北和内蒙古，云南排在第 7 位（图 7-5）。

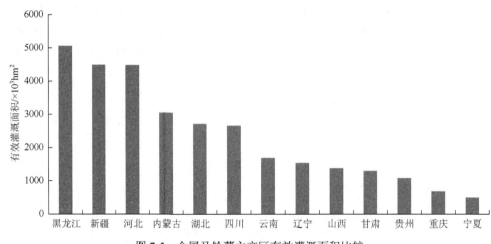

图 7-5　全国马铃薯主产区有效灌溉面积比较

（五）马铃薯种植成本比较

云南种植成本相对较高。我国马铃薯主产区中，种植成本最高的是湖北、四川、贵州和云南。云南马铃薯种植主要在山地，机械化耕种实施难度较大，云南土壤和气候条件决定了其适宜于整薯播种，因此，种薯成本和人工成本相对比较高（图 7-6）。

（六）马铃薯销售收入比较

云南马铃薯销售收入相对不高。全国主产区中，马铃薯销售收入最高的是重庆，其次是湖北、新疆和四川。云南排在了第 6 位。云南的大春马铃薯产量较低，在销售价格不高的情况下，销售收入相对于其他省份并不高（图 7-7）。

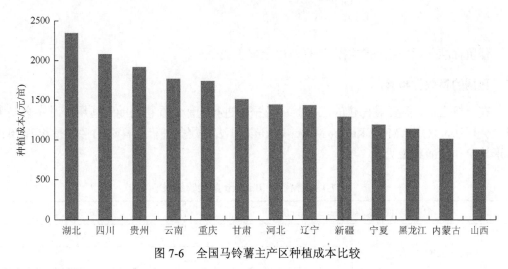

图7-6　全国马铃薯主产区种植成本比较

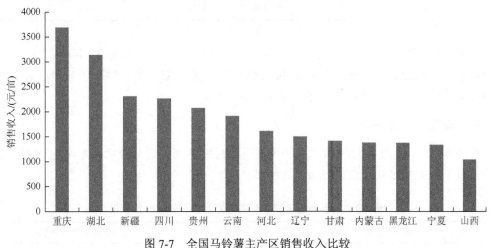

图7-7　全国马铃薯主产区销售收入比较

通过以上各指标比较来看，云南马铃薯的种植面积和产量相对较多，但从耕地质量和生产条件来看，云南的耕地质量与全国其他马铃薯主产区相比还是比较差的，生产条件也没有其他很多主产区好。这也导致了其生产成本相对较高，而销售收入相对偏低。

第三节　基于时序主成分分析的马铃薯生产竞争力省际比较

本节采用时序主成分分析法，对云南与其他12个省份在马铃薯种植规模、效益、生产条件、种植水平和自然灾害影响方面的竞争力进行测算、对比和分析。

一、数据的标准化和正向化处理

为了使研究数据规范化，在进行主成分分析前，将收集来的包括云南在内的13个省份的数据按照式（7-2）进行标准化处理，以便消除量纲影响，同时对于水土流失面积、排涝面积和马铃薯种植成本3个逆指标，在标准化处理后进行了正向化处理。正向化处理的方法如下。

$$X'_{ij} = -X_{ij} \qquad\qquad (7\text{-}4)$$

保留标准化后的指标数据，进行时序全局主成分分析。

二、数据的有效性检验

在分析之前，需要对构建的立体时序数据表进行检验，看它们能否适用于时序全局主成分分析法，采用 KMO（Kaiser-Meyer-Olkin）方法对数据进行取样适当性度量和 Bartlett 球形检验，检验结果见表 7-1。

表 7-1　KMO 和 Bartlett 的检验结果

取样足够度的 Kaiser-Meyer-Olkin 度量		0.530
Bartlett 的球形度检验	近似卡方	443.758
	Df	45
	Sig.	0.000

从表 7-1 可以看出，KMO 检验值为 0.53，大于 0.5，表明各指标之间确有较强的相关关系。球形检验的近似卡方分布值为 443.758，自由度为 45，显著性小于 0.05，表明拒绝单位相关原假设，数据适合做时序全局主成分分析。

三、时序全局主成分分析

使用 SPSS 19.0 软件对标准化后的变量进行时序全局主成分分析，得到全局特征值和各个主成分方差贡献率，结果如表 7-2 所示。

表 7-2　全局特征值和各个主成分方差贡献率分析结果

成分	初始特征值			提取载荷平方和			旋转载荷平方和		
	合计	方差百分比	累积贡献率/%	合计	方差百分比	累积贡献率/%	合计	方差百分比	累积贡献率/%
1	2.773	27.731	27.731	2.773	27.731	27.731	2.571	25.708	25.708
2	2.321	23.210	50.941	2.321	23.210	50.941	2.107	21.068	46.775
3	2.103	21.035	71.975	2.103	21.035	71.975	1.667	16.674	63.449
4	0.970	9.700	81.676	0.970	9.700	81.676	1.369	13.685	77.135
5	0.631	6.313	87.988	0.631	6.313	87.988	1.085	10.854	87.988
6	0.514	5.137	93.126						
7	0.311	3.113	96.239						
8	0.224	2.238	98.477						
9	0.138	1.375	99.853						
10	0.015	0.147	100.000						

注：提取方法为主成分分析

根据碎石图，共提取了 5 个主成分，累计方差贡献率为 87.988%，这 5 个主成分已经包含了原始数据近 88% 的信息。选取前 5 个主成分分别表示为 F_1、F_2、F_3、F_4、F_5。用它们来代表原始的 10 个指标，通过这 5 个主成分来研究马铃薯主产区各省份的马铃薯生产竞争力水平，主成分得分如表 7-3 所示。

表 7-3 旋转后各主成分得分

	成分				
	1	2	3	4	5
马铃薯种植面积	0.945	0.148	−0.132	−0.151	−0.014
马铃薯产量	0.955	0.175	−0.082	0.023	0.008
马铃薯单产	−0.099	−0.016	0.039	0.927	−0.009
有效灌溉面积	−0.144	−0.011	0.769	0.395	−0.306
农业机械总动力	0.012	−0.043	0.960	−0.086	−0.091
销售收入	−0.101	0.915	−0.140	0.010	0.041
总成本正向化	−0.291	−0.832	−0.006	0.084	−0.056
受灾面积正向化	−0.153	0.066	−0.241	−0.015	0.947
水土流失面积正向化	−0.784	0.271	−0.156	0.088	0.285
商品率	−0.049	0.667	0.163	0.554	0.012

注：提取方法为主成分；旋转法为具有 Kaiser 标准化的正交旋转法；旋转在 5 次迭代后收敛

表中的每一个数字表示对应的主成分与原始指标的相关系数。从旋转因子载荷矩阵可以看出，马铃薯种植面积、产量和水土流失面积正向化在第一主成分 F_1 上有较大载荷，说明第一主成分基本反映了这些指标的信息，主要反映的是马铃薯种植规模指标，因此，把第一主成分 F_1 命名为规模主成分。销售收入、总成本正向化和商品率在第二主成分 F_2 上有较大载荷，说明第二主成分基本反映了这些指标的信息，主要反映的是马铃薯种植效益指标，因此，把第二主成分 F_2 命名为效益主成分。有效灌溉面积和农业机械总动力在第三主成分 F_3 上有较大载荷，说明第三主成分基本反映了这些指标的信息，主要反映的是马铃薯种植生产条件指标，因此，把第三主成分 F_3 命名为生产条件主成分。马铃薯单产在第四主成分 F_4 上有较大载荷，说明第四主成分基本反映了这个指标的信息，主要反映的是马铃薯种植条件和水平指标，因此，把第四主成分 F_4 命名为种植条件和水平主成分。受灾面积正向化在第五主成分 F_5 上有较大载荷，说明第五主成分基本反映了这个指标的信息，主要反映的是自然灾害指标，因此，把第五主成分 F_5 命名为自然灾害主成分。

四、各省份各个主成分的得分排名

将旋转因子载荷矩阵中的第 i 数据除以第 i 个主成分所对应的特征值的开平方根后就得到了第 i 个主成分的表达式，利用式（7-3）可以得到马铃薯主产区各个主成分的得分和排名。

（一）马铃薯主产区规模竞争力排名

我国西南片区马铃薯种植规模发展迅速。就马铃薯种植规模主成分的得分和排名来看，2011 年内蒙古排名第一，甘肃、四川和云南分别排名第二、第三、第四。2012 年以后四川一跃成为马铃薯种植规模最大的省份。云南被贵州超越，成为全国马铃薯种植规模第五大的省份。至 2015 年，贵州超越了内蒙古、甘肃成为全国第二大的马铃薯种植主产区。2011～2015 年，重庆马铃薯种植规模超越了黑龙江、辽宁、河北，从排名第 9 跃升为第 6。西南片区马铃薯种植规模不断扩大的同时，东北地区的马铃薯种植规模呈现萎缩趋势，黑龙江和辽宁的种植规模排名不断下降，黑龙江从 2011 年排名第 6，下降到 2015 年的排名第 7，辽宁则从 2011 年排名第 7，下降至 2015 年的排名第 11（表 7-4）。

表 7-4　第一主成分（规模主成分）得分及排名

2011 年			2012 年			2013 年		
省份	F_1	排名	省份	F_1	排名	省份	F_1	排名
内蒙古	1.612	1	四川	1.524	1	四川	1.624	1
甘肃	1.542	2	甘肃	1.454	2	内蒙古	1.308	2
四川	0.971	3	内蒙古	1.323	3	甘肃	1.278	3
云南	0.492	4	贵州	0.657	4	贵州	0.854	4
贵州	0.485	5	云南	0.534	5	云南	0.810	5
黑龙江	0.051	6	辽宁	−0.125	6	河北	−0.496	6
辽宁	−0.179	7	黑龙江	−0.187	7	重庆	−0.515	7
河北	−0.441	8	河北	−0.302	8	辽宁	−0.561	8
重庆	−0.459	9	重庆	−0.498	9	黑龙江	−0.561	9
湖北	−0.694	10	湖北	−0.634	10	湖北	−0.730	10
山西	−0.763	11	山西	−0.836	11	山西	−0.937	11
宁夏	−0.939	12	宁夏	−0.942	12	新疆	−1.531	12
新疆	−1.388	13	新疆	−1.678	13	宁夏	−1.702	13

2014 年			2015 年		
省份	F_1	排名	省份	F_1	排名
四川	1.897	1	四川	2.021	1
甘肃	1.218	2	贵州	1.235	2
贵州	1.131	3	甘肃	1.186	3
内蒙古	0.997	4	内蒙古	0.770	4
云南	0.807	5	云南	0.722	5
黑龙江	−0.275	6	重庆	−0.365	6
重庆	−0.405	7	黑龙江	−0.402	7
湖北	−0.537	8	湖北	−0.454	8
河北	−0.591	9	河北	−0.562	9
辽宁	−0.738	10	山西	−0.741	10
山西	−0.779	11	辽宁	−0.797	11
宁夏	−0.929	12	宁夏	−1.010	12
新疆	−1.505	13	新疆	−1.313	13

（二）马铃薯主产区效益竞争力排名

中南部和西南片区的马铃薯种植效益竞争力相对较强。2011～2015 年，全国马铃薯主产区中，湖北、重庆的效益竞争力始终排在第一、第二的位置；四川和贵州基本是排在第三和第四的位置。2015 年的数据显示，云南的效益竞争力有显著提升，从排名第 7 或第 8 的位置，提升至第四的位置。马铃薯主产区中，靠北部地区的省份的马铃薯种植效益竞争力相对较弱。除新疆外，山西、内蒙古、甘肃和宁夏等效益竞争力的排名都比较靠后（表 7-5）。

表 7-5 第二主成分（效益主成分）得分及排名

2011 年			2012 年			2013 年		
省份	F_2	排名	省份	F_2	排名	省份	F_2	排名
湖北	2.344	1	重庆	1.928	1	湖北	1.831	1
重庆	1.375	2	湖北	1.815	2	重庆	1.733	2
四川	0.848	3	四川	1.059	3	贵州	0.847	3
贵州	0.737	4	新疆	0.410	4	四川	0.785	4
河北	0.072	5	贵州	0.162	5	新疆	0.336	5
新疆	0.006	6	黑龙江	−0.294	6	河北	−0.168	6
云南	−0.082	7	云南	−0.337	7	黑龙江	−0.253	7
黑龙江	−0.377	8	河北	−0.476	8	云南	−0.401	8
宁夏	−0.436	9	辽宁	−0.730	9	宁夏	−0.642	9
辽宁	−0.440	10	宁夏	−0.779	10	辽宁	−0.658	10
甘肃	−0.942	11	甘肃	−0.844	11	甘肃	−0.713	11
内蒙古	−0.986	12	山西	−0.885	12	内蒙古	−0.853	12
山西	−2.197	13	内蒙古	−1.106	13	山西	−1.537	13

2014 年			2015 年		
省份	F_2	排名	省份	F_2	排名
湖北	1.939	1	湖北	1.595	1
重庆	1.304	2	重庆	1.367	2
四川	0.854	3	四川	0.823	3
贵州	0.700	4	云南	0.674	4
新疆	0.171	5	贵州	0.367	5
河北	−0.101	6	新疆	0.095	6
甘肃	−0.260	7	河北	−0.031	7
云南	−0.411	8	宁夏	−0.201	8
辽宁	−0.576	9	甘肃	−0.288	9
黑龙江	−0.590	10	黑龙江	−0.594	10
宁夏	−0.811	11	辽宁	−0.824	11
内蒙古	−0.912	12	内蒙古	−1.056	12
山西	−1.385	13	山西	−2.004	13

（三）马铃薯主产区生产条件竞争力排名

平原地区较多的省份相对于山区较多的省份生产条件更好。就马铃薯生产主产区来看，平原面积较广的河北、黑龙江、四川和内蒙古的生产条件得分排在前四名，而重庆、贵州、甘肃、宁夏和云南这些山区省份的生产条件相对较差。2011~2015 年，随着农业基础设施建设和改造的不断进行，云南的生产条件排名有了一定改善，从第 8 名提升至第 6 名（表 7-6）。

表 7-6　第三主成分（生产条件主成分）得分及排名

2011 年			2012 年			2013 年		
省份	F_3	排名	省份	F_3	排名	省份	F_3	排名
河北	3.148	1	河北	2.935	1	河北	2.881	1
黑龙江	0.751	2	黑龙江	0.610	2	黑龙江	0.768	2
内蒙古	0.302	3	四川	0.393	3	四川	0.365	3
四川	0.169	4	湖北	0.210	4	内蒙古	0.167	4
新疆	0.127	5	内蒙古	0.057	5	新疆	0.096	5
湖北	0.044	6	新疆	−0.149	6	湖北	0.088	6
辽宁	−0.228	7	山西	−0.236	7	云南	−0.238	7
云南	−0.456	8	辽宁	−0.373	8	山西	−0.394	8
山西	−0.462	9	贵州	−0.449	9	辽宁	−0.514	9
甘肃	−0.483	10	云南	−0.514	10	甘肃	−0.534	10
宁夏	−0.950	11	甘肃	−0.537	11	贵州	−0.629	11
贵州	−1.010	12	重庆	−0.999	12	宁夏	−0.767	12
重庆	−1.032	13	宁夏	−1.026	13	重庆	−0.970	13

2014 年			2015 年		
省份	F_3	排名	省份	F_3	排名
河北	2.688	1	河北	2.534	1
黑龙江	1.339	2	黑龙江	1.135	2
四川	0.572	3	四川	0.639	3
湖北	0.462	4	湖北	0.408	4
内蒙古	−0.003	5	新疆	−0.090	5
云南	−0.184	6	云南	−0.172	6
新疆	−0.321	7	内蒙古	−0.261	7
山西	−0.361	8	贵州	−0.379	8
贵州	−0.411	9	山西	−0.401	9
甘肃	−0.716	10	甘肃	−0.549	10
重庆	−0.960	11	辽宁	−0.866	11
宁夏	−1.036	12	宁夏	−1.032	12
辽宁	−1.149	13	重庆	−1.044	13

（四）马铃薯主产区种植条件和水平竞争力排名

马铃薯单产取决于种植马铃薯的自然条件，也取决于种植技术水平。马铃薯主产区中，黑龙江、辽宁、四川、新疆的马铃薯种植条件和水平相对较高和稳定，2011～2015 年始终排在前四。贵州种植条件和水平提升相对较快，从排名第 10 提升到排名第 5。云南的种植条件和水平排名不稳定，忽高忽低，说明云南单产受自然条件影响的因素更多，稳定性不足，需要更多的人为干预抵抗自然条件的不良影响（表 7-7）。

表 7-7　第四主成分（种植条件和水平主成分）得分及排名

2011 年			2012 年			2013 年		
省份	F_4	排名	省份	F_4	排名	省份	F_4	排名
黑龙江	1.802	1	辽宁	2.234	1	辽宁	1.907	1
辽宁	1.770	2	黑龙江	1.439	2	新疆	1.454	2
新疆	1.077	3	新疆	0.699	3	黑龙江	0.759	3
四川	0.400	4	四川	0.462	4	四川	0.277	4
内蒙古	0.172	5	内蒙古	0.065	5	内蒙古	0.154	5
甘肃	0.012	6	甘肃	0.053	6	甘肃	-0.052	6
山西	-0.050	7	重庆	-0.146	7	贵州	-0.246	7
重庆	-0.077	8	河北	-0.385	8	重庆	-0.257	8
云南	-0.441	9	湖北	-0.509	9	云南	-0.368	9
贵州	-0.703	10	宁夏	-0.663	10	河北	-0.376	10
湖北	-0.799	11	贵州	-0.741	11	湖北	-0.805	11
宁夏	-1.225	12	云南	-0.972	12	山西	-1.905	12
河北	-1.424	13	山西	-1.023	13	宁夏	-2.597	13

2014 年			2015 年		
省份	F_4	排名	省份	F_4	排名
辽宁	1.828	1	新疆	2.093	1
新疆	1.688	2	黑龙江	1.176	2
黑龙江	1.026	3	辽宁	1.105	3
四川	0.336	4	四川	0.412	4
重庆	-0.024	5	贵州	0.002	5
内蒙古	-0.033	6	重庆	-0.041	6
贵州	-0.140	7	云南	-0.165	7
甘肃	-0.148	8	甘肃	-0.304	8
宁夏	-0.535	9	内蒙古	-0.372	9
湖北	-0.590	10	宁夏	-0.420	10
河北	-0.603	11	湖北	-0.585	11
云南	-1.129	12	河北	-0.660	12
山西	-1.162	13	山西	-1.726	13

（五）马铃薯主产区自然灾害竞争力排名

自然灾害主成分反映了马铃薯主产区各省份每年的受灾情况。因为自然灾害是逆指标，在进行主成分分析时已经进行了正向化处理。因此排名靠前说明自然灾害程度小。从第五主成分排名来看，我国马铃薯主产区中，2011~2013 年，西南片区受灾情况相对严重些，如四川、云南和贵州排名都比较靠后；2014 年和 2015 年则北方省份受灾情况更严重些，辽宁、内蒙古、新疆、河北和甘肃等地排名都比较靠后（表 7-8）。

表 7-8　第五主成分（自然灾害主成分）得分及排名

2011 年			2012 年			2013 年		
省份	F_5	排名	省份	F_5	排名	省份	F_5	排名
辽宁	1.311	1	辽宁	1.170	1	辽宁	1.144	1
宁夏	1.111	2	宁夏	1.132	2	河北	1.107	2
新疆	0.805	3	贵州	1.084	3	宁夏	0.879	3
河北	0.627	4	重庆	0.664	4	重庆	0.710	4
山西	0.491	5	四川	0.596	5	新疆	0.581	5
重庆	0.487	6	河北	0.468	6	甘肃	0.251	6
甘肃	0.457	7	甘肃	0.381	7	云南	0.196	7
黑龙江	0.037	8	山西	0.112	8	四川	−0.033	8
四川	−0.079	9	新疆	−0.430	9	贵州	−0.235	9
内蒙古	−0.762	10	云南	−0.676	10	内蒙古	−0.613	10
云南	−0.770	11	湖北	−1.155	11	山西	−0.629	11
贵州	−1.580	12	内蒙古	−1.433	12	黑龙江	−1.794	12
湖北	−2.034	13	黑龙江	−1.813	13	湖北	−1.971	13

2014 年			2015 年		
省份	F_5	排名	省份	F_5	排名
重庆	1.196	1	贵州	1.379	1
宁夏	1.124	2	四川	1.185	2
贵州	1.097	3	重庆	0.979	3
黑龙江	0.947	4	宁夏	0.909	4
四川	0.866	5	甘肃	0.172	5
云南	0.490	6	黑龙江	0.075	6
河北	0.228	7	云南	−0.048	7
湖北	−0.163	8	新疆	−0.140	8
山西	−0.225	9	山西	−0.276	9
甘肃	−0.727	10	河北	−0.349	10
内蒙古	−1.505	11	湖北	−0.360	11
辽宁	−1.593	12	辽宁	−0.774	12
新疆	−1.633	13	内蒙古	−2.650	13

五、小结

从云南与我国其他马铃薯主产区的生产竞争力的比较来看,云南在种植规模方面具有一定比较竞争优势,排在全国第五。在生产条件方面,得益于近年来的中低产田改造、高产创建和农机补贴等工程项目的实施,云南农业生产基础设施有了进一步的改善和提高,云南的生产条件竞争力有了明显提高。云南马铃薯的种植水平仍不稳定,明显受自然气候条件的影响,需要注重通过现代科技手段和方法,增强人为抗自然风险能力。云南马铃薯的种植成本和销售收入不具备明显的比较竞争优势,在未来推动马铃薯种植产业发展的过程中,还需在降本增效方面不断提升云南马铃薯的效益竞争力。

主要参考文献

耿海清,陈帆,詹存卫,等.2009.基于全局主成分分析的我国省级行政区城市化水平综合评价[J].人文地理,(5):47-51.

李明.2012.基于时序全局主成分分析的商业银行竞争力动态评价[D].成都:西南财经大学硕士学位论文.

乔峰,姚俭.2003.时序全局主成分分析在经济发展动态描绘中的应用[J].数理统计与管理,(2):1-5.

谢识予,孙碧波.2008.几种主要国际竞争力排名问题的理论分析和实证检验[J].世界经济情况,(11):18-23.

第八章 云南冬马铃薯竞争力分析与评价

云南是全国冬马铃薯的主要产区，无论是种植面积还是产量，都位列全国第一。相比大春和秋作马铃薯，冬马铃薯产量高、价格高、效益好。近年来云南冬马铃薯发展迅速，为农民增收致富做出了较大贡献。

第一节 云南冬马铃薯发展现状

一、我国冬马铃薯的现状

（一）我国冬马铃薯生产现状

我国的马铃薯冬作区一般包括福建、江西、湖南、广东、广西、云南等地，本书主要针对云南、广东、广西、福建四地。目前冬马铃薯产量水平普遍比较高，季节性和区位优势明显，主要用于鲜食和出口，市场相对稳定，相对于大春和秋作马铃薯，冬马铃薯生产效益较高，加之冬作区还有大量冬闲田可以开发利用。因此冬马铃薯的发展潜力巨大，已成为我国冬作区的种植结构优化和农民增收的主要途径之一。

我国冬作区马铃薯的播种时间跨度较大，从 10 月中旬至次年 1 月中旬，收获期为当年年底至次年 5 月。其中冬马铃薯最普遍的种植季节为 11 月播种，次年 2～3 月收获。此段时间病虫害发生较少，只要适当地进行管理和防治，就能取得较高的产量。就广东、广西、福建而言，冬马铃薯的产量一般都高于春作马铃薯。例如，广东惠东冬马铃薯的产量最高可达 3500kg/亩，平均 1600～2300kg/亩；福建闽南地区冬马铃薯的产量大约在 2500kg/亩；广西地区的冬马铃薯产量最高可达 3000kg/亩，平均产量在 1000～2000kg/亩，而其他南方地区春作马铃薯的产量一般在 1000kg/亩。

（二）中国冬作区种薯现状

据不完全统计，广东、广西主要的冬马铃薯品种为'费乌瑞它'系列。福建的冬马铃薯品种较少，主要是'中薯 3 号'和'闽薯 1 号'。云南的冬马铃薯品种较多，与其他冬作区相比，在种薯方面有较强的优势。但是云南的冬马铃薯脱毒种薯的使用率与其他三省比较有较大的劣势，只占到了 25%，而广东已经达到了 80%。目前云南冬马铃薯脱毒种薯的使用率还很低，农户一般都是自留种薯，在马铃薯播种当中二级原种的使用率很高（表 8-1）。

表 8-1 冬作区马铃薯基本情况

省份	主要栽培品种	脱毒种薯使用率/%
广东	费乌瑞它系列品种（粤引 85-38、鲁引 1 号、津引 8 号、荷兰 7 号、荷兰 15）、中薯 3 号、大西洋等	80
广西	费乌瑞它、中薯 5 号、中薯 7 号、丽薯 6 号、冀张薯 8 号、合作 88、克新 13 号、克新 18 号等	50

续表

省份	主要栽培品种	脱毒种薯使用率/%
福建	紫花 851、中薯 3 号、克新 3 号、闽薯 1 号等	65
云南	合作 88、会-2、德薯 2 号、丽薯 6 号、德薯 3 号、中甸红、云薯系列、米拉等	25

数据来源：现代产业体系资料统计

（三）出口现状

我国马铃薯出口主要以鲜马铃薯为主，2016 年出口量达到了 29.84 万 t，在世界排名第 10；出口额达到了 1.28 亿元，在世界排名第 11。其次是冷冻马铃薯，2016 年冷冻马铃薯的出口量是 2.64 万 t，在世界排名第 13，出口额为 0.36 亿元，在世界排名第 12。我国马铃薯销售对象是越南、日本、马来西亚、俄罗斯、泰国、中国香港、新加坡等周边国家和地区。从图 8-1 中可以看出，我国马铃薯的出口数量都在每年年初最低。冬马铃薯总产量普遍较小，无法满足国内外的需求。而冬马铃薯在出口价格上有较强的优势，一般高于春作马铃薯，冬马铃薯在每年 1～4 月的出口单价一般呈上升趋势，因此扩大冬马铃薯的产量有利于提高马铃薯的出口总额（图 8-2）。

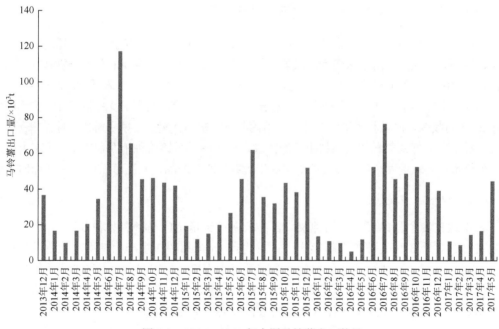

图 8-1　2014～2017 年中国马铃薯出口数量

数据来源：中国马铃薯网

二、云南冬马铃薯的生产现状

（一）种植区域

云南冬马铃薯的生产区域主要分布在滇南、滇东南和滇西南等热带和亚热带地区，

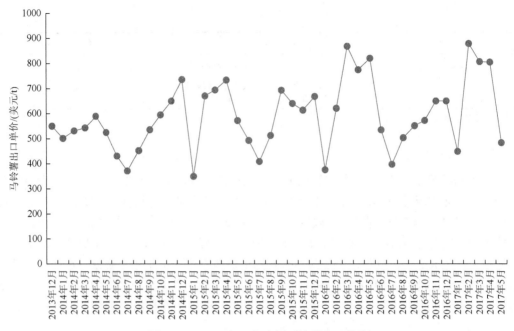

图 8-2　2014~2017 年中国马铃薯出口单价

数据来源：中国马铃薯网

冬马铃薯大面积种植主要集中在德宏、红河、临沧、普洱和丽江等地区，一些低海拔热河谷地区也有部分种植。滇南地区冬闲田较多，马铃薯也被作为冬季重要的蔬菜作物和加工原料种植，在滇南地区冬季农业开发中具有很大的发展潜力。冬播在 12 月末播种，次年 4~5 月收获的称为小春洋芋，为主要生产方式。德宏、西双版纳、临沧等部分无霜区在 11 月初播种，次年 2~3 月收获，产量和经济收益较高。滇南冬季种植马铃薯主要用于解决当地淡季蔬菜的供应，以及省内外蔬菜和加工原料市场的需求，由于冬季马铃薯种植面积较小，产品数量较少，外销市场需求量大，冬马铃薯的价格高于大春生产的产品，农民可以有很好的经济收入。

（二）种植品种现状

云南适宜多个马铃薯品种的种植，目前云南已经审定的马铃薯品种多达 56 个，生产上也进行了 2 至 3 次品种的更新换代，目前约有 16 个品种在生产上使用，约占总播种面积的 95%。冬作区域种植品种和种薯主要来源于大春主产区，目前'合作 88''会-2''中甸红'在滇南地区广泛种植，'丽薯 6 号'由于块茎大、高产和生育期适合，产品符合北方消费市场的需求，而成为冬作区重点发展的品种（表 8-2）。

表 8-2　冬马铃薯各品种单产表

品种	单产/(kg/亩)	品种	单产/(kg/亩)
合作 88	2469.20	德薯 3 号	2004.80
会-2	2956.57	中甸红	2400.00
德薯 2 号	2358.30	云薯系列	2243.58
丽薯 6 号	2400.00	其他	1781.20

数据来源：调查问卷整理得出

云南春作马铃薯、秋作马铃薯的产量大部分在 1000~2000kg/亩，但通过问卷调查整理得出云南冬马铃薯的产量大部分在 2000~2500kg/亩。与春、秋作马铃薯相比，冬马铃薯产量较高。

（三）冬马铃薯产量现状

表 8-3 列举了 2016 年我国冬马铃薯主产区的种植面积、总产量和单产，从中可以看出，云南冬马铃薯种植面积和总产量在冬马铃薯主产区居于首位，有很强的竞争优势。表 8-4 为 2016 年云南部分地区冬马铃薯种植情况，种植面积达到了 91.03 万亩，产量达到 207.51 万 t，约占云南马铃薯种植总面积的 1/10，占总产量的 1/4。其中德宏的冬马铃薯平均亩产在 3000kg 左右，远远高于其他地区。

表 8-3　2016 年冬马铃薯主产区种植面积、总产量及单产

省份	种植面积/万亩	总产量/万 t	单产/(kg/亩)
云南	300.00	600.00	2000
广东	69.93	111.00	1585
广西	198.00	127.35	1300
福建	126.00	71.00	1360

注：云南数据来源于云南现代农业产业技术体系；广东数据来源于 2017 年马铃薯大会《马铃薯产业与精准扶贫》；广西数据来源于《广西统计年鉴》；福建数据来源于《福建统计年鉴》

表 8-4　2016 年云南部分地区冬马铃薯种植面积及产量

地点	种植面积/万亩	产量/万 t	地点	种植面积/万亩	产量/万 t
景东	4.60	11.50	麻栗坡	2.32	2.32
富宁	4.20	5.88	大理	13.00	31.20
广南	4.68	11.70	文山	2.24	2.54
临沧	15.00	22.50	墨江	6.00	12.00
建水	5.10	15.80	丘北	1.31	1.97
泸水	5.10	13.80	砚山	3.88	7.76
德宏	20.00	60.00	开远	3.60	8.54
			总计	91.03	207.51

数据来源：问卷整理得出

三、云南冬马铃薯市场现状

（一）全国冬马铃薯价格行情

冬马铃薯价格较高。由图 8-3 可以看出，2010~2017 年的月平均价格中 2~5 月的价格最高，正好是冬马铃薯上市季节，其中以 2 月、3 月的平均价格最高。随着越来越多的人意识到马铃薯是相对安全且营养的食品，很多家庭将马铃薯作为一年四季的菜肴佳品。相对其他茎叶蔬菜，尽管马铃薯可以进行较长时间的储藏，但从食用口感和安全角度来讲，新鲜马铃薯优于窖藏马铃薯。冬马铃薯市场相对供不应求，价格好于大春马铃薯。

图 8-3　2010～2017 年马铃薯月平均价格

数据来源：中国一亩田信息网收集整理

从全国 2008～2017 年 2～4 月的冬马铃薯价格来看（图 8-4），价格相对稳定，仅略有波动，除 2012 年受金融危机传导影响，东部、南部大量中小外贸企业倒闭，用工数量明显减少，对马铃薯需求量总体下降，价格较低外，其余基本稳定在 2～3 元/kg。2016年冬马铃薯价格创新高，主要是很多地方冬季大幅降温，冬马铃薯减产所致。

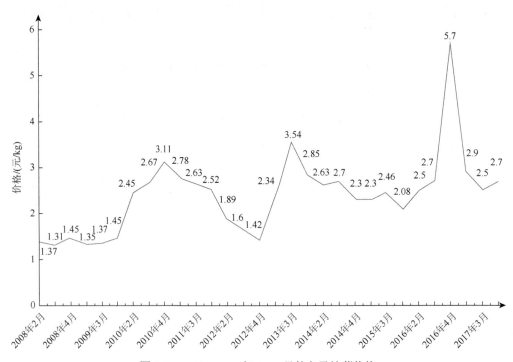

图 8-4　2008～2017 年 2～4 月的冬马铃薯价格

数据来源：中国一亩田信息网络收集整理

（二）云南冬马铃薯市场价格行情

　　每年的 3～4 月是云南冬马铃薯上市季节，由于北方库存马铃薯质量下降，鲜马铃薯才刚刚上市，货源量小，市场喜爱鲜货，对于南方产区的马铃薯仍有较大的需求，云南冬马铃薯此时刚好迎合了市场所需，加上品质优越，是很好的货源采购点，客商拿货较为积极，销售情况良好，有价有市，走势比较明朗。但就过去几年而言，总体价格呈下降趋势。进入 7 月，全国各地马铃薯开始集中大量上市，马铃薯供货基本不断，马铃薯价格接近低谷，云南马铃薯价格自进入 7 月以来持续走低，一是此时全国马铃薯都是丰收期，云南马铃薯不具备任何优势；二是 7～8 月云南进入雨季，马铃薯收获和售卖运输较为不便，马铃薯价格自然被拉低。11 月以来，云南地区马铃薯行情较为乐观，因马铃薯是冬季蔬菜的主流产品，市场需求量未减少，云南马铃薯价格保持稳中略升的趋势（图 8-5）。

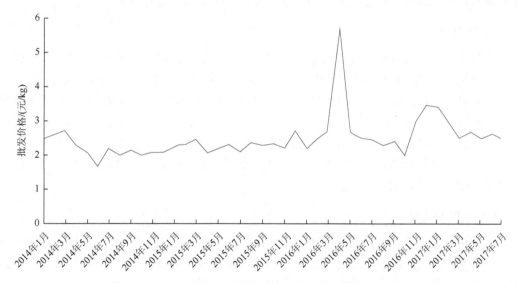

图 8-5　云南 2014 年 1 月～2017 年 7 月马铃薯月价格走势
数据来源：中国一亩田信息网收集整理

　　云南冬马铃薯的市场价格的统计数据至今没有权威机构进行发布。以下价格数据主要来源于每年冬马铃薯收获季节的田间采访后估算的价格。云南冬马铃薯的市场价格普遍高于省外冬马铃薯的价格，其原因是近年来云南冬马铃薯的主要品种为'丽薯6号'，这一品种单产高，商品薯的比例高达 90%以上，薯型大而圆，不仅外观漂亮而且口感较好，深受外地薯商青睐，其价格是'合作 88'的 1.5～2.0 倍，农民也十分愿意种植（表 8-5）。

表 8-5　2010～2017 年云南冬马铃薯市场价格

年份	2010	2011	2012	2013	2014	2015	2016	2017
价格/(元/kg)	4.5	3.7	2.8	4.0	3.0	2.5	4.7	2.0

第二节　云南冬马铃薯产业 SWOT 分析

一、优势分析

（一）自然环境优势

云南的热区资源丰富，主要集中在滇南、滇西南的西双版纳、德宏、临沧、普洱、红河、文山 6 个地区和保山地区的一部分。除了现在已经广泛种植马铃薯的德宏、红河、临沧以外，在西双版纳、普洱、文山及保山部分地区还有较大的发展潜力。这些地区冬无严寒，夏无酷暑，也无台风危害，光、热、水都较充足。年光热辐射总量为 1183～1528kcal/cm^2；年均温在 17.5～23.7℃，积温为 7326～8176℃。海拔 1000m 以下的地带温度较低，平均值在–0.9℃以上，十分有利于马铃薯安全越冬。年降水总量为 630.0～2245.1mm，大部分地区降水量达 1000mm 以上，光、热、水十分有利于多数热带作物生长。

（二）区位优势

地处东亚、东南亚和南亚接合部的云南，为"三亚"枢纽。从云南向东可与珠三角、长三角经济圈相连；向南延伸，可通过建设中的泛亚铁路东、中、西三线直达河内、曼谷、新加坡和仰光；向北可通向四川和内陆腹地；向西可经缅甸直达孟加拉国吉大港沟通印度洋，经过南亚次大陆，连接中东，到达土耳其的马拉蒂亚分岔，转西北进入欧洲，往西南进入非洲。由此可以看出，云南有着优越的区位优势，交通十分便利，这就为云南冬马铃薯的国内、国外销售创造了良好的条件，从而也促进了商品薯的生产能力和水平的提高，增强了云南冬马铃薯的市场竞争力。

（三）市场优势

冬季由于北方气候的寒冷，无法种植马铃薯，马铃薯比较匮乏，而云南这个季节仍可种植马铃薯，且生产成本也远远低于北方利用大棚种植的马铃薯。另外，马铃薯较其他蔬菜适宜长途运输，因此，云南冬马铃薯具有巨大的市场潜力。

云南优越的自然条件加上马铃薯悠久的种植历史，有利于种植出品质较高的马铃薯，从而在省内外取得较好的市场口碑。另外，马铃薯主产区积极打造具有地区优势的产品"品牌"，宣威、昭通等地的马铃薯鲜薯已在广东等地获得地域品牌的认同，年交易量超过百万吨，70%的马铃薯销售至广东。云南的"子弟""天使""鲁咪啦"等薯片已成为全国知名品牌，在国内外市场上具有一定的占有率。

（四）效益比较优势

在云南的冬季农业生产和开发中，冬马铃薯在农作物生产中占有举足轻重的地位，种植效益明显高于其他粮食作物。重量在 0.3kg 以上的单个马铃薯，平均收购价在 3 元/kg，保持较好的总体收益。与冬作蔬菜相比更具优势。首先，连年冬作马铃薯土壤不会明显退化，进行规模生产的可能性大，可能沾染的病虫害、鼠害比较少。其次，种植冬马铃薯用工比种植冬作蔬菜少很多，人力成本比较低，种植技术难度小，劳动效率比较高，可谓是省时、省力、省心的作物。再者，马铃薯抵御自然灾害的能力比蔬菜强，产量稳定，血本无归的情况一般不会出现。最后，马铃薯市场的价格比较稳定，不会像其他蔬菜那样大起大落。在北方市场空档期上市可稳定冬作市场，在冬作蔬菜中，冬马铃薯经济效益突出。

二、劣势分析

（一）生产分散

云南地处高原，具有独特的地理地貌环境，山区面积占总面积的 90% 以上，大面积的耕地较少，大部分农业耕地地块散碎；农业生产基本上是单家独户的小规模耕作方式。冬马铃薯传统主产区大多数在贫困山区，分散的农户群体仍然是农业生产的主体，农地规模小、农业生产投入少、农业生产设施条件差，基本属于靠天吃饭，因此，冬马铃薯产量低，加上山区交通不便，冬马铃薯销售困难，从而造成许多地区冬马铃薯统计上有面积、产量，但没有商品量，基本处于本地自给自足的消费状况。

（二）脱毒马铃薯种薯覆盖率低

云南虽然各地都适合种植马铃薯，但种植马铃薯的地区大多是贫困山区，这些地区的农户种植马铃薯由于缺乏马铃薯种薯生产权威部门的组织和协调，而是采用习惯的传统方法，大多使用农家自留种和换种，换种也是盲目地换种，没有对自家土地等一系列条件进行合理地考量，因此，虽然投入了人力和物力，但产量还是提不上去。虽然优质马铃薯种薯品质较好、产量高，但价格相对农户家自留种和换种要高很多，对于高寒山区大面积种植马铃薯的贫困农民来讲，既没有经济条件也没有积极性去选择这样的优质马铃薯种薯。再加上优质马铃薯种薯的供应能力有限，要想大面积种植脱毒马铃薯种薯是非常困难的，这也在很大程度上制约了云南冬马铃薯的快速发展。

（三）机械化程度低，生产成本持续上升

据统计，2016 年全国马铃薯耕种收综合机械化水平仅为 26.59%，远远低于三大粮食作物（水稻为 60.51%、玉米为 65.94% 和小麦为 91.26%），而发达国家马铃薯机械化作业率可达 80% 以上。根据全国农产品调查资料，2016 年云南马铃薯亩均生产成本已达到 2042.2 元，比 2010 年增长了 70%，其中物质和服务费用、人工成本和土地成本分别为 740.51 元、1098.2 元和 203.05 元。从支出变化来看，2010～2016 年物质和服务费用仅上涨了 32%，而人工成本和土地成本费分别上涨了 145% 和 103%，成为拉动马铃薯生产成本快速增长的重要原因（图 8-6）。

（四）消费观念落后

在我国，马铃薯主要是用于鲜食菜用、淀粉原料、饲料原料等，尽管近年来由于薯片、薯泥等休闲食品消费增加，马铃薯总量有所增长，但人均消费量仍然偏低，2016 年人均消费量只有 41.5kg，全球排名第 65 位，仅相对于俄罗斯人均消费水平的 37%、德国的 58.3%、美国的 74.1%，马铃薯消费量还有很大的增长空间。马铃薯主食化发展面临着诸多制约因素，潜力挖掘有难度。"马铃薯是贫困者粮食替代品"的观念还没有完全改变。

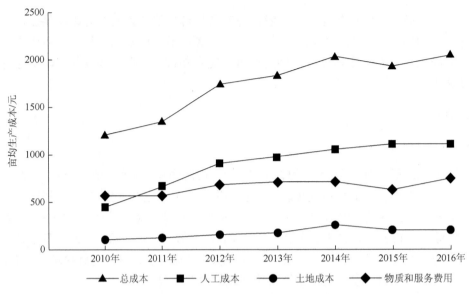

图 8-6　2010～2016 年云南马铃薯亩均生产成本

数据来源：《全国农产品成本收益资料汇编》

三、机遇分析

（一）市场前景广阔

云南是我国最大的冬作马铃薯产区，每年有大量的冬马铃薯销往国内各大城市，北方马铃薯由于储存时间过长而使品质下降，3～4 月销售基本结束，而此时云南冬马铃薯收获，鲜薯品质优势明显，此时的市场售价较高，经济效益很好。加入 WTO 后，云南生产的冬马铃薯可直接参与国际竞争，具有很大的市场潜力。云南马铃薯除了用于鲜食、饲料、种薯、加工和储藏运输损耗之外，其余都用于外销。其中，云南与东南亚国家地理位置很近，产品具有地缘优势，每年云南马铃薯的输出量高达 50 万 t 左右。只要科学控制冬马铃薯生产成本，并提高马铃薯品种，云南冬马铃薯市场前景将更为广阔。

（二）政策环境优越

2006 年以来，我国各级政府对马铃薯产业发展给予了前所未有的重视，出台了很多促进产业发展的政策。2006 年农业部出台了《农业部关于加快马铃薯产业发展的意见》，成立马铃薯生产专家指导组。2008 年发布的《马铃薯优势农产品区域布局（2008—2015 年）》规划提出了中长期发展目标。2009 年国务院常务会议通过了马铃薯原种繁育补贴的意见。从 2010 年开始对马铃薯原种生产进行补贴，农业综合开发种薯基地建设项目推动了各主产区建设种薯基地，农机补贴和储藏库补贴促进发展和储藏库建设。2013年农业部启动"马铃薯主粮化"战略，2015 年"马铃薯主粮化"发展战略研讨会在北京召开，进一步将马铃薯作为我国第四大主粮作物予以扶持发展，强化国家粮食安全保障水平。2016 年农业部 1 号文件《关于推进马铃薯产业开发的指导意见》提出：到2020 年，马铃薯种植面积要达到 0.07 亿 hm² 以上，适宜主食化加工的品种种植比例达到 30%，主食消费占马铃薯总消费的 30%。这些政策的出台，给马铃薯产业带来了快速发展的机遇。

四、威胁分析

（一）国内外市场竞争

当今社会激烈的国内外农产品市场竞争力给云南冬马铃薯产业的发展带来了种种威胁。在我国，北方地区开始利用大棚来种植冬马铃薯，这些马铃薯主产区在生产和加工方面具有一定的优势，同时广东、广西、福建及四川的部分地区也开始大面积种植冬马铃薯，可见，国内冬马铃薯市场竞争激烈。另外，根据联合国粮食及农业组织（FAO）的统计，目前全球有 154 个国家和地区种植马铃薯，可以说马铃薯种植遍布世界各地，尽管加入 WTO 为我国农产品打开了进军国际市场的大门，但同时市场准入门槛的提高也加大了我国农产品的市场风险。不难看出，云南冬马铃薯产业发展以其独特的竞争优势作为基础，但是存在马铃薯市场化、规模化不足，技术落后等问题，难以抵挡国内外马铃薯先进产区的市场竞争。

（二）竞争性作物制约

竞争性作物可能制约冬马铃薯生产面积潜力开发。冬季和早春季节，低海拔河谷地带适合种植的农作物不止马铃薯一种，还有很多经济作物，如某些特色蔬菜、药材等，种植农户将根据比较效益进行选择。

（三）省外冷藏技术的冲击

省外主产区采用了马铃薯冷藏技术。由于马铃薯不耐储藏，每年大春马铃薯收获季节，马铃薯主产区的薯农急于出售，相互竞价，导致市场价格不断下降，出现了"薯贱伤农"的现象。省外部分主产区开始采用了马铃薯冷藏技术。例如，2015 年，甘肃在农产品初加工补助政策的支持下，共建成 1.53 万座马铃薯储藏设施，累计新增储藏能力 42 万 t。使用冷藏技术延长了马铃薯的上市时间，改善了大春马铃薯的供求结构，有利于保护薯农的收益。但随着大春马铃薯的销售延长，可能会冲击到冬马铃薯的市场，影响冬马铃薯的价格，从而影响冬马铃薯的收入预期。

结论：通过 SWOT 方法分析了云南冬马铃薯产业发展的优势、劣势、机遇和威胁，发现云南发展冬马铃薯产业具有自然环境优势、区位优势、市场优势和效益比较优势，也存在着生产分散、脱毒马铃薯覆盖率低、生产成本不断攀升的劣势，另外也会由于国内外市场激烈的竞争而受到威胁。不过，云南冬马铃薯发展所具备的这些优势与机遇相对于其发展的劣势和威胁来说，比较优势更为突出。

第三节　云南冬马铃薯与大春、秋作马铃薯的比较分析

一、调查方法和调查范围

（一）调查方法

云南作为冬马铃薯种植大省，各地区几乎都有冬马铃薯栽种，由于受到气候、种植

习惯和经济发展程度的影响，各地冬马铃薯种植规模也有较大差异。考虑到竞争力分析的代表性，在此，用重点调查的方式先确定马铃薯种植面积和产量比较大的重点地区的重点州县。

（二）调查范围

云南大春马铃薯主产区主要集中在滇东北的昭通、曲靖，滇西北地区的大理、丽江。秋作马铃薯主要集中在滇东北、滇中地区。冬马铃薯主要集中滇南、滇西南地区德宏、文山、临沧。根据马铃薯种植面积和产量，调查范围分别确定为滇东北地区的马龙、宣威，昭通的鲁甸；滇中地区的寻甸；滇西北地区的丽江；滇南、滇西南地区的德宏，普洱的景东，文山的丘北等，其中滇南、滇西南地区是冬马铃薯的主要种植区域。

二、调查表及指标设计

（一）调查表设计

马铃薯的种植不仅取决于投入产出水平，还受到其他因素的影响，如竞争性作物的投入产出效率。因此，在调查中设计了两类调查表格。

1）马铃薯生产投入产出调查表。

2）马铃薯竞争性作物投入产出调查表。

第一类调查表用于调查各地马铃薯种植的基本情况和在实际种植中各种物资和人力投入情况，以及产出后单产平均田间收购价格，第二类调查表用于调查各地与马铃薯有土地竞争关系的农作物的投入产出情况。通过生产效率分析其竞争力。

（二）调查表相关指标

1. 马铃薯生产投入产出调查表

马铃薯生产投入产出调查表的相关指标分为以下两类。

第一类涉及马铃薯种植的基本情况，主要包括种植面积、种植品种（大春马铃薯、秋作马铃薯、冬马铃薯）。

第二类涉及马铃薯的投入产出情况，生产投入主要包括物资成本，如种薯、化肥和农药，以及土地租金成本、机械成本（机耕和机收）；而劳动力成本又包括折算家庭用工成本及雇佣工人成本。生产产出主要包括每亩最高单产、每亩平均单产及田间平均收购价格。

2. 马铃薯竞争性作物投入产出调查表

此表主要包括与马铃薯有竞争关系的农作物的种植面积、产量及投入产出情况等指标，具体指标与第一类调查表相同。

（三）模型运算及分析

数据包络分析（data envelopment analysis，DEA）是一种基于被评价对象间相对比较的非参数技术效率分析方法。1978 年由 Charnes、Cooper 和 Rhodes 3 人首次提出，可广泛用于业绩评价。DEA 方法在处理具有相同性质的部门（决策单元）进行多输入、多输出的比较方面存在很大的优势，它可以用线性规划方法来判断决策单元间的相对有效性，即所对应的点是否位于生产前沿面上。选取 DEA 作为分析方法是因为 DEA 方法不需要预先设定具体的函数形式，也称为非参数方法，在解决多投入、多产出方面的问题具有优势，不仅可以对决策单元的效率进行测算，还可以根据测算的结果给出基于投入和产出两个角度的效率优化调整方案，同时由于不需要在运行前对数据进行无量纲化处理，可以简化操作程序和减少误差。在进行纵向生产效率分析时采用 Malmquist-DEA 模型，而在与竞争性作物进行生产效率的横向比较分析时采用 DEA-BCC 模型。

三、云南马铃薯效率分析

表 8-6 列举了 2011～2016 年云南马铃薯生产投入的基本情况。

表 8-6　2011～2016 年云南马铃薯生产投入成本　　　（单位：元/亩）

年份	种薯费用	化肥费用	农药费用	机械费用	其他费用	土地租金	人力成本	投入成本
2011	238.63	220.76	17.82	84.71	13.18	117.53	653.28	1345.91
2012	240.60	320.27	9.46	88.03	16.56	147.27	907.97	1730.16
2013	273.54	313.31	2.87	97.93	19.25	172.55	965.02	1844.47
2014	283.47	303.37	3.53	93.06	19.63	253.02	1059.18	2015.26
2015	263.76	221.24	4.92	102.59	20.11	198.04	1106.92	1918.19
2016	276.96	337.27	6.12	96.33	23.83	203.05	1098.64	2042.2

数据来源：《全国农产品成本收益资料汇编》整理得出

从表 8-6 可以看出，云南马铃薯投入总成本基本是逐年递增的，造成这种情况的最主要原因是人力成本不断增加。2016 年人力成本接近 2011 年人力成本的两倍。人力成本不断增加的原因包含两个方面：第一，雇佣工人每天工资和折算家庭用工工资不断增加，从 2011 年 40 元/天增长到 2016 年 90 元/天，这与我国劳动力成本不断增加的趋势是一致的；第二，由于云南马铃薯种植大多以山地为主，不适宜大规模机械化生产，因此不得不增加人力成本。虽然从表 8-6 可以看出云南马铃薯的机械成本在逐年增加，但增幅并不明显，所以云南马铃薯生产主要还是以人力为主。从 2012 年开始人力成本就占到总成本的 50% 以上，2016 年人力成本占总成本的比例已经达到 53.8%。物资成本占总成本的比例在逐年降低，其中种薯费用和化肥费用占物资成本的比例高达 90% 以上。种薯费用在逐年增多，而化肥费用在 2016 年又再次上升到 337.27 元/亩。

表 8-7 列举了 2011～2016 年云南马铃薯生产产出的基本情况。

表 8-7　2011～2016 年云南马铃薯生产产出情况

年份	每亩收入/元	每亩成本/元	净利润/(元/亩)	成本利润率/%
2011	1865.71	1345.91	519.80	38.62
2012	2054.05	1730.16	323.89	18.72
2013	2466.14	1844.47	621.67	33.70

续表

年份	每亩收入/元	每亩成本/元	净利润/(元/亩)	成本利润率/%
2014	2490.33	2015.26	475.07	23.57
2015	2517.88	1918.19	599.69	31.26
2016	2825.64	2042.2	783.44	38.36

数据来源:《全国农产品成本收益资料汇编》整理得出

根据表 8-7 可知,云南马铃薯每亩收入是在稳步增长的,增长最快的是 2012～2013 年,增幅达到 20%,2011～2016 年增幅为 51.45%。而每亩的平均成本整体也呈现增长的态势,而成本的增长主要是人力成本增长导致的,增长最快的是 2011～2012 年,增长幅度接近 30%,2011～2016 年增幅为 68.17%。成本利润率最高的是 2011 年,总趋势呈现"U"形,先降低后升高,但 2016 年的成本利润率仍然低于 2011 年的成本利润率。净利润最高的是 2016 年,为 783.44 元/亩,总趋势也呈现"U"形,先降低后升高,但 2015 年的净利润仍然低于 2013 年的净利润。

选用 Malmquist-DEA 模型,以云南马铃薯作为决策单元,选取能够反映云南马铃薯种植投入产出的指标,对云南马铃薯 2011～2016 年的数据进行纵向分析。根据《全国农产品成本收益资料汇编》中的相关统计,整理出云南马铃薯投入产出数据,选取物资成本(包括种薯费用、化肥费用和农药费用)、机械费用、每亩土地成本及每亩用工数量(包括家庭用工数量和雇佣工人数量)这 4 种投入成本作为投入变量,以每亩产值合计作为产出变量。选用 DEAP-XP1 软件进行模型运算,在可变规模报酬(VRS)的假设下,从投入角度衡量技术效用率,测算出 2012～2016 年云南马铃薯生产效率及相关指数(表 8-8)。

表 8-8　2012～2016 年云南马铃薯全要素生产效率指数及分解表

年份	综合技术效率	技术进步变化	纯技术进步效率变化	规模效率变化	全要素生产率变化
2012	1.000	0.917	1.000	1.000	0.917
2013	1.000	1.091	1.000	1.000	1.091
2014	1.000	0.855	1.000	1.000	0.855
2015	1.000	1.088	1.000	1.000	1.088
2016	1.000	1.029	1.000	1.000	1.029
平均	1.000	0.996	1.000	1.000	0.996

1. 综合技术效率分析

从表 8-8 可以看出,云南马铃薯 2012～2016 年综合技术效率为 1,也就是说 DEA 有效,说明这些年份投入产出都处于最佳状态,投入已不可能全面减少,并且也不存在"过量"投入和"亏量"产出。

2. 技术进步变化分析

从表 8-8 可以看出,自 2015 年云南马铃薯技术进步变化大于 1,说明 2015～2016 年云南马铃薯种植规模基本实现技术进步。但是 2012 年和 2014 年技术进步变化小于 1,分别为 0.917 和 0.855,说明与上一年相比,存在技术退步。

3. 纯技术进步效率变化和规模效率变化分析

2012～2016 年云南马铃薯纯技术进步效率变化均为 1，说明这些年份的技术使用效率保持在同一水平，没有上升也没有下降。而 2012～2016 年云南马铃薯规模效率变化均为 1，这说明这些年不存在规模报酬递减。

4. 全要素生产率变化分析

从表 8-8 可以看出，云南马铃薯全要素生产率变化与技术进步变化保持一致，可见云南马铃薯生产中技术进步是全要素生产率变化的主要原因。

四、云南冬马铃薯与大春、秋作马铃薯的竞争力比较

（一）云南大春马铃薯竞争力分析

1. 大春马铃薯投入分析

根据调查，种植大春马铃薯的地区主要是大理、开远、宣威、会泽、马龙、昭通（昭阳区）等 11 个地区，具体数据如表 8-9 所示。

表 8-9 云南大春马铃薯投入比较表 （单位：元/亩）

地区	种薯费用	化肥费用	农药费用	机械费用	其他费用	土地租金	人力成本	投入成本
大理	400	200	50	0	0	0	2240	2890
开远	300	110	20	0	0	500	960	1890
宣威	300	160	30	80	0	400	700	1660
广南	400	160	100	120	0	0	640	1420
会泽	250	350	60	300	10	550	1500	3020
陆良	500	160	90	95	550	400	660	2455
丘北	420	150	0	0	240	0	240	1050
马龙	300	100	20	0	0	500	1440	2360
寻甸	300	150	20	80	0	400	960	1910
昭通（昭阳区）	225	143	50	150	0	200	2000	2768
丽江	700	250	100	100	50	0	960	2160

数据来源：问卷整理得出

如表 8-9 所示，种植大春马铃薯的地区中，平均成本最高的是会泽，为 3020 元/亩，而最低的为丘北，为 1050 元/亩。物资成本和劳动力投入是大春马铃薯的主要生产成本。调查结果显示，上述 11 个地区中物质成本和劳动力投入占总成本的 70% 以上，其中大理为 100%，广南和丽江则占 90% 以上。而在物资成本中种薯费用的比例在 30% 以上，最高的是大理 61.54%。人力成本占总成本的 40% 以上的有 9 个地区，最高的是大理，为71.51%，最低的丘北，为 22.86%。而土地成本也是影响大春马铃薯生产成本的重要因素之一。

2. 大春马铃薯产出分析

如表 8-10 所示，11 个地区单产差别较大，单产最高的是会泽，为 2200kg/亩，最低是广南，只有 400kg/亩。而田间平均收购价格浮动不大，为 1～2.47 元/kg，最高的是马龙，为 2.47 元/kg，最低的为会泽和开远，为 1 元/kg。单产差别较大，价格浮动不大，造成 11 个地区大春马铃薯总收入差别较大，最高的是马龙，为 4693 元/亩，最低的是广南，仅为 640 元/亩。根据计算，11 个地区中有 5 个存在亏损，其中亏损最高的是大理，为 850 元/亩，最低的是开远，为 36.33 元/亩。剩余 6 个地县获得净利润，最高的是马龙，为 2333 元/亩，最低的是陆良，为 65 元/亩。

表 8-10　云南大春马铃薯产出比较表

地区	单产/(kg/亩)	收购价格/(元/kg)	总收入/(元/亩)	总成本/(元/亩)	净利润/(元/亩)
大理	1700.00	1.20	2040	2890	−850
开远	1853.67	1.00	1853.67	1890	−36.33
宣威	1500.00	1.20	1800	1670	130
广南	400.00	1.60	640	1420	−780
会泽	2200.00	1.00	2200	3020	−820
陆良	1800.00	1.40	2520	2455	65
丘北	1600.00	2.00	3200	1050	2150
马龙	1900.00	2.47	4693	2360	2333
寻甸	2000.00	1.30	2600	1910	690
昭通（昭阳区）	1500.00	1.50	2250	2768	−518
丽江	1560.00	2.00	3120	2160	960

数据来源：问卷整理得出

3. 大春马铃薯生产效率横向分析

选用 DEA 模型 BCC，以调研中种植大春马铃薯的地区为决策单元，选取反映大春马铃薯种植投入产出的指标，对大春马铃薯投入产出数据进行横向分析。根据问卷调研统计，整理出大春马铃薯投入产出数据，以种薯费用、化肥费用、农药投入及每亩用工数量（包括家庭用工数量和雇佣工人数量）这 4 种投入成本作为投入变量，以每亩产值合计作为产出变量。选用 DEAP-XP1 软件进行模型运算，测算出大春马铃薯生产效率，输出结果如表 8-11 所示。

表 8-11　云南大春马铃薯生产效率比较表

地区	综合技术效率	纯技术进步效率	规模效率	规模收益
大理	0.326	0.667	0.489	递减
开远	0.496	1.000	0.496	递减
宣威	0.526	1.000	0.526	递减
广南	0.172	0.907	0.190	递减
会泽	0.563	1.000	0.563	递减
陆良	0.536	0.778	0.689	递减

地区	综合技术效率	纯技术进步效率	规模效率	规模收益
丘北	1.000	1.000	1.000	不变
马龙	1.000	1.000	1.000	不变
寻甸	0.695	1.000	0.695	递减
昭通（昭阳区）	0.639	1.000	0.639	递减
丽江	0.505	0.555	0.909	递减
平均	0.587	0.901	0.654	

从表 8-11 可以看出，只有丘北和马龙大春马铃薯的综合技术效率为 1，即处于 DEA 有效率状态，表示该决策单元投入产出综合有效，即同时技术有效和规模有效，具有良好的竞争力。其他地区综合技术效率小于 1，即处于 DEA 无效率状态。从表中可以看出，广南大春马铃薯综合技术效率最低。再从纯技术进步效率角度来看，会泽、开远、宣威、寻甸和昭通（昭阳区）大春马铃薯的纯技术进步效率等于 1，说明此时大春马铃薯种植在目前的技术水平下投入产出合理，实现了资源的优化配置。而会泽、开远、宣威、寻甸和昭通（昭阳区）大春马铃薯的综合技术效率未达到 1 的根本原因是规模效率小于 1，规模收益处于递增或递减的状态。

（二）云南秋作马铃薯竞争力分析

1. 秋作马铃薯投入分析

根据调查可知种植秋作马铃薯的地区主要是宣威、会泽、陆良、马龙、寻甸和昭通（昭阳区）6 个地区，具体数据如表 8-12 所示。

表 8-12　秋作马铃薯投入比较表　（单位：元/亩）

地区	种薯费用	化肥费用	农药费用	机械费用	其他费用	土地租金	人力成本	投入成本
宣威	360	80	0	0	0	400	560	1400
会泽	350	400	60	300	10	550	1200	2870
陆良	450	100	140	50	450	400	540	2130
马龙	400	100	120	0	0	500	1440	2560
寻甸	400	100	30	0	0	300	800	1630
昭通（昭阳区）	150	77.5	30	50	0	400	960	1667.5

数据来源：问卷整理得出

如表 8-12 所示，种植秋作马铃薯的地区中，平均成本最高的是会泽，为 2870 元/亩，而最低的是宣威，为 1400 元/亩。而物资成本和劳动力投入是秋作马铃薯中的主要生产成本。调查结果显示，在 6 个地区中，除了陆良，其他 5 个地区的物质成本和劳动力投入占总成本的 70% 以上（陆良仅为 57.75%），其中最高是寻甸县，为 81.60%。秋作马铃薯的种薯费用占物资成本的比例（除会泽为 42.31%）都在 50% 以上，最高的是宣威，为 81.82%。

人力成本普遍占总成本的 40%～60%，最高的是马龙，为 56.25%，最低的为陆良，为 25.35%。而土地成本也是影响秋作马铃薯生产成本的重要因素之一。

2. 云南秋作马铃薯产出分析

如表 8-13 所示，6 个地区单产差别较大，单产最高的是马龙，为 1700kg/亩，最低是昭通（昭阳区），仅有 600kg/亩。而田间平均收购价格浮动较大，最低的是宣威，为 1.5 元/kg，最高的是会泽，为 3 元/kg。由于单产差别较大，价格变动较大，因此 6 个地区秋作马铃薯总收入差别较大，最高的是马龙，为 4335 元/亩，最低的是昭通（昭阳区），为 1500 元/亩。根据计算，6 个地区中仅有 1 个地区存在亏损，即昭通（昭阳区）亏损 167.5 元/亩；剩余 5 个地区获得净利润，最高的是陆良，为 1830 元/亩，最低的是宣威，为 400 元/亩。

表 8-13　云南秋作马铃薯产出比较表

地区	单产/(kg/亩)	收购价格/(元/亩)	总收入/(元/亩)	总成本/(元/亩)	净利润/(元/亩)
宣威	1200	1.5	1800	1400	400
会泽	1200	3	3600	2870	730
陆良	1650	2.4	3960	2130	1830
马龙	1700	2.55	4335	2560	1775
寻甸	1500	1.8	2700	1630	1070
昭通（昭阳区）	600	2.5	1500	1667.5	−167.5

数据来源：问卷整理得出

3. 秋作马铃薯生产效率横向分析

选用 DEA 模型 BCC，以调研中种植秋作马铃薯的地区为决策单元，选取反映秋作马铃薯种植投入产出的指标，对秋作马铃薯投入产出数据进行横向分析。根据问卷调研统计，整理出秋作马铃薯投入产出数据，选取物资成本（种薯费用、化肥费用、农药投入）、机械成本、土地成本及每亩用工数量（包括家庭用工数量和雇佣工人数量）这 4 种投入成本作为投入变量，以每亩产值合计作为产出变量。选用 DEAP-XP1 软件进行模型运算，测算出秋作马铃薯生产效率，输出结果如表 8-14 所示。

表 8-14　秋作马铃薯生产效率比较表

地区	综合技术效率	纯技术进步效率	规模效率	规模收益
宣威	0.833	1.000	0.833	递减
会泽	0.771	0.888	0.868	递增
陆良	1.000	1.000	1.000	不变
马龙	1.000	1.000	1.000	不变
寻甸	1.000	1.000	1.000	不变
昭通（昭阳区）	0.833	1.000	0.833	递减
平均	0.906	0.981	0.922	

从表 8-14 可以看出，只有陆良、马龙和寻甸秋作马铃薯的综合技术效率为 1，即处

于 DEA 有效率状态，其他地区综合技术效率小于 1，即处于 DEA 无效率状态。而这些地区未达到综合技术效率为 1 的原因是规模效率未达到最优。从表中可以看出，会泽秋作马铃薯综合技术效率最低。再从纯技术进步效率角度来看，除了会泽，其他地区秋作马铃薯纯技术进步效率等于 1，说明此时秋作马铃薯种植投入产出合理，实现了资源的优化配置。

（三）冬马铃薯竞争力分析

1. 冬马铃薯投入分析

根据调查可知，种植冬马铃薯的地区主要是大理、景东、开远、广南、丘北、德宏、文山等 10 个地区。具体数据如表 8-15 所示。

表 8-15 云南冬马铃薯投入比较表 （单位：元/亩）

地区	种薯费用	化肥费用	农药费用	机械费用	其他费用	土地租金	人力成本	投入成本
景东	700	400	200	300	500	600	1900	4600
开远	650	550	50	120	300	900	700	3270
富宁	600	300	100	200	0	300	640	2140
广南	400	160	100	120	0	0	1600	2380
麻栗坡	330	120	30	100	65	0	1050	1695
丘北	420	150	0	0	240	0	600	1410
文山	288	200	60	0	400	0	2500	3448
砚山	748	200	60	150	70	500	1760	3488
德宏	600	500	100	300	200	1000	1440	4140
马关	1000	140	30	100	0	500	240	2010

数据来源：问卷整理得出

如表 8-15 所示，种植冬马铃薯的地区中，平均成本最高的是景东，为 4600 元/亩，而最低的是丘北，为 1410 元/亩。而物资成本和劳动力投入是冬马铃薯的主要生产成本。物资成本最高的是开远，为 2770 元/亩，最低的是麻栗坡，为 545 元/亩。冬马铃薯的种薯费用占物资成本的比例为 10%～72%，最高的是马关，占到了 56.7%，最低的是德宏，为 23%。人力成本普遍占总成本达到 40% 的一共有 6 个地区，最高的是文山，为 72.5%，最低的是马关，为 11.94%。

2. 冬马铃薯产出分析

如表 8-16 所示，统计显示 10 个地区每亩单产差别较大，单产最高的是德宏，为 3000kg/亩，最低是广南，只有 812kg/亩。而田间平均收购价格浮动不大，为 1.6～3.11 元/kg，最高的是景东，为 3.11 元/kg，最低为广南，为 1.6 元/kg。由于单产差别较大，价格浮动不大，10 个地区冬作马铃薯总收入差别较大，最高的是德宏，为 7500 元/亩，最低的是广南，仅 1299.20 元/亩。根据计算，10 个地区中有 3 个存在亏损，其中亏损最高的是麻栗坡，为 884.56 元/亩，最低的是富宁，为 160 元/亩。剩余 7 个地区获得净利润，最高的是德宏，为 4012 元/亩，最低的是砚山，为 952 元/亩。其中冬马铃薯种植大区如文山、开远、景东、德宏等，利润较好。

表 8-16　云南冬马铃薯产出比较表

地区	单产/(kg/亩)	收购价格/(元/kg)	总收入/(元/亩)	总成本/(元/亩)	净利润/(元/亩)
景东	1754.46	3.11	5456.37	1830	3626.37
开远	2372.27	2.7	6405.13	4600	1805.13
富宁	1500	2	3000.00	3160	−160.00
广南	812	1.6	1299.20	2140	−840.80
麻栗坡	953.2	1.7	1620.44	2505	−884.56
丘北	1500	3	4500.00	2010	2490.00
文山	1050	3	3150.00	1410	1740.00
砚山	2000	2.2	4400.00	3448	952.00
德宏	3000	2.5	7500.00	3488	4012.00
马关	2200	2.5	5500.00	1695	3805.00

数据来源：问卷整理得出

3. 冬马铃薯生产效率横向分析

选用 DEA 模型 BCC，以调研中种植冬马铃薯的地区为决策单元，选取反映冬马铃薯种植投入产出的指标，对冬马铃薯投入产出数据进行横向分析。根据问卷调研统计，整理出冬马铃薯投入产出数据，选取物资成本（包括种薯费用、化肥费用、农药费用）、机械费用、土地租金及每亩用工数量（包括家庭用工数量和雇佣工人数量）这 4 种投入成本作为投入变量，以每亩产值合计作为产出变量。选用 DEAP-XP1 软件进行模型运算，测算出冬马铃薯生产效率，输出结果如表 8-17 所示。

表 8-17　冬马铃薯生产效率比较表

地区	综合技术效率	纯技术进步效率	规模效率	规模收益
景东	1.000	1.000	1.000	不变
开远	0.706	0.817	0.865	递增
富宁	0.577	0.814	0.708	递减
广南	0.268	0.872	0.307	递减
麻栗坡	0.302	0.809	0.373	递减
丘北	1.000	1.000	1.000	不变
文山	0.853	1.000	0.853	递减
砚山	1.000	1.000	1.000	不变
德宏	0.850	1.000	0.850	递增
马关	1.000	1.000	1.000	不变
平均	0.756	0.931	0.777	

从表 8-17 可以看出，景东、马关、丘北、砚山 4 个地区冬马铃薯的综合技术效率

为 1,即处于 DEA 有效率状态,其他地区综合技术效率小于 1,即处于 DEA 无效率状态。从表中可以看出广南冬马铃薯综合技术效率最低。再从纯技术进步效率角度来看,一共有 6 个地区冬马铃薯纯技术进步效率等于 1,除去上述综合效率为 1 的 4 个地区还有文山和德宏未达到综合技术效率为 1,其根本原因是规模效率未达到最优。但是这 6 个地区纯技术进步效率为 1 说明冬马铃薯种植投入产出合理,实现了资源的优化配置。

（四）结果分析

通过以上分析,得出以下结论。

第一,云南马铃薯生产投入过程中,无论是大春马铃薯、秋作马铃薯,还是冬马铃薯,人力成本大多数占总成本 50%以上,而物资成本中种薯费用和化肥费用占重要比例。

第二,从大春马铃薯、秋作马铃薯、冬马铃薯的效益来看,无疑是冬马铃薯的效益高于其他两种。在各个主产区的投入产出中,冬马铃薯亏损的情况是最少的。有两个方面的原因:首先,从收购价格来看,冬马铃薯的收购价格要高于大春马铃薯和秋作马铃薯;其次,从单产来看,冬马铃薯单产大部分都在 1500kg/亩以上,最高的是德宏,为 3000kg/亩。冬马铃薯具有较强的竞争力。

第三,从生产效率来看,大春马铃薯在调研的 11 个地区中综合技术效率为 1 的占 20%,冬马铃薯在调研的 10 个地区里综合技术效率达到 1 的占 33%;从纯技术进步效率来看,大春和秋作马铃薯效率优化比率都高于冬马铃薯,说明冬马铃薯在提高竞争力时应加强资源的优化配置。

五、云南冬马铃薯与竞争性作物竞争力比较

（一）冬马铃薯与竞争性作物投入分析

根据表 8-18 可以看出,冬马铃薯的种植成本与其他竞争性作物相比处于中间水平,落后于甘蔗、大蒜、冬辣椒和西瓜,高于油菜和大麦。人力成本依然偏高,约是油菜的 3 倍,大麦 4 倍,落后于甘蔗、大蒜和冬辣椒。而冬马铃薯的物资成本仅低于西瓜和大蒜,高于其他竞争性作物。冬马铃薯的机械化成本仅低于甘蔗,高于其他竞争性作物。

表 8-18　云南冬马铃薯与竞争性作物成本比较表　　　（单位:元/亩）

农作物	种子费用	化肥费用	农药费用	机械费用	其他费用	土地租金	人力成本	投入成本
马铃薯	547.22	276.87	70.06	140.78	110.92	426.77	1562.61	3135.23
甘蔗	450	400	100	200	200	650	2880	4880
大蒜	4000	1200	200	0	0	0	3200	8600
冬辣椒	150	400	200	100	50	700	1800	3400
西瓜	150	500	300	100	800	1000	1200	4050
油菜	35	165	20	80	0	0	480	780
大麦	40	150	30	120	0	0	360	700

数据来源:问卷整理得出

（二）冬马铃薯与竞争性作物产出分析

根据表 8-19 可以看出，冬马铃薯种植利润落后于冬辣椒、大蒜和西瓜，高于其他竞争性作物。冬马铃薯种植的单产落后于甘蔗和西瓜，高于其他竞争性作物，产值仅高于大麦、油菜和甘蔗。数据显示，冬马铃薯的产量约是甘蔗产量的 1/3，西瓜的 1/2，油菜的 13.5 倍，大麦的 5.3 倍。产值是玉米的 2.36 倍，油菜的 3.46 倍。就种植效率而言，冬马铃薯也是落后于大蒜和西瓜，高于其他竞争性作物。

表 8-19　云南冬马铃薯与竞争性作物产出比较表

农作物	单产/(kg/亩)	产值/(元/亩)	净利润/(元/亩)	投入产出率
冬马铃薯	2 033.61	5 064.9	1 929.67	1.62
甘蔗	7 000	3 150	−1 730	0.65
大蒜	2 000	12 000	3 400	1.40
冬辣椒	2 000	7 000	3 600	2.06
西瓜	4 000	12 000	7 950	2.96
油菜	150	660	−120	0.85
大麦	385	847	147	1.21

数据来源：问卷整理得出

（三）冬马铃薯与竞争性作物生产效率对比分析

研究冬马铃薯与竞争性作物的生产效率的方法与大春和秋作马铃薯类似，选取物资成本（包括种薯费用、化肥费用及农药费用）、机械成本、土地租金及每亩用工数量（包括家庭用工数量和雇佣工人数量）这 4 种要素成本作为投入变量，以每亩产值合计作为产出变量。选用 DEAP-XP1 软件进行模型运算，测算出冬马铃薯及竞争性作物的生产效率，输出结果如表 8-20 所示。

表 8-20　冬马铃薯与竞争性作物生产效率对比

农作物	综合技术效率	纯技术进步效率	规模效率	规模收益
马铃薯	1.000	1.000	1.000	不变
甘蔗	0.609	0.780	0.782	递减
大蒜	0.993	1.000	0.993	递增
冬辣椒	0.851	0.868	0.980	递减
西瓜	1.000	1.000	1.000	不变
油菜	0.725	1.000	0.725	递减
大麦	0.646	1.000	0.646	递减
平均	0.832	0.950	0.875	

从表 8-20 可以看出，只有冬马铃薯和西瓜的综合技术效率为 1，即处于 DEA 有效率状态，而其他竞争性作物的综合技术效率小于 1，即处于 DEA 无效率状态。并且从前文可以看出，虽然冬马铃薯净利润低于大蒜和冬辣椒，但是综合技术效率却高于这两种竞争性作物，说明冬马铃薯的生产效率较高。再从纯技术进步效率角度来看，冬马铃薯的纯技术进步效率等于 1，说明此时冬马铃薯种植投入产出合理，种植过程中不存在投入过剩，或者产出不足的问题，实现了资源的优化配置。

（四）结果分析

通过以上分析，得出以下结果。

第一，云南冬马铃薯是比较收益较高的农作物之一。通过与其他竞争性作物的投入产出分析可知，冬马铃薯的利润和种植效率较高，是具有推广价值的农作物。

第二，成本是制约冬马铃薯发展的主要因素。农户在选择农作物种植时，投入成本将成为其考虑的重点。冬马铃薯的投入成本低于甘蔗、西瓜、冬辣椒、大蒜，高于油菜和大麦，利润落后于冬辣椒、大蒜和西瓜，高于其他竞争性作物。总体而言，冬马铃薯具有明显的竞争优势。云南冬马铃薯有很高的效益，因此在冬马铃薯主产区，如德宏、文山、普洱等地区，鼓励农户种植冬马铃薯可提高经济收入。

第四节　云南冬马铃薯竞争力的全国比较

随着我国经济体制的不断完善，提高区域主导产业竞争力是促进当地经济发展的关键。本节将利用统计数据并运用因子分析方法分析云南冬马铃薯产业竞争力在全国 4 个冬马铃薯主产区的发展地位，并评价其竞争水平的优势和劣势。

一、指标选取的原则

目前对冬马铃薯产业竞争力的理论、方法、经验分析等的研究还处于初级阶段，相关文献非常少。从理论上看，冬马铃薯产业竞争力的指标体系越全面越好，但由于定量分析和数据收集的限制，在实践研究中只能有针对性地选取具有一定代表性的指标体系。本节选取的冬马铃薯产业竞争力体系主要遵循以下原则。

1）全面性原则。全面性要求所设计的各项指标，可以从不同方面综合地反映冬马铃薯产业的竞争力水平。

2）系统性原则。冬马铃薯产业竞争力指标必须能够全面系统，各指标之间有明确的逻辑关系，指标间既相互独立又能形成一个有机的整体。

3）可操作性原则。评价体系中涉及的数据应该比较易获取，或者通过一定的方法测算得出，数据具有实际操作性，以保证实证分析的顺利进行。

二、变量指标的选取

马铃薯产业竞争力是一个庞大的系统，采用因子分析来评价马铃薯产业竞争力的指标越全面越好。但是由于数据收集的限制，只能选取一些具有代表性的指标，争取能够准确和客观地反映马铃薯产业的综合实力（表 8-21）。

表 8-21　冬马铃薯产业竞争力评价指标

指标	命名
冬马铃薯种植面积/万亩	X_1
冬马铃薯产量/万 t	X_2
规模优势指数	X_3
资源禀赋系数	X_4
市场占有率	X_5
居民消费价格指数	X_6
农业生产资料价格指数	X_7
农业机械总动力/亿 W	X_8
乡镇从业人口/万人	X_9
冬马铃薯单价/(元/kg)	X_{10}

冬马铃薯种植面积（万亩）和总产量（万 t）可以很好地反映马铃薯产业的生产规模和在区域种植业中的地位，也可以反映马铃薯产业的生产竞争力。

规模优势指数：反映该区域马铃薯产业发展是否具有规模优势和专业化程度。本书采用各省马铃薯种植面积占各省农作物总播种面积的比例与全国马铃薯种植面积占全国农作物总播种面积的比例的比率。计算公式见第五章。

资源禀赋系数：通常反映一个国家或地区某种资源的相对丰富程度。

市场占有率：在不考虑进出口的情况下，采用某省冬马铃薯产量占全国马铃薯产量的比例来表示。

居民消费价格指数：是反映一定时期内城乡居民所购买的生活消费品和服务项目价格变动趋势和程度的相对数，是对城市居民消费价格指数和农村居民消费价格指数进行综合汇总计算的结果。通过该指数可以观察和分析消费品的零售价格和服务项目价格变动对城乡居民实际生活费支出的影响程度。居民消费价格指数间接反映居民对马铃薯的购买力。计算时都假设上一年居民消费价格总指数为 100。

农业生产资料价格指数：反映了农业生产中物质资料投入的价格变动情况，选用农业生产资料价格总指数可以反映生产资料投入的价格变动与马铃薯价格变动的关系，计算时都假设上一年农业生产资料价格总指数为 100。

农业机械总动力：反映农业机械化综合水平。

乡镇从业人口：反映人力资本的投入量，间接反映马铃薯的环境竞争力。

价格：价格是对马铃薯产业最直观的反映，价格的高低直接影响消费者对马铃薯的需求量，当价格越高时，需求量越小；价格越低，则需求量越大。对于生产者而言，价格越高，生产者愿意提供的产量就越大；价格越低，愿意提供的产量就越小。价格是马铃薯产业产品竞争力的重要指标。

三、云南冬马铃薯产业竞争力综合定量评价

（一）数据来源

对于所选择的反映冬马铃薯产业竞争力的 10 个指标，其竞争力综合评价所用数据主

要来自《云南统计年鉴》《广西统计年鉴》《福建统计年鉴》《广东统计年鉴》和国家统计局或在此基础上整理计算所得，通过此途径收集的数据保证了统计口径的一致性，增强了我国冬马铃薯主产区指标的可比性，从而有利于各主产区冬马铃薯产业竞争力的比较。

考虑到我国冬马铃薯产业的实际发展状况及统计数据的完整性，本书主要选取云南、广东、广西和福建这 4 个冬马铃薯主要生产区域作为比较分析对象。

（二）基于因子分析方法的云南冬马铃薯产业竞争力评价

因子分析方法是处理综合指标的立项方法之一，发展比较成熟，可信度较高。这种方法不仅可以通过降维来集中分析重要的指标，还可以较为科学地将指标归类，找出重要的综合指标，最后通过因子反映系统的整体评价结果。整个过程中，复杂的运算可以借助 SPSS 软件来完成，尽可能避免主观误差。基于上述考虑本书采用因子分析方法对云南冬马铃薯产业竞争力进行综合评价。

因子分析的数学模型如下。

设有 m 个样本，p 个指标，$X = (x_1, x_2, \cdots, x_p)'$ 为可观察的随机变量，寻找的公因子为 $F = (f_1, f_2, \cdots, f_m)'$，公因子为不可观测的变量，则模型：

$$\begin{cases} x_1 = a_{11}f_1 + a_{12}f_2 + \cdots + a_{1m}f_m + \varepsilon_1 \\ x_2 = a_{21}f_1 + a_{22}f_2 + \cdots + a_{2m}f_m + \varepsilon_2 \\ \quad\quad\quad\quad\quad\vdots \\ x_p = a_{p1}f_1 + a_{p2}f_2 + \cdots + a_{1m}f_m + \varepsilon_p \end{cases}$$

称为因子模型，矩阵 $A = \begin{bmatrix} a_{11} & \cdots & a_{1m} \\ \vdots & \ddots & \vdots \\ a_{p1} & \cdots & a_{pm} \end{bmatrix}$ 称为因子载荷矩阵，a_{ij} 为因子载荷，其实质就是变量 x_i 与公因子 f_i 的相关系数，反映了第 i 个变量第 j 个公因子的相关重要性。绝对值越大，相关的密切程度越高。ε_i 为特殊因子，代表公因子以外的影响因素，实际分析时忽略不计。

并且满足以下条件。

1）$m \leqslant p$。

2）$\mathrm{Cov}(F, \varepsilon) = 0$，即公因子与特殊因子是不相关的。

3）$D_F = D(F) = \begin{bmatrix} 1 & \cdots & 0 \\ \vdots & \ddots & \vdots \\ 0 & \cdots & 1 \end{bmatrix} = I_m$，即各个公因子不相关，且方差为 1。

4）$D_\varepsilon = D(\varepsilon) = \begin{bmatrix} \sigma_1^2 & \cdots & 0 \\ \vdots & \ddots & \vdots \\ 0 & \cdots & \sigma_p^2 \end{bmatrix}$，即各个特殊因子不相关，方差不要求相等，$\varepsilon_i \sim N(0, \sigma_i^2)$。

根据因子分析的方法和基本原理，综合评价云南冬马铃薯产业竞争力的具体步骤如下。

1. 确定变量是否适合于因子分析

针对文中的 10 个变量进行 KMO 球形检验，看其是否可以进行因子分析。KMO 值越大，变量间的相关性就越强，越适合进行因子分析。由 SPSS 17.0 统计结果知道，KMO 的统计量为 0.704（表 8-22），大于 0.7，变量的相关性比较强，Bartlett 球形检验的卡方统计值为 441.061，相伴概率为 0.000，小于显著性水平 0.05，表明样本个数充足，数据间具有相关性，比较适合做因子分析。

表 8-22　KMO 和 Bartlett 检验

取样足够度的 Kaiser-Meyer-Olkin 度量		0.704
Bartlett 的球形度检验	近似卡方	441.061
	Df	45
	Sig.	0.000

2. 构造因子变量

在这里主要选择主要成分分析方法来确定因子变量。通过计算原始变量的相关系数矩阵及其前 m 个特征值、特征向量，最终得出 m 个变量的因子载荷矩阵。经过这一步骤的计算，可以得出因子特征值、贡献比例值及累计贡献比例值，即解释的总方差（表 8-23）。

表 8-23　解释总方差

成分	初始特征值			提取载荷平方和			旋转载荷平方和		
	总计	方差百分比/%	累积贡献率/%	总计	方差百分比/%	累积贡献率/%	总计	方差百分比/%	累积贡献率/%
1	5.704	57.040	57.040	5.704	57.040	57.040	5.410	54.101	54.101
2	1.970	19.701	76.740	1.970	19.701	76.740	2.208	22.078	76.179
3	1.040	10.397	87.137	1.040	10.397	87.137	1.096	10.958	87.137
4	0.646	6.461	93.599						
5	0.27	2.702	96.300						
6	0.177	1.765	98.066						
7	0.130	1.303	99.369						
8	0.043	0.434	99.803						
9	0.018	0.177	99.980						
10	0.02	0.20	100						

注：提取方法为主成分分析

可以看出，在 10 个因子中，第一个因子的特征值是 5.704，方差贡献率为 57.04%；第二个因子的特征值是 1.97，方差贡献率为 19.701%；第三个因子的特征值是 1.04，方差的贡献率为 10.397%。根据特征值大于 1 的原则，再加上前三个因子的特征值共占方差达到了 87.137%，代表了绝大部分信息。可以充分反映 2009～2016 年 4 个冬马铃薯主产区马铃薯产业竞争力的评价信息。因此，提取前三个因子即可满足分析要求。

图 8-7 是根据原始数据作出的公因子碎石图，其横坐标为公因子个数，纵坐标为公共因子的特征根。从图 8-1 中可以看出，当提取前面三个公因子时，特征值变化非常明显，

而当提取第 4 个公因子时，特征值变化趋于平稳。因此，说明提取前三个公因子可以对原变量的信息描述有显著作用，这与表 8-23 中得到的结果相同。公因子碎石图进一步说明了提取前三个公因子就可以充分反映所要评价的信息。

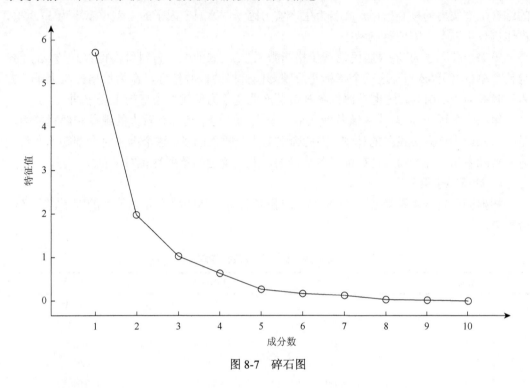

图 8-7　碎石图

3. 因子旋转

本研究采用最大方差法对因子载荷矩阵进行旋转变换（表 8-24），旋转成分矩阵使因子载荷矩阵中的系数更加显著，解释力更强。

表 8-24　旋转成分矩阵

指标	公因子 F_1	公因子 F_2	公因子 F_3
X_5	0.969	0.075	−0.041
X_3	0.954	0.077	−0.025
X_1	0.950	0.207	−0.099
X_4	0.943	0.093	−0.078
X_2	0.922	0.182	−0.011
X_8	0.882	0.034	0.055
X_6	0.840	0.936	−0 167
X_7	0.003	0.920	0.000
X_{10}	0.332	0.623	0.259
X_9	−0.156	−0.006	0.958

注：提取方法为主要成分分析法；旋转法为具有 Kaiser 标准化的正交旋转法；旋转在 4 次迭代后已收敛

　　由旋转后的因子载荷矩阵可以看出，第一个公因子为 X_5（市场占有率）、X_3（规模优势指数）、X_1[冬马铃薯种植面积（万亩）]、X_4（禀赋优势指数）、X_2[冬马铃薯总产量（万 t）]和 X_8[农业机械总动力（亿 W）]，这些指标是从多个方面反映各省份冬马铃薯产业发展的综合生产实力的核心指标，命名为生产实力因子。第一个因子的方差贡献率为 57.04%，占比例一半以上，需要重点考虑。

　　第二个公因子为 X_6（居民消费价格指数）、X_7（农业生产资料价格指数）及 X_{10}[冬马铃薯单价（元/kg）]，这三个指标是反映影响价格的核心指标，命为价格影响因子，方差贡献率为 19.701%。这也是评价冬马铃薯产业竞争力所需要考虑的主要方面。

　　第三个公因子为 X_9[乡镇从业人口（万人）]，这个指标有较大的载荷和解释能力，是区域农业生产人员投入的体现，因此命名为人员投入因子。这个因子对全部初始变量的方差贡献率为 10.397%，它对解释冬马铃薯产业竞争力的重要性相对来说弱一些。

4. 计算因子得分

　　根据因子得分系数矩阵（表 8-25）算出各省份冬马铃薯产业竞争力的因子得分及综合得分。

表 8-25　因子得分系数矩阵

指标	主因子 F_1	主因子 F_2	主因子 F_3
X_1	0.170	0.023	−0.014
X_2	0.175	0.011	0.068
X_3	0.169	−0.039	−0.155
X_4	0.180	−0.033	0.007
X_5	0.191	−0.044	0.045
X_6	−0.076	0.452	−0.165
X_7	−0.077	0.448	−0.013
X_8	0.185	−0.058	0.129
X_9	0.052	−0.004	0.897
X_{10}	0.039	0.272	0.267

注：提取方法为主要成分分析法；旋转法为具有 Kaiser 标准化的正交旋转法

　　根据因子载荷矩阵，各个因子的得分函数如下。

$F_1 = 0.17 \times X_1 + 0.175 \times X_2 + 0.169 \times X_3 + 0.18 \times X_4 + 0.191 \times X_5 - 0.76 \times X_6 - 0.77 \times X_7 + 0.185 \times X_8 + 0.052 \times X_9 + 0.039 \times X_{10}$

$F_2 = 0.023 \times X_1 + 0.011 \times X_2 - 0.039 \times X_3 - 0.033 \times X_4 - 0.044 \times X_5 + 0.452 \times X_6 + 0.448 \times X_7 - 0.058 \times X_8 - 0.004 \times X_9 + 0.272 \times X_{10}$

$F_3 = -0.014 \times X_1 + 0.068 \times X_2 - 0.155 \times X_3 + 0.007 \times X_4 + 0.045 \times X_5 - 0.165 \times X_6 - 0.013 \times X_7 + 0.129 \times X_8 + 0.897 \times X_9 + 0.267 \times X_{10}$

　　采用回归方法得到各因子得分，以各因子的方差贡献率占三个因子总方差贡献率的比例作为权重进行加权汇总，得到各省份的综合得分 F。

$$F = (F_1 \times 57.04\% + F_2 \times 19.701\% + F_3 \times 10.397\%)/87.137\%$$

将所要分析地区的数据代入上述 4 个式子中，可得冬马铃薯产业竞争力的公因子 F_1、F_2、F_3 及综合评价指标 F 的得分，将综合评价指标 F 的大小进行排序，就可以看出冬马铃薯产业竞争力的排名，从而看出云南冬马铃薯产业竞争力状况，如表 8-26 所示。

表 8-26　冬马铃薯竞争力因子的得分和排名

年份	省份	F_1	F_1 排名	F_2	F_2 排名	F_3	F_3 排名	F	F 综合排名
2016	云南	2.11	1	0.38	1	1.15	2	1.60	1
2016	广东	−0.31	3	0.33	2	1.69	1	0.07	2
2016	广西	−0.61	4	−0.24	4	−0.03	3	−0.46	4
2016	福建	−0.21	2	0.18	3	−0.91	4	−0.18	3
2015	云南	1.96	1	−0.31	2	0.29	2	1.25	1
2015	广东	−0.23	2	−0.84	4	1.46	1	−0.15	2
2015	广西	−0.60	4	−0.29	1	−0.06	3	−0.47	4
2015	福建	−0.25	3	−0.42	3	−1.35	4	−0.37	3
2014	云南	1.78	1	−0.32	3	−0.01	2	1.09	1
2014	广东	−0.19	2	−0.47	4	1.65	1	−0.03	2
2014	广西	−0.60	5	−0.27	1	−0.03	3	−0.46	4
2014	福建	−0.28	3	−0.31	2	−1.26	4	−0.40	3
2013	云南	1.63	1	0.95	1	0.23	3	1.31	1
2013	广东	−0.58	3	0.07	3	1.79	1	−0.15	3
2013	广西	−0.60	4	0.24	2	0.28	2	−0.04	2
2013	福建	−0.29	2	0.06	4	−1.06	4	−0.29	4
2012	云南	1.45	1	0.04	2	−0.40	3	0.91	1
2012	广东	−0.77	3	0.03	3	0.90	1	−0.39	2
2012	广西	−0.79	4	0.37	1	−0.33	2	−0.47	3
2012	福建	−0.47	2	−0.01	4	−1.52	4	−0.49	4
2011	云南	1.37	1	1.48	4	−0.23	3	1.20	1
2011	广东	−0.91	3	1.83	3	1.18	1	−0.04	2
2011	广西	−0.93	4	2.25	1	−0.21	2	−0.13	4
2011	福建	−0.60	2	1.96	2	−1.41	4	−0.12	3
2010	云南	1.40	1	0.18	3	−0.32	2	0.92	1
2010	广东	−0.83	3	0.24	2	0.93	1	−0.38	2
2010	广西	−1.03	4	−0.29	4	−0.18	3	−0.76	4
2010	福建	−0.47	2	0.37	1	−1.35	4	−0.38	3
2009	云南	1.47	1	−1.31	1	−0.63	3	0.59	1
2009	广东	−0.59	3	−1.73	2	1.24	1	−0.63	2
2009	广西	−0.84	4	−2.12	4	−0.27	3	−1.06	4
2009	福建	−0.17	2	−2.01	3	−1.22	4	−0.71	3

（三）结果分析

表 8-26 中三个公因子得分和因子综合得分越大，说明生产实力水平、价格与效益水平、人员投入水平越高，综合竞争力越强。由于原始数据的标准化处理意味着将整个产业各公因子的平均水平定为零点，表中负值仅表示该地区马铃薯产业的生产实力水平、价格与效益水平及人员投入水平低于整个产业的平均水平，还需要继续努力发展冬马铃薯产业。

由表 8-26 可以看出，这 4 个冬马铃薯主产区竞争力存在着较大的差异。从综合评价指标 F 的得分可以看出，云南位居第一，具有很强的竞争力。其他三个地区的竞争力整体低于整个冬马铃薯产业的竞争力。

由图 8-8 可知，由因子 F_1 可以看出，在 2009～2016 年，云南冬马铃薯的生产实力一直位于前列，云南冬马铃薯产业具有规模优势（2.37）、资源禀赋优势（2.71），并且云南冬马铃薯的市场占有率高达 8.9%，远远高于其他三个地区，农业机械总动力为 3440.64 亿 W，机械化水平有了显著性提高。种植面积和总产量的扩大使农民收入提高。

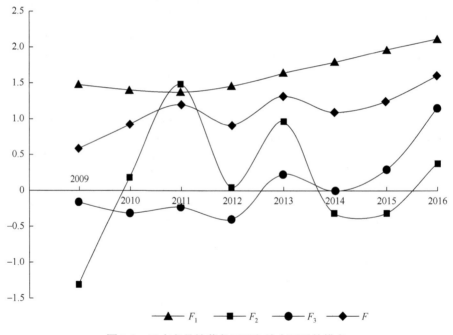

图 8-8　云南冬马铃薯各因子和综合因子的排名

从第二个主因子（F_2）可以看出，云南冬马铃薯价格影响因子的得分波动性比较大，冬马铃薯价格、居民的消费情况、生产资料价格的波动都对云南冬马铃薯竞争力有较大的影响，竞争力相对其他地区处于劣势。例如，2011 年农业生产资料价格指数为 108.3，居民消费价格指数为 105.2，高的投入和消费使 2011 年 F_2 的得分达到了 1.48。这说明了价格影响因子对冬马铃薯竞争力有重要影响。

从第三个主因子（F_3）可以看出，云南农业人员的投入排名第一，说明云南在农业人员投入方面具有竞争优势。由图 8-9 可以看出，云南农业人员的投入在不断地增加，到 2016 年乡镇从业人口达到 2623 万人，F_3 得分达到 1.15。

第五节　提升云南冬马铃薯竞争力的对策及建议

根据前文对云南冬马铃薯现状的分析、SWOT 分析、竞争性作物的比较分析、因子分析 4 个方面的论述，对云南冬马铃薯产业竞争力进行综合分析和评价，得出相应的结论。本节据此从生产、消费、市场、政府 4 个方面，提出提升云南冬马铃薯产业竞争力的对策和建议。

一、提升生产能力的对策建议

（一）扩大冬马铃薯种植面积

根据因子分析结果，生产实力因子对提供冬马铃薯产业竞争力有较大的影响。目前种植冬马铃薯的土地资源仍具有较大开发潜力。数据显示，云南热区面积为 8.111 万 km^2，占全省总面积的 21.9%左右，全国热区总面积的 16.9%。热区已垦殖耕种的耕地有 69.6 万 hm^2，占 30%，70%的热区土地主要为森林土壤、荒山草地或少量热带雨林。冬马铃薯种植面积为 15 万 hm^2，仅占热区已垦殖耕地面积的 1/4，仍有较大的扩展潜力。扩大冬马铃薯的种植面积，增加冬马铃薯的产量、产值可提高冬马铃薯竞争力。

（二）推进脱毒种薯的使用，保证种薯质量

脱毒种薯是实现马铃薯增产、增收的关键。云南由于山区面积居多，山区居民贫困，大多用自留种或换种，而自留种的反复使用使马铃薯出现各种病害及个头萎缩等情况，再加上优质种薯的价格高，脱毒种薯的使用极少，制约着整个云南冬马铃薯产业的发展。因此，要想使马铃薯产业健康快速地发展，从根本上使用脱毒种薯是非常有必要的。未来云南要根据不同地区的地理地貌，开展多个育种基地，加强育种的研究，培育适合本地栽培、质量高的种薯，大力推广优良种薯的使用，从而提高冬马铃薯的整体质量和效益。

（三）推进马铃薯种植规模化、机械化耕作

云南冬马铃薯的种植比较分散，基本都是单家独户的小规模种植方式，地块零散，投入较多的人力和时间，效益却不见好，应用机械化种植不仅省时、省工，而且还省费用，据资料显示，机械化种植可提高工效 3~5 倍，节省用工费用 180 元/亩。加快推进山陵、山地马铃薯机械化，深入研究不同地区丘陵山区自然经济社会特点，努力提高先进、适用、中小型机械装备制造业的自主研发创造能力，因地制宜，结合大、中小型机械，集成农机农艺融合的综合种植技术，使冬马铃薯种植规模化、机械化，提高生产效率，降低生产成本，提高冬马铃薯竞争力。

二、提高消费能力的对策建议

（一）增强马铃薯营养意识，引导消费观念

很多人对马铃薯的营养价值缺乏正确认识，认为马铃薯除了淀粉，没有其他营养，是

穷人缺乏粮食时用来食用的,这些认识都限制了马铃薯的消费,对马铃薯的需求形成一定的影响。而实际上马铃薯的营养价值是苹果的 3.5 倍,有着营养价值高（富含维生素 C、维生素 B、铁、磷）和食用安全等特点,通过宣传,倡导健康、合理的饮食习惯和膳食结构,引导消费者认识到合理的马铃薯摄入量对人体健康的意义与重要性,引导消费者转变消费观念及消费认识,让更多的人喜爱马铃薯食品,逐渐增加马铃薯消费需求量,有利于马铃薯产业的良性发展。

（二）引导主食化消费,积极开拓市场

尽管马铃薯加工产品种类较多,但缺乏主食化的对应产品和方便化的产品,不利于其进一步发展和增加消费量,因此应加快对应产品的开发,开发符合人们生活习惯的马铃薯主食化和方便化的产品。加大对马铃薯及其产品的宣传力度,强化马铃薯区域品牌培育,让更多的人了解马铃薯,消费马铃薯,扩展马铃薯产品的市场需求空间。

（三）引导冬马铃薯加工产业发展

目前,冬马铃薯主要是鲜食消费,在国家"马铃薯主粮化"战略推进中,可以逐步出台各种政策措施引导食品企业将把马铃薯开发与加工成各种可口、方便食用且符合国人饮食习惯的食品,如马铃薯面条、马铃薯面包、马铃薯饼干和马铃薯月饼等,这些食品的开发将为冬马铃薯的加工消费提供巨大的消费潜力。另外,云南马铃薯淀粉加工比例偏低,仅占鲜薯产量 3%,而在欧美发达国家,这一比例在 70%以上。引导冬马铃薯加工产业的发展,扩大人们的消费需求。

三、提升市场能力的对策建议

（一）发展跨境交通运输,提升东南亚市场潜力

云南的冬马铃薯主要用于外销。大力发展云南的跨境交通运输服务业,扩大云南在东南亚的影响。云南与东南亚间的贸易主要欠缺的是铁路运输,通过加快铁路修建和提高公路和河运的运输服务力度,加强运输保障力度,提升运输综合质量,努力打造云南通往东盟国家的运输动脉,可缩短云南到东南亚国家的运输时间和运输成本。努力将云南建设成通向东盟的"桥头堡"和出口战略基地,使冬马铃薯远销海外。

（二）基于价格的剧烈波动,完善马铃薯价格预警系统

在近几年冬马铃薯价格剧烈波动的情况下,完善马铃薯价格预警系统是很有必要的。应对马铃薯市场价格波动,最有效的手段是政府免费提供及时有效的市场信息。我国农户生产经营规模很小,很难准确地掌握市场信息,应对市场风险的能力较弱。马铃薯市场价格的剧烈波动使农户从事马铃薯生产的风险加大。因此,政府应培养专业人才,对马铃薯价格进行科学全面的研究,通过多种渠道（如广播电视、互联网、报刊、电话、短信平台等）发布马铃薯价格预警信息,提高信息需求者及时获取信息的便捷性。

（三）开辟马铃薯期货市场

政府应支持马铃薯期货市场交易,为马铃薯期货的顺利推出提供有利条件。开展马铃

薯期货市场，农户可以根据期货市场的价格信息和价格变化趋势，调整种植、储藏和销售节奏，拥有还价议价的能力。马铃薯期货市场交易不仅有利于农户避免马铃薯价格的暴涨暴跌，保护农户利益，规避市场风险，增加农民收入；还可以为政府的产业政策制定、农户的马铃薯种植销售、企业收购提供权威的价格指导。

四、健全的政府保障政策

（一）政府加强对马铃薯产业化的补贴支持

2015 年云南扶持种植项目的政府文件中，对于马铃薯的补贴只是原种的补贴，补贴对象是马铃薯脱毒种薯生产。对于整个马铃薯产业来讲，马铃薯的种植过程中，对农药、化肥应有一定的购买补贴支持，以及农田水利设施的修复和建设支持，从而提高马铃薯生产抵御自然灾害的能力。基于"马铃薯主粮化"政策，对比玉米、小麦、稻谷等粮食的补贴办法，把马铃薯列入粮食补贴范围；加大财政、信贷支持力度，给予马铃薯加工企业以优惠，提高企业经营水平。

（二）政府应制定各种鼓励政策

政府在制定鼓励政策时，首先，应制定马铃薯价格支持政策，使马铃薯与水稻、小麦等主粮一样实施最低价格保护政策，提高种植农户的积极性；其次，制定优惠税收政策，对于引进国外先进技术和先进设备的加工企业，以及那些马铃薯生产加工一体化企业，政府应该减免其一定的税收；最后，政府应该积极招商引资，鼓励和吸引国内外的马铃薯加工企业参与产业开发，在原有产业规模的基础上，引导现有加工企业进行技术的升级和设备的改造，开发出科技含量和附加值双高的马铃薯产品。

主要参考文献

蔡海龙. 2013. 我国马铃薯价格波动的原因分析[J]. 价格理论与实践，（9）：64-65.

陈甜. 2012. 山东玉米比较优势与市场竞争力分析[D]. 泰安：山东农业大学硕士学位论文.

段伟伟，胡丽君. 2012. 马铃薯贮藏技术的研究现状[J]. 农业科技通讯，（4）：21-23.

福建统计局. 2010～2017 年福建冬马铃薯的生产统计资料[A].

龚大鑫. 2012. 甘肃省区域特色农业竞争力研究[D]. 兰州：甘肃农业大学硕士学位论文.

广东统计局. 2010～2017 年广东冬马铃薯的生产统计资料[A].

广西统计局. 2010～2017 年广西冬马铃薯的生产统计资料[A].

金璟，龙蔚，张德亮，等. 2012. 浅析云南马铃薯加工业发展[J]. 中小企业管理与科技（下旬刊），（5）：194-195.

李道亮. 2012. 农业物联网导论[M]. 北京：科学出版社.

李勤志，冯中朝. 2009. 中国马铃薯生产的经济分析[M]. 广州. 暨南大学出版社.

李云海，李灿辉，陈丽华，等. 2003. 云南省马铃薯加工专用型品种的开发应用现状和发展前景[J]. 云南农业科技，增刊：106-111.

刘静. 2014. 我国农产品电子商务发展现状及其对策研究[D]. 武汉：华中师范大学硕士学位论文.

刘俊霞. 2012. 中国马铃薯国际贸易研究[D]. 咸阳：西北农林科技大学博士学位论文.

刘淑梅. 2013. 中国农业竞争力评价与提升对策研究[D]. 长春：吉林大学博士学位论文.

马旺林. 2012. 甘肃省马铃薯产业竞争力及其影响因素研究[D]. 成都：四川农业大学硕士学位论文.

彭玮. 2012. 湖北省农作物种业发展路径研究[D]. 武汉：华中农业大学博士学位论文.

齐涛. 2011. 中国玉米国际竞争力研究[D]. 咸阳：西北农林科技大学博士学位论文.

秦军红. 2011. 马铃薯膜下滴灌增产效应的研究[J]. 中国农学通报，27（18）：204-208.

唐子永，郭艳梅. 2014. 马铃薯高产栽培技术[M]. 北京：中国农业科学技术出版社.

王方舟. 2011. 河北省蔬菜产业竞争力分析与对策研究[D]. 保定：河北农业大学博士学位论文.

王尕平. 2012. 甘肃省提升产业竞争力研究[D]. 兰州：西北师范大学硕士学位论文.

温凤荣. 2014. 山东省玉米产业竞争力研究[D]. 泰安：山东农业大学博士学位论文.

薛薇. 2006. 基于 SPSS 的数据分析[M]. 北京：中国人民大学出版社.

杨剑. 2012. 定西马铃薯产业竞争力评价及其提升研究[D]. 兰州：兰州大学硕士学位论文.

云南统计局. 2010～2017 年云南冬马铃薯的生产统计资料[A].

曾琼霞，张德亮. 2013. 云南省马铃薯价格预警研究[J]. 中国市场，（9）：40-43.

张海青. 2004. 中国棉花产区比较优势研究[D]. 北京：中国农业科学院硕士学位论文.

张立菲. 2013. 黑龙江省马铃薯产业发展研究[D]. 北京：中国农业科学院硕士学位论文.

赵生山，钟乐华. 2008. 马铃薯贮藏中存在的问题及对策[J]. 农业科技与信息，（7）：56-57.

朱小娟. 2004. 产业竞争力研究的理论、方法和应用[D]. 北京：首都经济贸易大学博士学位论文.

Kennedy P L，Harrison R W，Kalaitzandonakes N G，et al. 2010. Perspectives on evaluating competitiveness in agribusiness industries[J]. Agribusiness，13（4）：385-392.

Naceur D，Tarhouni B. 2010. Field study of the relative susceptibility of eleven potato（*Solanum tuberosum* L.）varieties and the efficacy of two fungicides against *Rhizoctonia solani* attack[J]. Crop Protection，29（9）：998-1002.

附录 1　2016 年云南各地州马铃薯竞争力指标调查表

填表地区：_____州（地、市）　　　　　　　填表单位：_____

项目				单位	数值
生产要素	人力资源	乡村从业人员		万人	
	自然资源	常用耕地面积		万亩	
		其中：水田面积		万亩	
		水浇地面积		万亩	
		旱地面积		万亩	
		水土流失面积		万亩	
		受灾面积		万亩	
		马铃薯的品种资源数目		个	
		马铃薯种植面积		万亩	
	基础设施	有效灌溉面积		万亩	
		旱涝保收面积		万亩	
		机电排灌面积		万亩	
	资本	农业机械总动力		万 kW	
马铃薯加工业	加工原材料	用于加工的马铃薯产量		万 t	
		适于马铃薯加工产品的品种数量		个	
	加工品	用于马铃薯加工品的产量		万 t	
		马铃薯加工产值		万元	
		马铃薯加工品的外销比例		%	
科技支撑	农业独立研究机构数			个	
	从事农业科技人员数			人	
		其中：	高级	人	
			中级	人	
			其他	人	
	用于农业科研的经费			万元	
	是否有专门的马铃薯研究团队			—	
	自发研究的马铃薯品种数			个	
	其中：		规模推广种植品种数	个	
产业政策	鼓励政策	是否有马铃薯规模发展计划		—	
		是否有马铃薯鼓励加工政策		—	
	补贴政策	是否有马铃薯良种补贴		—	

续表

项目			单位	数值
产业政策	补贴政策	是否有马铃薯机耕补贴	—	
		是否有马铃薯窖藏补贴	—	
		是否有马铃薯运输补贴	—	
		是否有马铃薯其他补贴	—	
总成本	人工成本/(天/亩)	家庭用工数	天/亩	
		雇工用工数	天/亩	
		雇工平均价格	元/天	
	土地成本/(亩)	自营地数目	亩	
		流转土地数目	亩	
		流转土地平均价格	元/亩	
	物质与服务费用 直接费用/(元/亩)	种子费用	元/亩	
		化肥费用	元/亩	
		农家肥费用	元/亩	
		农药费用	元/亩	
		农膜费用	元/亩	
		租赁费用	元/亩	
		燃料动力费用	元/亩	
		技术服务费用	元/亩	
		工具材料费用	元/亩	
		维护修理费用	元/亩	
		其他直接费用	元/亩	
	间接费用/(元/亩)	固定资产折旧	元/亩	
		保险	元/亩	
		管理费用	元/亩	
		财务费用	元/亩	
		销售费用	元/亩	
马铃薯市场		马铃薯产量	万 t	
		马铃薯平均价格	元/kg	
		马铃薯平均单产	kg/亩	
		马铃薯商品率	%	
		马铃薯外销率	%	
市场条件		境内高速公路里程	万 km	
		境内未通公路的乡村数	个	
		境内铁路里程数	万 km	

附录 2 云南各地州马铃薯竞争力评价权重

本研究采用群决策专家数据集结方法，数据为各专家判断矩阵加权的算术平均值。

附表 2-1 集结后的判断矩阵——云南各地州马铃薯竞争力评价

一致性比例：0.1502；对"云南各地州马铃薯竞争力评价"的权重：1.0000

云南各地州 马铃薯竞争力评价	生产竞争力	加工竞争力	市场竞争力	科研竞争力	政策支持力度 竞争力	权重
生产竞争力	1.0000	3.5556	2.0000	2.5000	5.5556	0.3655
加工竞争力	0.3167	1.0000	0.3519	0.8148	3.2222	0.1123
市场竞争力	0.8148	3.2222	1.0000	2.0000	5.0000	0.2762
科研竞争力	0.5741	2.5370	0.8833	1.0000	4.2222	0.1998
政策支持力度竞争力	0.1873	0.3241	0.2157	0.2583	1.0000	0.0462

附表 2-2 集结后的判断矩阵——生产竞争力

一致性比例：0.3899；对"云南各地州马铃薯竞争力评价"的权重：0.3655

生产竞争力	耕地数量	耕地质量	基础设施	种薯资源	权重
耕地数量	1.0000	1.7963	2.4815	3.4444	0.3584
耕地质量	1.2130	1.0000	2.9537	3.6667	0.3427
基础设施	0.7259	1.0222	1.0000	2.2778	0.2044
种薯资源	0.3093	0.3937	0.6667	1.0000	0.0945

附表 2-3 集结后的判断矩阵——加工竞争力

一致性比例：0.0000；对"云南各地州马铃薯竞争力评价"的权重：0.1123

加工竞争力	加工数量	加工质量	权重
加工数量	1.0000	1.7130	0.5128
加工质量	1.5463	1.0000	0.4872

附表 2-4 集结后的判断矩阵——市场竞争力

一致性比例：0.0570；对"云南各地州马铃薯竞争力评价"的权重：0.2762

市场竞争力	效益	销售	市场条件	权重
效益	1.0000	2.7778	4.6667	0.6187
销售	0.3796	1.0000	2.7778	0.2675
市场条件	0.2185	0.3704	1.0000	0.1138

附表 2-5　集结后的判断矩阵——科研竞争力

一致性比例：0.3339；对"云南各地州马铃薯竞争力评价"的权重：0.1998

科研竞争力	科技人员	科技机构	科研经费	科研成果	权重
科技人员	1.0000	3.2778	1.0130	0.6241	0.2075
科技机构	0.4889	1.0000	0.3093	0.2487	0.0763
科研经费	2.2593	3.7778	1.0000	0.8056	0.2840
科研成果	3.0370	5.1111	2.3333	1.0000	0.4323

附表 2-6　集结后的判断矩阵——政策支持力度竞争力

一致性比例：0.0000；对"云南各地州马铃薯竞争力评价"的权重：0.0462

政策支持力度竞争力	补贴政策	发展政策	权重
补贴政策	1.0000	1.6019	0.5007
发展政策	1.5926	1.0000	0.4993

附表 2-7　集结后的判断矩阵——耕地数量

一致性比例：0.9632；对"云南各地州马铃薯竞争力评价"的权重：0.1310

耕地数量	常用耕地面积	马铃薯种植面积	可扩种马铃薯面积比例	权重
常用耕地面积	1.0000	0.9852	1.5185	0.2760
马铃薯种植面积	3.1759	1.0000	3.0000	0.5080
可扩种马铃薯面积比例	1.6611	0.3741	1.0000	0.2160

附表 2-8　集结后的判断矩阵——耕地质量

一致性比例：0.2426；对"云南各地州马铃薯竞争力评价"的权重：0.1253

耕地质量	旱地面积占耕地比例	马铃薯单产	自然灾害的面积比例	权重
旱地面积占耕地比例	1.0000	0.2548	2.1111	0.1970
马铃薯单产	4.2222	1.0000	5.3333	0.6742
自然灾害的面积比例	0.7685	0.2057	1.0000	0.1288

附表 2-9　集结后的判断矩阵——基础设施

一致性比例：0.0736；对"云南各地州马铃薯竞争力评价"的权重：0.0747

基础设施	单位耕地农业机械动力	可灌溉耕地面积	农业机械数量	农业人口密度	权重
单位耕地农业机械动力	1.0000	0.3981	3.2222	3.1111	0.2580
可灌溉耕地面积	2.6667	1.0000	5.1111	6.5556	0.5518
农业机械数量	0.3241	0.2048	1.0000	2.5556	0.1187
农业人口密度	0.3556	0.1586	0.4167	1.0000	0.0715

附表 2-10　集结后的判断矩阵——种薯资源

一致性比例：0.0000；对"云南各地州马铃薯竞争力评价"的权重：0.0345

种薯资源	马铃薯品种资源个数	权重
马铃薯品种资源个数	1.0000	1.0000

附表 2-11 集结后的判断矩阵——加工数量

一致性比例：0.0000；对"云南各地州马铃薯竞争力评价"的权重：0.0576

加工数量	用于加工的马铃薯产量	马铃薯加工产品品种数量	权重
用于加工的马铃薯产量	1.0000	2.8889	0.7248
马铃薯加工产品品种数量	0.4167	1.0000	0.2752

附表 2-12 集结后的判断矩阵——加工质量

一致性比例：0.0000；对"云南各地州马铃薯竞争力评价"的权重：0.0547

加工质量	马铃薯加工产值	加工品外销比例	权重
马铃薯加工产值	1.0000	4.2222	0.8066
加工品外销比例	0.2426	1.0000	0.1934

附表 2-13 集结后的判断矩阵——效益

一致性比例：0.0000；对"云南各地州马铃薯竞争力评价"的权重：0.1709

效益	马铃薯平均单价	马铃薯平均生产成本	权重
马铃薯平均单价	1.0000	1.7593	0.5631
马铃薯平均生产成本	1.0593	1.0000	0.4369

附表 2-14 集结后的判断矩阵——销售

一致性比例：0.0000；对"云南各地州马铃薯竞争力评价"的权重：0.0739

销售	马铃薯商品率	马铃薯外销率	权重
马铃薯商品率	1.0000	2.9167	0.6644
马铃薯外销率	0.7444	1.0000	0.3356

附表 2-15 集结后的判断矩阵——市场条件

一致性比例：0.1519；对"云南各地州马铃薯竞争力评价"的权重：0.0314

市场条件	境内高速公路里程	境内铁路里程数	境内未通公路的乡村数	权重
境内高速公路里程	1.0000	3.0000	5.4444	0.6299
境内铁路里程数	0.4167	1.0000	3.1111	0.2684
境内未通公路的乡村数	0.2012	0.3463	1.0000	0.1018

附表 2-16 集结后的判断矩阵——科技人员

一致性比例：0.0000；对"云南各地州马铃薯竞争力评价"的权重：0.0415

科技人员	农业科技人员数量	高级职称以上占比	权重
农业科技人员数量	1.0000	0.3611	0.2576
高级职称以上比例	3.0000	1.0000	0.7424

附表 2-17　集结后的判断矩阵——科技机构

一致性比例：0.0000；对"云南各地州马铃薯竞争力评价"的权重：0.0152

科技机构	是否有马铃薯科研机构	独立农业研究机构个数	权重
是否有马铃薯科研机构	1.0000	2.1111	0.6182
独立农业研究机构个数	0.8056	1.0000	0.3818

附表 2-18　集结后的判断矩阵——科研经费

一致性比例：0.0000；对"云南各地州马铃薯竞争力评价"的权重：0.0567

科研经费	农业科研平均经费	马铃薯科研平均经费	权重
农业科研平均经费	1.0000	0.9074	0.3652
马铃薯科研平均经费	2.7407	1.0000	0.6348

附表 2-19　集结后的判断矩阵——科研成果

一致性比例：0.0000；对"云南各地州马铃薯竞争力评价"的权重：0.0864

科研成果	研发认定马铃薯品种数量	规模推广种植品种数	权重
研发认定马铃薯品种数量	1.0000	0.3093	0.2306
规模推广种植品种数	3.4444	1.0000	0.7694

附表 2-20　集结后的判断矩阵——补贴政策

一致性比例：0.0678；对"云南各地州马铃薯竞争力评价"的权重：0.0232

补贴政策	是否有马铃薯良种补贴	是否有马铃薯机耕补贴	是否有马铃薯窖藏补贴	是否有马铃薯运输补贴	是否有马铃薯其他补贴	权重
是否有马铃薯良种补贴	1.0000	3.1111	5.2222	4.1111	5.4444	0.4805
是否有马铃薯机耕补贴	0.3463	1.0000	3.4444	2.6667	3.6667	0.2406
是否有马铃薯窖藏补贴	0.1991	0.3093	1.0000	0.5556	1.4444	0.0786
是否有马铃薯运输补贴	0.2537	0.3981	2.6111	1.0000	2.5556	0.1363
是否有马铃薯其他补贴	0.1898	0.2815	0.7778	0.4074	1.0000	0.0640

附表 2-21　集结后的判断矩阵——发展政策

一致性比例：0.0000；对"云南各地州马铃薯竞争力评价"的权重：0.0231

发展政策	是否有马铃薯规模发展计划	是否有马铃薯鼓励加工政策	权重
是否有马铃薯规模发展计划	1.0000	2.8889	0.7363
是否有马铃薯鼓励加工政策	0.3704	1.0000	0.2637

附录 3 马铃薯竞争力调查问卷

一、问题描述

此调查问卷以云南各地州马铃薯竞争力为调查目标,对其多种影响因素使用层次分析法进行分析。

二、问卷说明

此调查问卷的目的在于确定马铃薯竞争力各影响因素之间相对权重。调查问卷根据层次分析法(AHP)的形式设计。这种方法是在同一个层次对影响因素的重要性进行两两比较。衡量尺度划分为几个等级,分别是绝对重要、十分重要、比较重要、稍微重要、同样重要,分别对应 9、7、5、3、1 的数值。靠左边的衡量尺度表示左列因素比右列因素重要,靠右边的衡量尺度表示右列因素比左列因素重要。根据您的看法,在对应方格中打钩即可。

如果您觉得各级别不能精确地表达您对某个问题的看法,例如您认为您对一个比较的看法应该介于十分重要和比较重要之间,那么您可以通过在十分重要和比较重要两个方格之间画圈来表达您的看法。

示例:您认为一辆汽车的安全性重要,还是价格重要?(针对此示例的调查表会在下面产生,请不要修改示例部分中所有与问题相关的内容)如果您认为一辆汽车的安全性相对于价格十分重要,那么请在左侧(十分重要)下边的方格打钩。

下列两两比较要素,对于"买车"的相对重要性如何?

A	重要性比较									B
	9	7	5	3	1	3	5	7	9	
安全性										价格

三、问卷内容

● 第 2 层要素

■ 评估"云南各地州马铃薯竞争力评价"的相对重要性

影响因素	说明
生产竞争力	包括:耕地数量,耕地质量,基础设施,种薯资源
加工竞争力	包括:加工数量,加工质量
市场竞争力	包括:效益,销售,市场条件
科研竞争力	包括:科技人员,科技机构,科研经费,科研成果
政策支持力度竞争力	包括:补贴政策,发展政策

下列各组两两比较要素，对于"云南各地州马铃薯竞争力评价"的相对重要性如何？

A	重要性比较									B
	9	7	5	3	1	3	5	7	9	
生产竞争力										加工竞争力
生产竞争力										市场竞争力
生产竞争力										科研竞争力
生产竞争力										政策支持力度竞争力
加工竞争力										市场竞争力
加工竞争力										科研竞争力
加工竞争力										政策支持力度竞争力
市场竞争力										科研竞争力
市场竞争力										政策支持力度竞争力
科研竞争力										政策支持力度竞争力

● 第 3 层要素
■ 评估"生产竞争力"的相对重要性

影响因素	说明
耕地数量	
耕地质量	
基础设施	
种薯资源	

下列各组两两比较要素，对于"生产竞争力"的相对重要性如何？

A	重要性比较									B
	9	7	5	3	1	3	5	7	9	
耕地数量										耕地质量
耕地数量										基础设施
耕地数量										种薯资源
耕地质量										基础设施
耕地质量										种薯资源
基础设施										种薯资源

■ 评估"加工竞争力"的相对重要性

影响因素	说明
加工数量	
加工质量	

下列各组两两比较要素，对于"加工竞争力"的相对重要性如何？

A	重要性比较									B
	9	7	5	3	1	3	5	7	9	
加工数量										加工质量

■ 评估"市场竞争力"的相对重要性

影响因素	说明
效益	
销售	
市场条件	

下列各组两两比较要素，对于"市场竞争力"的相对重要性如何？

A	重要性比较									B
	9	7	5	3	1	3	5	7	9	
效益										销售
效益										市场条件
销售										市场条件

■ 评估"科研竞争力"的相对重要性

影响因素	说明
科技人员	
科技机构	
科研经费	
科研成果	

下列各组两两比较要素，对于"科研竞争力"的相对重要性如何？

A	重要性比较									B
	9	7	5	3	1	3	5	7	9	
科技人员										科技机构
科技人员										科研经费
科技人员										科研成果
科技机构										科研经费
科技机构										科研成果
科研经费										科研成果

■ 评估"政策支持力度竞争力"的相对重要性

影响因素	说明
补贴政策	
发展政策	

下列两两比较要素，对于"政策支持力度竞争力"的相对重要性如何？

A	重要性比较									B
	9	7	5	3	1	3	5	7	9	
补贴政策										发展政策

● 第4层要素

■ 评估"耕地数量"的相对重要性

影响因素	说明
常用耕地面积	
马铃薯种植面积	
可扩种马铃薯面积比例	

下列各组两两比较要素，对于"耕地数量"的相对重要性如何？

A	重要性比较									B
	9	7	5	3	1	3	5	7	9	
常用耕地面积										马铃薯种植面积
常用耕地面积										可扩种马铃薯面积比例
马铃薯种植面积										可扩种马铃薯面积比例

■ 评估"耕地质量"的相对重要性

影响因素	说明
旱地面积占耕地比例	
马铃薯单产	
自然灾害的面积比例	

下列各组两两比较要素，对于"耕地质量"的相对重要性如何？

A	重要性比较									B
	9	7	5	3	1	3	5	7	9	
旱地面积占耕地比例										马铃薯单产
旱地面积占耕地比例										自然灾害的面积比例
马铃薯单产										自然灾害的面积比例

■ 评估"基础设施"的相对重要性

影响因素	说明
单位耕地农业机械动力	
可灌溉耕地面积	
农业机械数量	
农业人口密度	

下列各组两两比较要素，对于"基础设施"的相对重要性如何？

A	重要性比较									B
	9	7	5	3	1	3	5	7	9	
单位耕地农业机械动力										可灌溉耕地面积
单位耕地农业机械动力										农业机械数量
单位耕地农业机械动力										农业人口密度
可灌溉耕地面积										农业机械数量
可灌溉耕地面积										农业人口密度
农业机械数量										农业人口密度

■ 评估"种薯资源"的相对重要性

影响因素	说明
马铃薯品种资源个数	

下列两两比较要素，对于"种薯资源"的相对重要性如何？

A	重要性比较									B
	9	7	5	3	1	3	5	7	9	

■ 评估"加工数量"的相对重要性

影响因素	说明
用于加工的马铃薯产量	
马铃薯加工产品品种数量	

下列两两比较要素，对于"加工数量"的相对重要性如何？

A	重要性比较									B
	9	7	5	3	1	3	5	7	9	
用于加工的马铃薯产量										马铃薯加工产品品种数量

■ 评估"加工质量"的相对重要性

影响因素	说明
马铃薯加工产值	
加工品外销比例	

下列两两比较要素，对于"加工质量"的相对重要性如何？

A	重要性比较									B
	9	7	5	3	1	3	5	7	9	
马铃薯加工产值										加工品外销比例

■ 评估"效益"的相对重要性

影响因素	说明
马铃薯平均单价	
马铃薯平均生产成本	

下列两两比较要素，对于"效益"的相对重要性如何？

A	重要性比较									B
	9	7	5	3	1	3	5	7	9	
马铃薯平均单价										马铃薯平均生产成本

■ 评估"销售"的相对重要性

影响因素	说明
马铃薯商品率	
马铃薯外销率	

下列两两比较要素，对于"销售"的相对重要性如何？

A	重要性比较									B
	9	7	5	3	1	3	5	7	9	
马铃薯商品率										马铃薯外销率

■ 评估"市场条件"的相对重要性

影响因素	说明
境内高速公路里程	
境内铁路里程数	
境内未通公路的乡村数	

下列两两比较要素，对于"市场条件"的相对重要性如何？

A	重要性比较									B
	9	7	5	3	1	3	5	7	9	
境内高速公路里程										境内铁路里程数
境内高速公路里程										境内未通公路的乡村数
境内铁路里程数										境内未通公路的乡村数

■ 评估"科技人员"的相对重要性

影响因素	说明
农业科技人员数量	
高级职称以上比例	

下列两两比较要素，对于"科技人员"的相对重要性如何？

A	重要性比较									B
	9	7	5	3	1	3	5	7	9	
农业科技人员数量										高级职称以上比例

■ 评估"科技机构"的相对重要性

影响因素	说明
是否有马铃薯科研机构	
独立农业研究机构个数	

下列两两比较要素，对于"科技机构"的相对重要性如何？

A	重要性比较									B
	9	7	5	3	1	3	5	7	9	
是否有马铃薯科研机构										独立农业研究机构个数

■ 评估"科研经费"的相对重要性

影响因素	说明
农业科研平均经费	
马铃薯科研平均经费	

下列两两比较要素，对于"科研经费"的相对重要性如何？

A	重要性比较									B
	9	7	5	3	1	3	5	7	9	
农业科研平均经费										马铃薯科研平均经费

■ 评估"科研成果"的相对重要性

影响因素	说明
研发认定马铃薯品种数量	
规模推广种植品种数	

下列两两比较要素，对于"科研成果"的相对重要性如何？

A	重要性比较									B
	9	7	5	3	1	3	5	7	9	
研发认定马铃薯品种数量										规模推广种植品种数

■ 评估"补贴政策"的相对重要性

影响因素	说明
是否有马铃薯良种补贴	
是否有马铃薯机耕补贴	
是否有马铃薯窖藏补贴	
是否有马铃薯运输补贴	
是否有马铃薯其他补贴	

下列各组两两比较要素，对于"补贴政策"的相对重要性如何？

A	重要性比较									B
	9	7	5	3	1	3	5	7	9	
是否有马铃薯良种补贴										是否有马铃薯机耕补贴
是否有马铃薯良种补贴										是否有马铃薯窖藏补贴
是否有马铃薯良种补贴										是否有马铃薯运输补贴
是否有马铃薯良种补贴										是否有马铃薯其他补贴
是否有马铃薯机耕补贴										是否有马铃薯窖藏补贴
是否有马铃薯机耕补贴										是否有马铃薯运输补贴
是否有马铃薯机耕补贴										是否有马铃薯其他补贴
是否有马铃薯窖藏补贴										是否有马铃薯运输补贴
是否有马铃薯窖藏补贴										是否有马铃薯其他补贴
是否有马铃薯运输补贴										是否有马铃薯其他补贴

■ 评估"发展政策"的相对重要性

影响因素	说明
有否马铃薯规模发展计划	
有否马铃薯鼓励加工政策	

下列两两比较要素，对于"发展政策"的相对重要性如何？

A	重要性比较									B
	9	7	5	3	1	3	5	7	9	
有否马铃薯规模发展计划										有否马铃薯鼓励加工政策

问卷结束，谢谢合作！